Ignaz Staffelbach

Fislisbach, Dorf und Pfarrgemeinde im Aargau

Mit Streiflichtern in die Zeit und Umgebung

Ignaz Staffelbach

Fislisbach, Dorf und Pfarrgemeinde im Aargau
Mit Streiflichtern in die Zeit und Umgebung

ISBN/EAN: 9783743661073

Hergestellt in Europa, USA, Kanada, Australien, Japan

Cover: Foto ©ninafisch / pixelio.de

Weitere Bücher finden Sie auf **www.hansebooks.com**

Fislisbach

Dorf- und Pfarrgemeinde im Aargau

mit

Streiflichtern in die Zeit und Umgebung

von

Ign. Staffelbach,

weiland Pfarrer in da
d. J. Chorherr in Münster.

Luzern,
Druck und Verlag von Gebrüder Räber.
1875.

* * *

Vorliegende geschichtliche Notizen, anfänglich nur als Handschrift zu freundschaftlicher Mittheilung und schließlich für's Pfarrarchiv Fislisbach bestimmt, erscheinen in Folge Aufmunterung eines sehr geschätzten Historikers des Aargaus hiemit im Druck. Indessen wollen sie auch in d i e s e m Kleide zunächst nur als ein Angebinde für die Bewohner Fislisbachs betrachtet werden; daher die S t r e i f l i c h t e r, um dem Gebilde etwas Fülle, Farbe und Leben zu geben.

Uebrigens, wie der T h e i l nur im Hinweis auf's G a n z e — der kleine Finger z. B. nur in Verbindung mit der Hand dem Arme und Körper seine Bedeutung findet, so erhaltet sie ein für sich sonst unbeachtetes Gemeindewesen zumeist nur im Anschluß an die Geschichte seiner Zeit und Umgebung.

Schließlich ermangelt Unterzeichneter nicht unserm verehrten Geschichtsforscher — Hrn. Chorherrn J. Aebi — für die Hinweisungen und Notizen bezüglich der ältern Periode, sowie den Herren: Archivar Strickler in Zürich, Archivar v. Liebenau in Luzern, Pfarrer Widmer in Fislisbach und Stadtschreiber Dorrer in Baden, für deren vielfältige Mittheilungen den wärmsten Dank auszusprechen.

Bero-Münster, im Mai 1875.

Der Verfasser.

I.

Bürgerliches.

Allgemeiner Zustand.

Erste älteste Periode.

Vom 12. Jahrhundert bis zu der Zeit der Grafen von Habsburg.

Fislisbach, eine eigene für sich ganz abgeschlossene Dorf= und Pfarrgemeinde, in der ehemaligen Grafschaft Baden — im Bezirk Baden, Kantons Aargau — liegt zwischen und oberhalb der Reuß und Limmat — von Baden und Birmensdorf je 1 Std., von Mellingen und Rohrdorf je 1/3 Std., sowie 1/4 Std. von dem in der Schweizergeschichte bekannten Orte Dättwyl entfernt.

Das Dorf hat eine offene, heitere, sowie den Stürmen nicht ausgesetzte Lage. Anlehnend an zwei etwas erhöhte Rebgelände, hinter denen schattichte Wäldchen sich befinden, ist dasselbe mit Ausnahme eines kleinen aussichtsreichen Hügels in der Mitte — „Boll" genannt — ringsum von einer weiten, sehr leicht zu bearbeitenden Ebene umschlossen. Bezüglich der Landbebauung, so haltet man sich noch ziemlich am System der Zelgwirthschaft, wobei, außer den gewöhnlichen Landeserzeugnissen, hauptsächlich Korn, Roggen und Rüben gepflanzt werden. Indessen fängt man an, sich beßfalls freier zu bewegen, und es dürfte, zumal seit hier eine Käserei errichtet ist, die Kräuterpflanzung — Klee, Luzerne und Esper — nach und nach jene der

Getreide übertreffen. Im Uebrigen beschäftigen sich die Einwohner theils — im Taglohn oder Akkord mit Waldarbeiten, theils, besonders Jüngere, mit Strohflechten, oder besuchen Fabriken.

Der Ortsname Fislisbach wird, wie aus nachfolgenden Zitaten zu ersehen ist, sehr verschieden, immer jedoch mit Festhaltung des Stammlautes geschrieben, als: Fizzelisbach, Vislißbach, Vizelinsbach, Phiselinsbach, Vislispach, Vislisbach und Vischlibach. Wie gar viele Städte, Dorfschaften und Gegenden ihren Namen oft nur einem unbedeutenden naheliegenden Gegenstand verdanken, so mag auch Fislisbach seinen Namen auf diese Weise bekommen haben. Seit unvordenklichen Zeiten nämlich fließt in dieser Gegend ein Bach, der — außer bei starkem oder anhaltendem Regen — stets nur unbedeutend Wasser führt, ja unterhalb des Dorfes im Grienboden spurlos verschwindet. Da er, bei solcher Gestalt der Dinge, nie Fische, wohl aber seiner Zeit „Fischli" beherbergt haben kann, so mag man ihn auch nur Fischlibach, und von daher die um ihn angesiedelte Dorfschaft: Fischlibach und zuletzt Fislisbach genannt haben.

Ueber den Ursprung oder Anfang dieses Gemeinwesens, sowie dessen allmälige Entfaltung findet sich — wie bei den meisten Gemeinwesen der alten Zeit — nichts zu erwähnen vor, — es sei denn etwa ebenfalls eine Sage — die Sage: Es habe dasselbe anfänglich aus drei Höfen bestanden. Ob damit aber etwa nur die geschichtlich verschollenen Besitzungen oder Höfe, welche die Herren: von Büttikon, das Kloster Wettingen und das Kloster Engelberg zur Zeit hier hatten, gemeint sind, oder ob die Sage auf viel frühere Ansiedlungen sich bezieht, bleibt dahingestellt.

Die Urkunde, in der zuerst von Fislisbach Meldung geschieht, ist das Urbar des Gotteshauses Engelberg vom Jahre 1178—1197, welches auf Pergament in lateinischer Sprache [1])

---

[1]) Geschichtsfreund des historischen Vereins der V Orte XVII. Seite 246.

geschrieben übersetzt lautet: „Hier haben wir verzeichnen lassen die Einkünfte, welche der Kirche zu Engelberg theils an Früchten, theils an Geld zu entrichten sind." Dann heißt es an der Spitze von über 150 pflichtigen Ortschaften und einzelnen Höfen: „Ze Fizzelisbach 60 Mütt Weizen, 10 Mütt Hülsenfrüchte, 3 Malter Haver und auf das Fest des hl. Andreas zwei Talent und servitium Abbati." [1])

Unmittelbar auf die Verpflichtungen Fislisbachs folgen diejenigen von „Starcholswyl, Nuordorf, Reimiswilare, Rütti, Stettin, Egenwilare, Breitenbach" u. s. w.

1184 Mai 4. bestätigt Papst Julius III. dem Kloster Engelberg die Besitzungen, unter denen auch genannt ist „Vizelisbach" sammt dem Recht an der Kirche. [2])

Ferner thut das Archiv des Klosters Wettingen Meldung von Fislisbach, wie folgt [3]):

1228 kauft Conrad Abt in Wettingen ein Gut zu Vislinsbach um 50 Mark Silber von Eberhard, dem Truchsessen von Waldburg.

1262 gibt Graf Hartmann, der Aeltere von Kyburg, für sich und seines Bruders (Werners sel.) Sohn Hartmann die Bestätigung zum Ankauf von Gütern zu Popinsol, zu Cullinwarch und zwei andern in „Viszenlisbach" durch das Kloster Wettingen. [4])

---

[1]) Servitium — Dienstbarkeit; hier Dienerschaft, und mag bestanden haben z. B. in Geschäften des Abten bei der „Oeffnung" — Abhaltung des Gerichts — zumal bei allfälliger Anwesenheit desselben oder seines Abgeordneten, in Kammer-, Marstall-, Botendiensten u. s. w. Vergleiche Müller I. pag. 266.

Im Lexicon Du Fresne du cange heißt Servitium auch ferculum (Späßerlchen) extraordinarium quod monachorum mensæ apponebatur in statis festivitatibus. — Also: ein Späßerlchen, das Fislisbach auf den Tisch des Abten zu leisten gehabt hätte.

[2]) Neugart. E. C, II. 531.
[3]) Neugart. II. 161.
[4]) Hergott. II. 378.

1288, Okt. 16. verkauft Graf Ludwig von Froburg an das Gotteshaus St. Urban vier Schuppossen zu Riekenbach bei Hägendorf. Zeugen sind: Burkard, Dekan, Johann von Büttikon, Chorherr in Bero-Münster, Hartmann, **Leutpriester in Bislisbach**.[1]

Endlich 1293, St. Peterkettenfeier — urkunden[2] Wernher Vogt von Baden und Hugo Schultheiß von Mellingen einen testamentarischen Akt des Chuonrat Schönbrot u. s. w. Als Zeugen erscheint dabei, neben vielen Andern, „**Herr Heinrich, der Helfer von Bißlispach**"[3].

Dieses sind die ältesten urkundlichen Notizen, die sich bis anhin, Fislisbach betreffend, vorfanden.

Fislisbach unter Habsburg.

Indessen aus diesem Wenigen ergibt sich, daß die Geschichte Fislisbachs mindestens in das Ende des 12. Jahrhunderts — in die Zeit der Hohenstaufen hinaufreicht — als namentlich Friedrich der Erste, Barbarossa genannt, 1152 — und Friedrich der Zweite 1212 bis 1250 den Kaiserthron im deutschen Reiche inne hatten; — und somit Oberherren auch unseres Landes waren. Es ist dieses die Zeit, wo für die Schweizergeschichte überhaupt die wichtigste Periode beginnt — die Zeit, in der durch Besitzungen und kaiserliche Begünstigungen, an Macht und Würde groß, die Herzoge von Zähringen nicht nur in Burgund, Uechtland und Breisgau, sondern auch von Rheinfelden an, über einen Theil des Aargau's, sodann die Grafen von Lenzburg, von Rore im Aargau aus, über Luzern, bis an den Gotthard; endlich die Grafen von Kyburg im

---

[1] Soloth. Wchbl. 1834 29.
[2] Arch. Wettg. Rg. Dd. 4.
[3] Noch wäre zu erwähnen die Urkunde von 1286, da sie jedoch später (s. Kirchliches) ausführlich zu besprechen ist, wird sie hier übergangen.

Thur- und Zürichgau bis Baden, bedeutende Herrschaftsrechte besaßen.¹)

Die Zeit, in der auch das Haus Habsburg²) mit so viel Geschick als Glück höher und höher stieg; jene erfolgnißreiche Zeit, in der Alles zusammentraf, um das Haus Habsburg an Macht und Würde über alle andern zu erheben — jammervolle Reichslage — hervorragende persönliche Eigenschaften, insbesonders ungeheure Erbschaften. —

Den 27. Wintermonat 1264 nämlich starb Hartmann der Aeltere, Graf zu Kiburg³), und ward der Letzte seines Stammes mit Helm und Schild begraben. Mittelbar hatten sich 1172 die reichen Besitzungen Grafen Ulrichs von Lenzburg und 1218 diejenigen der Herzoge von Zähringen großentheils auf das Haus Kiburg vererbt; dieses vereinte große Erbe an Gütern und Herrschaftsrechten ging nun — wenn auch nicht ohne erhebliche Einsprache und Kämpfe (1268—1271) auf Rudolf von Habsburg — geb. 1218 — Sohn Hedwigs, des verstorbenen Grafen Schwester, über. Hiedurch wurde an Einem Tage unser nunmehrige Landgraf — der Besitzer des Ländchens „Eigen" im Aargau — nicht nur zum reichsten und mächtigsten Grafen in da, sondern zum Herrn vom Boden- bis zum Genfersee, von dem Gebirg der Waldstätte bis hinunter zur Aare.⁴)

In dieser Epoche — 1178 — umgeben von den Burgen jener großen und mächtigen Herren: — Habsburg, Brunneck, Lenzburg, Wilbegg und dem Stein zu Baden beginnt das kleine Fislisbach bescheiden — fast unbekannt seine Laufbahn in

---

¹) Aebi Gesch. d. Schw.-Volkes I. 102—3.
²) Müllers Gesch. Schw. E. I. 400 u. 405.
³) Das Lib. Anniv. in Fisl. gedenkt seiner, sowie seines frühern 1263 verstorbenen Neffen in folgender Weise:
August 17. Ob. comes Hartmanus de Kiburg.
Novb. 14. Ob. Hartmanus comes de Kiburg, senior.
⁴) Aebi ebb. 102—103.

der Geschichte. Welchem dieser mächtigen Häuser die Herrschaft über dasselbe in dieser Zeit — d. i. bis 1246 zukam, ist urkundlich nicht festgestellt; doch ist nach den Verhältnissen, in denen es zu Wettingen, als seinem Grundherrn und Nachbarn, stand, anzunehmen, daß es wie Wettingen dazumal zur Grafschaft Kiburg[1]) oder Lenzburg-Kiburg gehörte, bis es in Folge obgenannter Vererbung — mit Baden, Mellingen, Windisch und vielen andern Ortschaften ebenfalls unter die Herrschaft Habsburg kam — und der es[2]) wie jene angehörig verblieb bis 1415.

Mittlerweilen starb 1250 Kaiser Friedrich. Von da an blieb das Reich 23 Jahre im Zwiespalt über ein Oberhaupt. Die Folgen davon waren endlose Fehden, Freibeuterei, Rechtlosigkeit, Gewaltthaten — wodurch Handel und Wandel gehemmt — ja alles gesellschaftliche Leben gestört wurde.

In Mitte dieser jammervollen Reichslage erschien unser Landgraf Rudolf von Habsburg, umgeben von Reichthum in großer Machterweiterung — im kraftvollen Mannesalter, geübt in Waffen, schön von Gestalt, einfach und herablassend, doch nicht weniger voll Würde und Ernst. Was ist natürlicher, als daß in dieser Reichskalamität Viele ihre Blicke nach ihm richteten — ja alle Gutdenkenden mit dem Vater der Christenheit 1271 nach einem mit Würde und Macht ausgerüsteten Reichsoberhaupte sich sehnten? — Diesen Wünschen kamen die Reichsfürsten entgegen und erwählten „in Betrachtung seiner großen Tugend und Weisheit, Grafen Rudolf von Habsburg den 29. Heumonat 1273 zum König über das römische Reich der Deutschen." [3])

Das war wohl eines der folgereichsten Ereignisse des

---

[1]) Daher auch die Todes-Einzeichnung der Grafen im Jahrzeitbuch zu Fislisbach, wie schon bemerkt.

[2]) Unter dem später gewöhnlichen Titel: „Grafschaft Baden", dessen Ursprung dunkel. —

[3]) Müllers Gesch. I. 507—532.

13. Jahrhunderts — zumal für die um jene Stammburg liegenden Ortschaften. Wenn daher „in unbeschreiblicher Freude das ganze Land seiner Voreltern zu Aargau sich nach Bruck versammelte, seine Gemahlin zu grüßen, und aus allen Ländern die Vornehmsten eilten, ihn in seiner Erhöhung zu sehen", so ist gewiß auch das naheliegende Fislisbach bei dieser Erhöhung seines Landgrafen nicht ohne volle Theilnahme geblieben.

Sobald Rudolf den Thron bestiegen, ging seine Sorge dahin, in dem so lange verwaisten Lande die Rechtsordnung wieder herzustellen, Bürger und Landmann gegen die Gewalt der Großen zu schützen, Gewerb und Gemeindewesen zu regeln. Dafür zeugen die „Handfesten: Stadtrechte und angelegten Urbarien."

Um diese Zeit war Fislisbach in bürgerlicher Beziehung bereits eine nach den damaligen Verhältnissen ordentlich bestellte Dorf- oder landwirthschaftliche Gemeinde, die nicht unbedeutenden Ackerbau mit betreffender Viehzucht trieb, indem die drei großen Meierhöfe, als derjenige der Herren von Büttikon, Wettingen und Engelberg, deren letzterer allein 60 Mütt Weizen, 10 Mütt Hülsenfrüchte und 3 Malter Hafer an Grundzinsen betrug, schon einen ordentlichen, für jene Zeiten nicht unbeträchtlichen Ackerbau voraussetzen, ja es erscheint, daß damals schon eine Art Zelgwirthschaft, von der die bis in unsere Zeit geübte kommen mag, bestanden habe, indem der Grundherr, oder in dessen Namen der von ihm bestellte Meier — „die rechtung hatte zu bannen Weid und Korn, daß sy einander nied überschnibend" [1]).

Zur Betreibung derartiger Landwirthschaft gesellte sich nothwendiger Weise die Viehzucht. — Daß die Gemeinde dieses erkannte und anstrebte, ersehen wir „aus dem Rechtshandel", den die Gemeinde 1286 mit dem Besitzer des Vidumhofes hatte [2]),

---

[1]) Argovia IV. pg. 256 „Offng. Fisl."
[2]) Arch. Baden, Reg. 1. u. in Abschrift im Pfr.-Arch. Fisl.

in Folge dessen dieser schiedsrichterlich angehalten wurde zur Haltung des Wuocherrinds und Baselschwins. So war man auch bereits ernstlich besorgt für gute Ordnung im Weidgang und Wald=
wesen, indem „sy sond einen Hirten und einen Forster setzen, mittelst der mehreren Hand der Gebursame" [1]).

Was die höhern — die staatlichen Verhältnisse und na=
mentlich die Gerichtsbarkeit betrifft, so wurde unterschieden zwischen höherer und niederer Gerichtsbarkeit [2]). Zur höheren gehörte Diebstahl, Betrug, Schlägerei, Straßenraub, Tödtung u. s. w., oder was man heut zu Tage das „Kriminelle" nennt. Ueber dieses hierorts zu richten kam dem Landgrafen (von Habsburg) zu. In dieser Beziehung heißt es im Habsburgisch= Oesterreichischen Urbar von 1303 [3]): „Ze Biselisbach hat die Herrschaft zerichtene Düb und vrefel." Oder wie die „Oeffnung von Vislisbach" sich ausdrückt [4]): „blütend Wunden, Düpstal und falsches Mäsz und das dem man an sie Halz gaht und der den andern frevell under ruoßigen wasen und um nachts heim=
bsuochen und wz uf der landstrasz geschieht, bz soll ein lant=
graf richten". Die niedere Gerichtsbarkeit erstreckte sich über „Leut und Gut" in „Twing und Bann" — „über alles, das den pfening gewinnen oder verlieren mag in dem umbkreis" [5]), d. i. über Mein und Dein, oder was man Zivilrichterliches, und wohl auch Polizeiliches nennen mag. Ueber dieses zu richten in Fislisbach, kam abwechselnd den beiden Gottes=
häusern Wettingen und Engelberg — als dasigen Grund=
herren zu. Bezüglich dieser gegenseitigen Rechtsstellung gibt uns sehr frühe schon folgender richterliche Spruch deutliche Auskunft.

Im Jahre 1276 den 24. Wintermonat entscheiden Ma=
gister Heinrich von Basel, Chorherr in Zürich, und Heinrich

---

[1]) Argovia IV. pag. 256—58.
[2]) Vergl. Aebi „Geschichte des Schweizervolkes" I. Seite 74 und 75.
[3]) Aebi, „Progr. d. aarg. Ktsschul." 1840. pg. 15.
[4]) Argv. s. oben.
[5]) Ebendaselbst.

von Wetgiß, Chorherr in Schönenwerb, einen Streit um die niedere Gerichtsbarkeit „Leut und Gut" im Dorf Vislinsbach zwischen Wettingen und Engelberg dahin, daß dieses Recht gleichmäßig beiden Klöstern abwechselnd zustehe [1]). Deßgleichen heißt es in obgenannter „Oeffnung": das ist das „Gericht ze Vislisbach, daz halb unser (Wettingens) ist und halb der von Engliberg. Das ist der Umbkreis zuo dem Dorf Vislisbach, darinnen söllen wir (Wettingen) richten und die von Engelberg, die zwei Gotzshüser". [2])

Um später nicht auf Engelberg zurückzukommen, wird bemerkt, daß dessen Grundherrlichkeit mit 1407 in Vislisbach aufhörte, indem Abt und Konvent daselbst — Herren und Frauen — Donnerstag nach Batholomä 1407 den Meierhof (im Schönhart) nebst Zwing und Bann an Hans und Ulrich Klingenfuß zu Baden um 476 Gulden zu kaufen gegeben haben. [3])

Nach dieser Mittheilung über das ältere Gemeinde- und Gerichtswesen kehren wir wieder zur Zeitgeschichte zurück.

Rudolf von Habsburg war nicht volle 20 Jahre auf dem königlichen Thron, als er sein thatenreiches Leben den 15. Heumonat 1291 zu Speier mit dem Tode beschloß.

Von den Söhnen des Verstorbenen war einzig Albrecht d. J. Herzog in Oesterreich noch am Leben und gewärtig, unter Anerkennung der Reichsfürsten den königlichen Thron zu besteigen.

Allein statt auf ihn, fiel den 5. Mai 1292 die Wahl auf Adolf von Nassau. Da kam es zwischen Adolf und Albrecht zum entschiedenen Kampf bei Gollheim; wuth- und verzweiflungs-

---

[1]) „Versuch einer Geschichte Engelbergs" (v. Liebenau) S. 98 u. 152.
[2]) Argovia IV. p. 256. — Ueberhaupt: einen interessanten Einblick in das Gerichtsverfahren damaliger Zeit gewährt die oft genannte „Oeffnung von Fislisbach" aus der ersten Hälfte des 15. Jahrhunderts.
[3]) Archiv Baden, Reg. 187. — Hiemit ist die bürgerliche Rechtsstellung Engelbergs zu Vislisbach in damaliger Zeit gegenüber dem Zweifel des M. S. pg. 2 im Pfr.-Arch. deutlich dargelegt.

voll kämpfend ward Adolf erschlagen, dagegen Albrecht nach einer bereits vorher schon getroffenen Wahl den 2. Juli 1298 auf den königlichen Thron berufen.[1]

Nach dieser Erhebung Albrechts gelangten die obern Lande, das ist die habsburgischen Besitzungen und Rechte — so die Gemeinde Fislisbach — an dessen Sohn Friedrich — später an Herzog Lütpold.

Kaum 10 Jahre hatte Albrecht mit großer Kraft und weiser Leitung den königlichen Szepter geführt, da kam er von Speier mit großem Geleit nach Baden. Nachdem er — es war den 1. Mai 1308 — da auf seinem Schlosse Mittagsmahl gehalten, ritt er längs der Limmat hinunter, um bei Winbisch, gegen Habsburg zu, über die Reuß zu setzen. Als dieses geschehen, wurde er, wie bekannt, auf dem Wege dahin ermordet.

In der Klosterkirche zu Wettingen, wo noch der kolossale steinerne Sarg zu sehen ist, ward er für einstweilen beigesetzt. Wenn, wie Johann von Müller sagt: Ganz Bruck und das Land — ob der schaudervollen That sich bewegte[2], so wird auch das nahegelegene Fislisbach ob der Ermordung seines Oberherrn und Grafen nicht anders als mit Entsetzen erfüllt und in großer Theilnahme dem unter seinen Augen vor sich gehenden Leichenbegängnisse beigewohnt haben.

Auf dem Felde, wo der Mord geschah, stiftete Agnes, seine Tochter, Königin von Ungarn, mit ihrer Mutter Elisabeth um 1311 ein Kloster der mindern Brüder nebst einem Frauenkonvent, jetzt Königsfelden genannt. An der Stelle, wo der König starb, steht der Hochaltar des Tempels. Zum Unterhalt der Brüder und Schwestern, sowie zur Spendung großer Almosen wurden von allen Seiten ansehnliche Opfer an Zehnten, Kleinobien u. s. w. dargebracht. Agnes selber wohnte bei dem Kloster in einem „klein demüthig Hus" und brachte mit den ihr anhän-

---

[1] Müller I. 617.
[2] Müller II. 13, 21, 23.

genden Frauen unter Gebet, Arbeit und Liebeswerken ihr Leben zu.

Unter ihren vielen Vergabungen darf wohl folgender hier erwähnt werden: 1359 wurde der Spital zu Baden gestiftet von der Königin Agnes mit 19 Mütt Kernen, 4½ Mütt Roggen, 1 Malter Hafer, 1 M. Erbs, zwei Schwein — (gilt jedes 5 Schillig und 18 Pfennig) — 9 Hühner, 140 Eier, 3 Mark Gold . . . . . . unter der Bedingung, daß man 5 bedürftige Männer in dem von ihr erbauten Spital erhalte.[1])

Nach Albrechts Tod begann der Glücksstern unserer Grafen von Habsburg zu erbleichen, indem sie nach einander im Kampf mit den Eidgenossen stets den Kürzeren zogen: so bei Morgarten 1315, so in der nächsten Nähe von Fislisbach[2]), bei Dättwil, wo den 26. Christm. 1352 die Zürcher, verstärkt durch eidgenössische Zuzüger, die an Zahl weit überlegene österreichische Streitmacht besiegten; so zumal bei Sempach, wo Herzog Leopold II. an der Spitze einer großen auserlesenen Ritterschaar mit sammt und umringt von ihr, erschlagen ward, — wo auch aus dem Hause des Kirchherrn von Fislisbach zwei der Edeln — die Ritter Hartmann und Ulrich von Büttikon ihre Liebe und Treue zu ihm mit dem Heldentode besiegelten.[3])

Daß nun auch die Gemeinde Fislisbach bei diesen kriegerischen Vorfällen — überhaupt bei ihrem Verhältniß zu Habsburg nicht unberührt geblieben, ist kaum zu bezweifeln.

Auch die Herzoge, erschöpft und müde des fortwährenden Haders mit den Eidgenossen, dachten endlich auf Friede, der dann auch mit ihnen auf 7, später auf 20 und den 28. Mai 1412 zu Baden sogar auf 50 Jahr abgeschlossen wurde. Allein schon nach drei Jahren ging er wieder gut zu Ende und brach der Krieg gegen Habsburg verheerender als je los.

---

[1]) Pfarr-Arch. Birmensdorf.
[2]) Dennoch hat man in da keinerlei kriegerische Fundstücke aus dieser Zeit vorzuweisen.
[3]) Bero-Münster Lib. vitæ 703.

Die Grafschaft Baden wird eine eidgen. Vogtei.

Um obengenannte Zeit war die habsburgische Herrschaft erbsweise dem Herzog Friedrich zugefallen. Da sie ein Reichslehen war, so sollte er vor Sigismund, dem König der Deutschen, der damals bei der Kirchenversammlung zu Konstanz sich befand, erscheinen, um nach Pflicht und Brauch den Lehenseid abzulegen. Friedrich zögerte, oder weigerte sich dem Rufe zu folgen. Der König, voll Erbitterung hierüber, erklärte ihn schuldig des Verraths am Reich, sowie verlustig der fürstlichen Rechte und Lehen; ja er forderte nicht nur seine Reichsunterthanen, sondern selbst die Eidgenossen zu den Waffen gegen ihn auf. Da er diesen den Besitz der zu erobernden Lande im Aargau und Thurgau in Aussicht stellte, so griffen sie (mit Ausnahme von Uri, das den Friedens=Vertrag zu brechen für unrecht hielt) gierig mit aller Macht und von allen Seiten zu.

Vorab war es Bern, das mit seinen Kriegshaufen nach Zofingen, Aarburg, Aarau und Lenzburg zog und einen Theil des Aargau's eroberte. — Luzern nahm nach dreitägiger Belagerung Sursee, bemächtigte sich der Stifte Münster, Richensee's, Villmergens u. s. w. Die Zürcher zogen über den Albis in das Amt Meienberg, nahmen Knonau, anderseits Dietikon u. s. w. In den Gegenden, wo die Reuß und Limmat sich der Aare nahen, stießen die Fahnen der 7 Orte zusammen und gemeinschaftlich eroberten sie, was hier von Oesterreichs Erblanden noch übrig blieb: Mellingen, Bremgarten, Baden u. s. w. Mellingen behauptete seine Treue vier Tage lang. Der Stein zu Baden erlag erst, nachdem es der Besatzung an Wasser gebrach. Hierauf ward er von den Siegern in Brand gesteckt und zerstört.[1]

---

[1] Nach Aebi's „Geschichte des Schweizervolkes".

So fielen 1415 — wie die Früchte vom Nußbaum, wenn er geschüttelt wird — Burg um Burg, Land um Land vom Stammhaus der Habsburger im Aargau, so mit Baden und seiner Umgebung — Fislisbach in den Schoos der Eidgenossen.

Nach vollendetem Kriegszuge schritten die Sieger zur Theilung und Verwaltungsorganisation der eroberten Lande. In Folge dessen kamen Bremgarten, Mellingen, Fislisbach — resp. die die sogen. Grafschaft Baden bildenden Aemter unter die gemeinsame Verwaltung der 6 Orte — Zürich, Luzern, Schwyz, Unterwalden, Zug und Glarus [1]), welche ihre Herrschaftsrechte wechselweise alle zwei Jahre durch einen dahin ernannten Landvogten — als erster Instanz, dann in letzter Instanz durch eine jährlich abzuhaltende Tagsatzung — auch Tagesrechnung genannt — ausübten.

So wurde der Aargau mit der Grafschaft Baden neuerdings zum Unterthanen-Land — mit dem Unterschiede nur, daß es statt der Oberhoheit eines Einzigen — des Landgrafen — unter die landvögtliche Hoheit von 6 Orten gerieth.

Freier und freundlicher dagegen zu den Eidgenossen gestaltete sich nicht lange nachher das Verhältniß der übrigen Landestheile, indem Solothurn und Freiburg durch Vermittlung des sel. Bruder Klaus von Flüe den 22. Christm. 1481, Basel den 2. Brachm. 1501 und Schaffhausen den 2. August 1501, endlich Appenzell 1513 als Mitstände in den ewigen Schweizerbund aufgenommen wurden, so daß die Schweiz von da an eine Eidgenossenschaft — einen Staatenbund von 13 Orten oder 13 Kantonen ausmachte — bis wiederum ein Sturm heranbrauste, der den Baum nicht nur schüttelte, sondern entwurzelte und damit der gesammten Schweiz — den 13 Orten mit den Zugewandten eine ganz andere Gestalt gab.

---

[1]) Weil Bern sonst viel hatte, Uri aber nichts wollte, blieben sie ohne Antheil. Müller III. 75.

Aargau ein Kanton der schweiz. Eidgenossenschaft und Fislisbach eine Gemeinde desselben.

Alles dieses geschah mit dem Ende des 18. Jahrhunderts durch die von den Franzosen in's Werk gesetzte Revolution, die einem Sturme gleich Europa unter dem Ruf von **Freiheit** und **Gleichheit** durchzog. Die nächste Folge davon für die Schweiz war die unter dem Einmarsch französischer Bataillone durchgeführte Auflösung all' ihrer staatlichen Einrichtungen und Umformung derselben in einen Einheitsstaat — genannt Helvetik, oder helvetische Republik. Dieses Ereigniß wurde an vielen Orten — zumal im Freiamt und in den gemeinen Herrschaften mit Aufstellung von Freiheitsbäumen begrüßt und illustrirt. In Fislisbach nahm man für und wider Theil hieran, indem man auch da 1798 einen sogen. Freiheitsbaum, mit deren Sinnbildern geschmückt, aufrichtete, dann aber in der Nacht vom 22. April d. J. ihn absagte und die Verzierungen vernichtete. Die Geschichte machte nicht wenig Aufsehen. In Baden war man voll Besorgniß, es möchte dieses Wagniß nicht nur für Fislisbach, sondern überhaupt für die Landschaft von übeln Folgen sein. Wohl, um solche abzuwenden und die Unthat rechtzeitig zu sühnen, erließ daher die provisorische Regierung in ba schon Tags darauf folgendes Schreiben — und zwar etwas sonderbar:

„An den würdigen Pfarrer Müller zu Vislispach — um dieses in der Kirche zu verlesen oder verlesen zulassen."

„Da anher mißbeliebig zu vernehmen gekommen, daß in verwichener Nacht der Freiheitsbaum zu Vislispach abgesagt und die daran gehangenen Freiheitszeichen theils verschnitten, theils ganz unsichtbar geworden (eine That, die nicht nur der Ortschaft selbst schädlich, sondern auch der Landschaft Baden wegen störischem Benehmen nachtheilig sein kann und wodurch die allgemeine Ruhe in Gefahr gesetzt ist). So wird anmit wohlmeinend erinnert und aufgetragen, diejenigen, welche dieses übel nachziehende Werk verübt haben ohne Verzug zu ihrer und der Gemeinde selbstigen Sicherheit in Zukunft einen andern Freiheitsbaum auf ihren der Thäter Kosten wieder aufrichten sollen, widrigens alle daraus entstehende Gefahr und Schaden=Ersatz auf sie gelegt und nur einzig auf ihre Verantwortung gestellt werden solle."

„Datum Baden den 23. April 1798.

„Kanzlei der provisorischen Regierung allda."

An diesem sonderbaren Schreiben fällt auf und ist zu bemerken, daß obgen. Aufschrift sich auf der Rückseite des Schreibens befinde, im Schreiben selbst aber, am Eingange, weder irgend eine Titulatur, noch sonst eine Aufschrift an irgend eine Behörde angebracht sei, so daß man nicht ersieht, wer denn eigentlich da unter so scharfer Verantwortung die Exekution vornehmen sollte. —

Weder im Gemeinde= noch Pfarr=Archiv finden sich Notizen, woraus zu entnehmen ist, durch wen und in wie weit die betreffenden polizeilichen Maßnahmen ausgeführt wurden. In so aufgeregten Zeiten und verworrenen Zuständen schreit oft ein Ereigniß das andere tobt. Und so mag auch diese Freiheitsbaum=Geschichte bald beschwichtigt und — nach einem Zeugniß [1]), zu Gunsten des Pfarrers, zu urtheilen, ohne besondere ernste Folgen abgewickelt worden sein.

Die ferneren wichtigen Ereignisse, welche die neue politische Ordnung der Dinge in dieser Periode mit sich brachte und die für Fislisbach von besonderer Tragweite sind, bestehen hauptsächlich darin, daß das Unterthanenverhältniß, in welchem die sogen. Grafschaft — resp. Landvogtei Baden zu den acht, beziehw. sechs eidgenössischen Orten 383 Jahre lang gestanden,

---

[1]) Wovon später der Text folgen soll.

aufhörte, mithin die Bezirke und Gemeinden, welche bis anhin unter einem Landvogt stunden — also auch Fislisbach von nun an bürgerlich ebenbürtig den übrigen Eidgenossen wurde; sodann, daß jene (die sogen. Grafschaft), als die Helvetik 1802 gesprengt war und die föderative oder kantonale Staatsform sich wieder Geltung verschaffte[1]), bei der neuen 17=örtigen Kantonseintheilung sogar einen selbstständigen eidgenössischen Ort unter dem Namen: „Kanton Baden" ausmachte; daß jedoch diese Schöpfung nicht länger dauerte, als bis zum 19. Febr. 1803, d. i. bis zur Zeit der Mediationsakte, wodurch der damalige Weltüberwinder Napoleon für gut fand, die Schweiz in 19 Kantone umzuformen; endlich daß zufolge dessen der Kanton Baden als solcher wieder verschwand und mit dem Frickthal, dem Bezirk Aarau und dem Freien Amt — unter dem Namen „Aargau" zu Einem Kanton verschmolzen und daher von da an, selbstverständlich auch die Gemeinde Fislisbach, demselben einverleibt wurde und sich auch unter den Umänderungen von 1814 und 1848 bis heute einverleibt findet.

Bürgerliche Zustände im Besondern.

Haben wir bis anhin die bürgerlichen Verhältnisse Fislisbachs berührt, wie sich solche im Allgemeinen gestaltet haben, so wollen wir nun noch im Besondern Einiges, das der Aufzeichnung werth sein mag, anführen.

Bevölkerung.

Reden wir vorab von der Bevölkerung. Daß diese schon im 13. Jahrhundert d. i. vor 6 bis 700 Jahren nicht un-

---

[1]) Vrgl. Henne „Schweizerchronik" III. p. 202 ff.

bedeutend gewesen ist, ergibt sich daraus, weil, wie wir bereits aus den besprochenen Verpflichtungen derselben an Engelberg, sowie aus der sogen. „Oeffnung" ersehen, sie schon damals nicht unbedeutende Landwirthschaft getrieben haben muß — dieses aber eine verhältnißmäßige Bevölkerung voraussetzt.

Wie groß oder gering diese in frühester Zeit im Besondern gewesen — ja auch nur vor 300 Jahren — ist, da alle Notizen hierüber fehlen, nicht zu ermitteln. Erst mit der (zudem leider hier sehr verspäteten) Einführung der Pfarrbücher, d. i. von 1644 an, läßt sich etwas Näheres mittheilen, allein ein ganz zuverläßiges Resultat dürfen wir auch von da aus noch keineswegs erwarten, weil die Einzeichnungen bis zur Einführung der gedruckten Register von 1817 oft sehr lückenhaft sich zeigen. Doch! geben wir, was etwa zu geben ist.

In den ersten fünf Jahren, d. i. von 1644—49 [1]) an beläuft sich die Zahl der Geburten durchschnittlich im Jahre auf 7, die der erwachsenen Verstorbenen auf ca. 3 — (die der Kinder scheint man nicht berücksichtigt zu haben), die der Ehen auf 2, die der Kommunikanten auf 95—100.

Gehen wir um hundert Jahre vorwärts — d. i. zu 1740 bis 1750, so erhalten wir auf das Jahr 8 Geburten, 6 Sterbefälle, 3 Verehelichungen und ca. 150 Kommunikanten.

Schreiten wir abermals um hundert Jahre weiters, in die Zeit, in der eine richtige statistische Volkszählung stattfand, zu 1850 auf 1860, so erhalten wir per Jahr — (nicht ganz) 5 Ehen, 23 Geburten, 14 Sterbefälle, 460 Kommunikanten — mit einer Bevölkerung von 328 männlichen und 357 weiblichen Geschlechtes; in Summa 685 Seelen.

Ziehen wir nun auf Grund dieser Volkszählung den Schluß, für diejenige der genannten frühern Jahrhunderte, so

---

[1]) Nach 1649 beginnen die Einzeichnungen unzuverläßig zu werden — darum wir diese Periode von nur 5 Jahren aufführen.

erhalten wir, übersichtlich zusammengestellt, folgenden Bevölkerungs-Etat:

Jahr.	Ehen.	Geburten.	Kommunikanten.	Seelenzahl.
1644—49	2	7	95	ca. 220
1750—50	3	8	150	" 300
1850—60	5	23	460	" 685

Diesem zufolge hätte sich die Bevölkerung innert 200 Jahren um beiläufig 465 Personen vermehrt.

Schulwesen.

Einen wichtigen Abschnitt in der Geschichte einer Gemeinde bildet neben der Bevölkerung das Erziehungswesen — die Schule. Voll Interesse fragt man: Welches war wohl in Fislisbach der Zustand desselben in frühern Zeiten und wie hat es sich allmählig erweitert?

Ueber den Anfang eines Schulunterrichts dahier ist uns nichts bekannt, als, was ältere Leute aus dem vorigen Jahrhundert mündlich hinterlassen haben.

Es beschränkt sich dieses auf Folgendes[1]: Der erste Schulmeister, von dem man Etwas weiß, soll ein Johann Fuchs gewesen sein — ein Weber, der Mitte oder gegen das Ende des vorigen Jahrhunderts 6—10 Kindern im Winter das A. B. C. lehrte. Auf ihn folgte ein Josef Schibli, später Struermeier, welcher ebenfalls eine kleine Schule in seiner kleinen Wohnstube hielt, wobei die Kinder lesen und etwas schreiben lernten. Zu Anfang dieses Jahrhunderts dann trat der Schneider Josef Leonz Heimgartner als Lehrer auf — Präsident der Munizipalität während der Revolutionszeit und der Helvetik. Er organisirte eine förmliche Schule mit Lesen, Schreiben und Rechnen — anfänglich in seinem eigenen Hause. Bis dahin war nämlich Alles in Bezug auf Lokal- und Schullohn dem

---

[1] Nach einer Mittheilung Hrn. Oberlehrers Leobegar Heimgartner.

freien guten Willen der Eltern überlassen. Alte Leute haben erzählt, daß — anfangs — jedes Kind im Winter zur Beheizung der Stube ein Scheit mitbringen mußte und der Lehrer als Lohn ein Wochenbrod von ihm bezog. Endlich mit Anfang dieses Jahrhunderts — zumal die neu gestalteten Kantons-Regierungen sich der Volksschule anzunehmen begannen, fieng auch die Ortsgemeinde als solche unter genanntem Präsidenten Heimgartner an, sich für das Schulwesen zu interessiren — es zu unterstützen. Zu diesem Ende wurde ein einstöckiges Schulhäuschen mit einer Stube gebaut. Allein bald erkannte man dessen Unzulänglichkeit. Schon gegen Ende des 2. Dezenniums unsers Jahrhunderts wurde es mittelst eines Auf- und Anbaues um einen Stock mit zweiter Stube vergrößert, um Raum für eine allfällig zweite Schule zu gewinnen. Es geschah. 1820 wurde die bisherige Gesammtschule in eine obere und untere Schule umgeschaffen, und da sich nicht sobald herangebildete Lehrer fanden, größtentheils nur von provisorisch angestellten Lehrern bis 1839 abgehalten. Endlich wurde 1837 in Folge des Schulgesetzes vom Jahre 1835 die Arbeitsschule errichtet, und zu deren Abhaltung ein geräumiges, freistehendes und sehr zweckmäßiges Lokal erbaut, und der Unterricht fortan mit Eifer und gutem Erfolg benutzt. — Von dieser Zeit an bestehen und wurden die hiesigen Gemeindeschulen nach den allbekannten Anordnungen der Regierung in Bezug auf Lehrfächer und Mittel, nochmalige Erweiterung des Schulhauses[1]), (1834) Erhöhung der Lehrergehalte, sowie Aufsichtsbehörden mit vielem Eifer gepflogen.

Zum Schlusse dieses Artikels darf nicht unterlassen werden, derjenigen Männer zu gedenken, die von der ersten Periode an zur Aeufnung unsers Schulwesens bis zu dessen endlichen Organisirung im Besondern thätig gewesen sind. Zu diesen gehört vorab der schon genannte J. L. Heimgartner, welcher in der Eigenschaft als Lehrer und als Präsident der Ortsbehörde

---

[1]) Der Staat gab einen Beitrag von 170 Fr.

das Meiste für die Schule und Schulhausbauten gethan hat. In der folgenden Periode — 1830 — war es der unermüdliche Pfarrer Kp. Rohner, der nicht nur die Schulpflege bethätigend leitete und einen sehr fleißigen Schulbesuch erwirkte, sondern, in Ermangelung eines Lehrers an der obern Schule, diese bei 2½ Jahr 1836—39 besorgte. Endlich dürfen erwähnt werden die beiden Lehrer Leobegar [1]) und Anton [2]) Heimgartner, die, nachdem sie, die Ersten aus Fislisbach, einen vollständigen Lehrkurs mitgemacht, als sehr befähigte junge Männer, jener die obere, dieser die untere Schule vom Jahr 1839 an versahen.

Landwirthschaftliches.

Der Pfarrer der Gemeinde, J. Bapt. Müller, schreibt um das Jahr 1750 darüber Folgendes [3]):

„Die Pfarrgemeinde Fislisbach besteht aus 61 Haushaltungen. Sie wohnen alle in den Einsturz drohenden Häusern. Aus Mangel an Vieh, weil Abgang hinlänglichen Mattlandes, mußten sie beim Ueberfluß ihrer Felder beinahe darben. Aus dieser bedrängten heillosen Lage retteten sie sich endlich durch die so nützliche Einführung der Kleeanpflanzung. Indem dieser den Mangel an Mattland ausglich, konnten sie nämlich die Viehzucht besser betreiben. Gleichzeitig wurden sie hiedurch in Stand gesetzt, ihre rauhen viele Jahre brachgelegenen Strecken Landes in Nutzen bringende Felder umzuändern. So schwang sich die Gemeinde in wenigen Jahren empor, wenn nicht zu einem

---

[1]) Leobegar H., außer daß er in Schulangelegenheiten höhern Orts zur Mitberathung öfters sich beigezogen sah, war 1864 Mitglied der obersten Erziehungsbehörde des Kantons Aargau und bekleidet gegenwärtig die wichtige Stelle eines Kreis-Schulinspektors in demselben.

[2]) Anton H. resignirte die Schule 1853, zog als Landwirth nach Menzingen, Kt. Zug, und 1869 als Auswanderer sammt Familie nach Nord-Amerika.

[3]) Trüb. Pfr.-Arch. MS. pag. 11.

blühenden, so doch zu einem behaglichen Mittelstande; indem der reichliche Segen ihrer Felder sie nun auch überhaupt zu größerer Thätigkeit anspornte. Beiläufig zirka 65 Jahre später schreibt Pfarrer Trüb über die „Lage und Beschaffenheit der Gemeinde":

„Rechts eine Viertelstunde von Mellingen kommend, einige Minuten von der Heeresstraße[1]) gegen Baden entfernt, bietet sich dem Auge des Wandernden ein 750 Jucharten in sich fassendes Ackerfeld dar. In dessen Mitte steht Fislisbach von fruchtbaren Obstbäumen umgeben. An dieses große der Gemeinde gehörende Feld reiht sich die Gemeindewaldung von 500 Jucharten, welche gleichsam die nördliche und östliche Grenze des Orts bilden. Das Mattland besteht blos aus 80 Jucharten, dessen Abgang jedoch — wie schon bemerkt — durch Anbau des Klees ersetzt wird. Der Weinbau ist nicht beträchtlich, indem er sich nur auf zirka 18 Jucharten erstreckt. Der Ort selbst besteht aus 44 großen meist neu gebauten und in der Assekuranz für 74,354 Schw. Franken geschätzten Häusern mit 72 Haushaltungen. Die gesammte Seelenzahl beläuft sich auf 444; als 218 männliche und 226 weibliche Personen, mit Inbegriff von 11 männlichen und 10 weiblichen fremden Dienstboten. Darunter befinden sich Kommunikanten 281, an Handwerkern: 6 Schneider, 3 Schuster, 3 Weber, 3 Wagner, 1 Drechsler, 1 Seiler, 1 Küfer, 1 Schreiner, 1 Glaser, 1 Zimmermann, 1 Zeugschmied und 3 Dachdecker. Das neuerbaute Schulhaus, die verbesserte Einrichtung der Schule mit einem Fond von zirka 600 Fr., sowie der Armenfond, der sich auf 300 Fr. beläuft — zeugen von einer guten Verwaltung. Die Kirche, alt, die Menschenzahl nicht fassend, besitzt ein Vermögen von 11,000 Gl. Kapital. — Die Viehställe, aus welchen uns vor etwa 40 Jahren noch keine andere, als höchstens die Stimme langbärtiger Ziegen entgegen hallten, sind nicht minder

---

[1]) Seit 1872 geht die Straße von Mellingen nach Baden direkte durchs Dorf.

gut, als ihre Felder bestellt. 49 Ochsen, 155 Kühe und Rinder, 16 Ziegen, 5 Schafe, 1 Pferd und 96 theils Fasel= theils Mastschweine dürfen als Zeugen ihres Wohlstandes angeführt werden.¹)

Verschiedene Ereignisse.

Wie Regen und Sonnenschein abwechseln, so hatte auch die Gemeinde Fislisbach im Laufe der Jahrhunderte mehr oder weniger betrübende Schicksale zu bestehen. Vorab war es die sog. Reformation oder der Glaubenssturm²) des 16. Jahrhunderts, der auch sie ergriff und zerrüttete, indem er sie auf viele Jahre hin entzweite. Sodann erlitt das Dorf wiederholt bedeutende materielle Beschädigungen, als 1784 durch Feuersbrunst und 1796 durch Viehseuche — der sog. Zungenkrebs. Insbesondere war die oben kurz berührte Periode von anno 1798 — die französische Revolution — wie für die gesammte Schweiz, so auch für Fislisbach eine Zeit herber Bedrängnisse. „In nicht 2 vollen Jahren, schreibt Pfr. Trüb, erlitt die Gemeinde, durch beständige Einquartirung, Requisitionen, Fuhren und durch das Abschellen von 5000 Stumpen Holz, in den Waldungen einen Schaden von wenigstens 42,000 Gl." Ein besonderes Glück für die Gemeinde war es, daß sie gerade in diesen stürmischen Zeiten — bei dem ungebetenen Besuche so vieler französischer Krieger an ihrem 1799 neu gewählten Pfarrer, dem Johann Bernard Müller, den Mann erhielt, der ihr die wichtigsten Dienste leistete.³) Es ist bekannt und erklärlich, welchen Pla-

---

¹) Trüb Pfr.=Arch. M. S. pg. 17.

²) Worüber in einem spätern Abschnitt einläßlich gesprochen werden wird.

³) Trüb. 12—14.

kereien, Erpressungen, Zumuthungen und Gewaltthätigkeiten, beim Einzug der französischen Truppen, die guten Leute, zumal in den Dorfschaften, in Folge Unkunde der fremden Sprache ausgesetzt waren, so fern sie nicht in ihrer Mitte einen jener Sprache kundigen gewissenhaften und muthvollen Mann hatten. Nun dieses Glückes konnte sich Fislisbach in dieser drangvollen Zeit an ihrem neuen Pfarrer Joh. Bernard Müller freuen, indem er „vermöge seiner Sprachkenntniß seinen Landleuten zu Hilfe kam, allseitige Mißverständnisse aufklärte, dadurch nicht nur manchem unangenehmen Auftritte vorbog, sondern wohl auch sonst unausweichliche Unglücksfälle abwandte, bis endlich die anno 1803 den 19. Februar zu Stande gekommene Mediationsakte Napoleons dem Vaterlande und so auch der Gemeinde Fislisbach die so ersehnte Ruhe zu geben versprach."

Und wirklich — aus so verschiedenartigen Theilen, als Bernergebiete, Frickthal, Freienamt, Landvogtei Baden — Katholiken, Protestanten und Juden der neue Kanton Aargau zusammengewürfelt worden war, so erfreute er sich doch einige Jahre einer behaglichen Ruhe, die er zur Entfaltung seiner geistigen und materiellen Kräfte — zumal bezüglich der Landwirthschaft und des Schulwesens — zu benutzen verstand.

Allein da drohten mit dem Jahr 1813 auf 1814 — mit dem Sturze Napoleons und der dadurch erfolgten Auflösung der Mediationsakte, bei dem unvermutheten Erscheinen dreier großen Armeen an unseren Grenzen dem Lande neue Stürme. Und als vollends österreichische Truppen den Kanton durchzogen und weit umher die Lazarethe mit Verwundeten und dem Typhus Behafteten sich füllten, da war, schreibt Trüb: „auch Fislisbach nicht vergessen, Bagage=Wägen, Artillerie, Reiterei und Fußvolk folgte ununterbrochen auf einander. Das Ordnen, Schaffen, Geben und Zahlen nahm kein Ende. Dieses war für die Gemeinde um so drückender, als rückständige Kriegssteuern und die Abbezahlung des anno 1805 gesetzlich losgekündeten Zehenden ben zurückgelegten Kreuzer herausforderten." ¹) Was aber noch mehr, als dieser materielle Schaden, große Betrübniß verursachte, war der Verlurst so manchen Familienvaters, so mancher Hausmutter, die das ausgebrochene Nervenfieber anno 1813 auf 1814 und dann wieder aufs Neue ausbrechend anno 1847 auf 1848 aus ihrer Mitte dahin raffte, und das erstemal allein 58 Kinder zu Waisen machte.

Leider! Noch waren diese schmerzlichen Wunden — die einen kaum am Vernarben, die andern noch ganz frisch, als den 30. März 1848 Mittags 11 Uhr in einem Hause nahe und fast gegenüber dem Pfarrhof Feuer ausbrach ²), und mit solcher Schnelligkeit über die mit Stroh bedeckten hohen Giebeln dahin fuhr, daß in wenigen Stunden 30 Firsten ³), von denen mehrere 2 bis 4, ja bis 6 Familien beherbergten, ein Raub der Flammen wurden. In größter Gefahr stund die Kirche, zumal wegen der oberhalb ganz in ihrer Nähe befindlichen hohen strohbedeckten Scheune und Wohnung — Wegstein Bühlers. Schon brannten die nächst um die Kirche gelegenen Pappeln; schon dampften die Gesimse oben am Hauptportal derselben, als im entscheidenden Moment die Feuerspritze von Mellingen mit ihrer rüstigen Mannschaft anlangte und die schrecklich drohende Gefahr abgewandt wurde. Da die Flammen mit wüthender Geschwindigkeit — einer Springfluth ähnlich — gleichsam mit Einem mal unten wie oben im Dorfe die hohen gedörrten Strohdächer mit ihren „Gaden" ergriffen hatte, so konnte trotz der Menge der herbeigeeilten Spritzen und Brandkorps — außer einigen Gebäulichkeiten und dem gesammten Vieh — von der Fahrhabe nur We-

---

¹) Trüb. 16.

²) Ueber die Verursachung des Brandes walteten verschiedene Muthmaßungen. Das Wahrscheinlichste ist, daß er vom Feuerherde aus, in Folge offener schlecht gebauten Kaminhurt und hiebei obwaltender Nachlässigkeiten (oberhalb nahe liegender Brennmaterialien —) entstanden ist.

³) Wohnungen mit angebauten Scheunen, die meisten mit Stroh bedeckt.

niges gerettet werden. So sind unter 2 Stunden durch Einäscherung von 30 Firsten mit 45 Wohnungen, 60 Familien mit 470 Personen obdachlos geworden.¹) Außer dem Schulhause und der Kirche blieben vom Feuer ganz verschont 16 große Firsten, worunter 3 Wohnungen, theilweise gemauert und mit Ziegeln bedeckt.

Was diesen harten Schlag milderte, ist, daß kein Menschenleben zu beklagen, und die schöne vor kaum 20 Jahren neugebaute Kirche gerettet war. Nicht weniger Trost gewährte ihnen der Eifer und die Zuvorkommenheit der Mitbürger, die, vom Brande verschont, Alles aufboten, um von der ersten Nacht an den obdachlos Gewordenen Obdach zu verschaffen. Insbesondere muß erwähnt werden der Mildthätigkeit, womit man aus der Nähe und Ferne den Brandbeschädigten ihr Unglück zu erleichtern suchte. Namentlich zeichneten sich aus: Baden, Mellingen und Ottelfingen.

Wie Baden schon am Abend des Brandunglückes, so brachten auch gleich am folgenden Tag die Nachbarsgemeinden Nahrungsmittel für Menschen und Vieh. Um jedoch in umfassender Weise den Brandbeschädigten wieder aufzuhelfen, wurde eine weitergehende Sammlung von Liebesgaben veranstaltet. Wie der damalige Herr Pfarrer Rohner gleich beim Entstehen des Brandes — zumal als man die Kirche bedroht sah, mit Rath und That überall voran war, so war er es auch bei dieser Veranstaltung; Alles — zumal Freunde und Bekannte in Nähe und Ferne

---

¹) Entsetzlicher Anblick! sagt ein Augenzeuge. Am Abend, da starrten die Unglücklichen in die rauchenden Aschenhaufen ihres Obdachs und ihrer Habe; oder standen truppenweise rathlos zusammen, nicht wissend wo übernachten, womit sich erhalten. Zum Glück kam um 6 Uhr von Baden ein Wagen bespannt mit 2 Pferden, der ein Faß mit Suppe und eines mit Wein nebst Brod und Taffelgeschirr mitbrachte. Da sammelten sich die hart Betroffenen auf'm Kirchenplatz, ließen sich auf der Mauer nieder, und genossen, weil zu wenig Geschirr vorhanden — die ausgetheilten Gaben — abwechselnd einander das Geleerte reichend. — Widmer, Pfarrer.

mußte er hiefür zu bethätigen, und wohl wird seinen Bemühungen es zu danken sein, daß die Sammlung folgende bedeutende Summen abgeworfen hat:

a.	An baarem Gelde	. .	Fr.	9,333. 31½
b.	„ Viktualien	. . .	„	10,849. 32
c.	„ Geräthschaften und Kleidern		„	1,716. 29
d.	„ Baumaterl., Ziegel und Kalk		„	445. —
e.	„ Bauholz	. . .	„	654. 35

Summa Fr. 12,998. 27½ [1])

Neben der Einsammlung von Liebesgaben war nun aber das Wichtigste, einen Plan zu berathen und zu entwerfen, nach welchem das Dorf in einer den allseitigen Anforderungen entsprechenden Weise wieder aufgebaut werden möchte.

Dieses zu erzielen ward von Seite der Regierung des Kantons eine Baukommission aufgestellt, bestehend aus dem

Hr. Amtmann Borsinger von Baden, Präsident;
„ Fürsprech Bürli „ „ Vizepräsident;
„ Friedensrichter Strebel von Büblikon, Schreiber;
„ Pfarrer Huwiler in Birmensdorf;
„ Amtmann Geißmann von Wohlenschwil;
„ Martin Vogler in Rohrdorf;
„ Architekt Jeuch von Baden;
„ Ingenieur Tschokke von Aarau;
„ Geometer Lehmann von Aarau.

Dem Hrn. H. Pfarrer und Tit. Gemeinderath blieb die alles Uebrige umfassende Aufgabe — namentlich zu rathen, zu beschäftigen, zu vermitteln, sowie die Einsammlung und Vertheilung der Liebesgaben zu besorgen.

Den Brandschaden finden wir nicht gewerthet. Die Asse-

---

[1]) Mittheilungen durch Herr Pfarrer Widmer — laut Gemeinde-Protokoll.

kuranzsumme betrug: Fr. 81,650. a. W. — (Anno 1818 war das ganze Dorf assekurirt für 74,354 Fr.) — Was übrigens das Brandunglück im Besondern für Alle — auch die Nichtbetroffenen auf längere Zeit fühlbar macht, ist: daß in Folge Wiederaufbau des Dorfes die Waldungen eine so starke Einbuße erlitten, daß die jährliche Holzgabe von 3 Klafter auf 1¹/₃ Klafter herunterschmolz.

Nachdem man endlich nicht ohne große Schwierigkeit sich zu einem gemeinsamen Plane, nach welchem jedem Branbeschädigten zum Wiederaufbau ein Bauplatz nebst Gärtchen (häufig jedoch nicht auf der eigenen Brandstätte) im Verhältniß des Verlornen zugetheilt wurde, verständigt, und die Regierung diesen genehmigt hatte, schritt man zur Ausführung desselben mit solcher Regsamkeit, daß der größte Theil der Wohnungen — 71 neue Häuser über den Schutthausen der 48 niedergebrannten Firsten innert Jahresfrist unter Dach gebracht war. Und zwar geschah dieses gemäß Plan in der Weise, daß alle Bauten sammt Scheune wenigstens 15—18 Schritte von einander gesöndert, mit Ziegeln bedeckt und vom Boden aus bedeutend erhöht zu stehen kamen. Zudem wurden mit Ausnahme einiger Riegel und 4 Pisen-Bauten die Häuser bis zum 2. Stock — einige ganz, in Stein aufgeführt und die Straßen, sowie der Bach so angelegt, daß die bisherigen Kloaken verschwanden. Durch all' dieses bekam das Dorf nicht nur statt der ungeheuerlichen Firsten mit ihren durchräucherten Gaben reinlichere und bequemere Wohnungen, sondern es gewann auch ein freundlicheres Aussehen und noch mehr eine gesundere Lage. [1])

---

[1]) Früher regierte, wie gemeldet, das Nervenfieber sehr stark. Vom Brand an bis 1864 hatten wir 4 typhöse Fälle, 3 waren tödtlich; ein Zimmermann hingegen, der zufällig unbewacht im Fieberzustand an einem kalten regnerischen Morgen unangekleidet dem Bett entsprang, an der untern Sommerhalde niederkauernd aufgefunden und heimgeführt wurde — genas nach kurzer Zeit!

Allerdings war, wie schon bemerkt, die Durchführung des Ganzen — zumal wegen veränderter Zutheilung der Hausplätze mit großen Schwierigkeiten verbunden. Daß diese ohne Prozesse überwunden wurden, dafür gebührt vorab wiederum dem Hrn. H. Pfarrer und dem mit ihm vereinigten Wirken des damaligen Gemeinderaths in ihrer Stellung als Vermittler, sowie der einsichtsvollen Ausdauer der Baukommission dankbare Anerkennung. Ueber diese ihre amtliche Thätigkeit und Opferwilligkeit, sowie über die Einnahme der Liebesgaben und ihrer treuen Verwendung gibt das sehr gut geführte Protokoll vollkommen Aufschluß, sowie das befriedigendste Zeugniß. Wohl hatte der brandbeschädigte Theil der Bewohner des neuerstandenen Dorfes bei aller Opferwilligkeit von Innen und Außen noch einen harten Stand, theils die Bauten soviel möglich zu vollenden, theils sich ökonomisch wieder in Etwas zu erholen. Allein gerade dieses hatte sein Gutes. Es erweckte die gesammte Dorfschaft — Alt und Jung zu einer solchen Betriebsamkeit von früh bis spät, daß dieselbe nicht nur den Meisten schnell wieder Obdach verschaffte, sondern den zur Zeit so nöthigen Kredit erwarb und diesen wie ihren Wohlstand auch nachhaltig zu begründen — zu sichern versprach.

Möge die Bevölkerung in dieser Thätigkeit fortfahren und damit die Gottseligkeit verbinden — beten und arbeiten — so kann und wird die Hoffnung auf eine gute Zukunft nicht täuschen.

II.

Kirchliches.

Früheste Periode.

Patronat Engelberg.

Wie man über das **Entstehen** der Gemeinde Fislisbach, und deren früheste Entfaltung nichts zu berichten vermag, so läßt es sich nicht nachweisen, wann und unter welchen Umständen das Licht des christlichen Glaubens hier eingedrungen ist.

Wohl behauptet der Kirchenhistoriker **Lang**[1]), daß der hl. **Beat**, nachdem er vom hl. Apostel Petrus zum Priester geweiht war, schon im Jahr 48 n. Christus die evangelische Lehre im Bernergebiet so wie im **Aargow** verkündete — ja, daß er der erste Bischof in Windisch gewesen sei; und — wahrscheinlich auf diese, allerdings achtbare Autorität hin erwähnt nun auch unser Pfarrer **Trüb**, dieser Sage vom hl. Bischof Beat und der damit verbundenen frühen Verkündung des Evangeliums in unserer Gegend.[2]) Allein gar Viele der spätern Historiker stimmen dieser Ansicht nicht bei.[3]) So hat in jüngster Zeit Professor **Lütolf** die schweizerische Beatus=Sage auf's Neue

---

[1]) Lang „Grundriß der altchristlichen Welt". I. Artikel 3, S. 532.
[2]) Pfr.=Arch. M. S. S. 1.
[3]) Z. B. Bölsterli „Einführung des Christenthums" S. 2—3, ferner: P. Henschen S. J. Dr. Friedrich, Gelpke, Rottberg u. A. m.

einer allseitigen Prüfung unterworfen, und nach Vergleichung
derselben mit der Legende des hl. Beatus von Vendôme — in
Frankreich aus dem 17. Jahrhundert, gefunden, daß sie - aller
Vermuthung nach, nichts anders sei als — Zug für Zug —
eine Nachbildung derselben. Auch Rottberg, bemerkt Lütolf,
spreche sich — fußend auf die Bollandisten — entschieden ver-
neinend gegen die schweizerische Beatus=Sage aus. Daher erscheint uns mehr als zweifelhaft, daß unser hl. Beat der erste
Bischof in Windisch gewesen, und demzufolge schon um das
Jahr 48 n. Christus in unserer Gegend das Christenthum verkündet worden sei.¹)

Indessen, wenn man erwägt, daß Fislisbach in Mitte jener
Gegend sich befindet — wo schon frühe ringsum die Strahlen
des evangelischen Glaubenslichtes die Finsternisse des Heiden-
thums durchbrochen haben — daß es nicht nur nahe beim Gotteshause Wettingen, das 1227 vom Grafen Heinrich von Kyburg
gestiftet wurde, sich befindet, daß es kaum 3½ Stund entfernt
ist vom Kloster Muri, welches noch früher, d. i. 1027 von Werner
von Habsburg gegründet²) worden ist — sondern noch mehr,
daß es kaum 2 Stunden entfernt liegt von Windisch, der
alten römischen Stadt Vindonissa, in deren Gegenden der Bischof
Eucharius schon um 245 das Evangelium verkündet haben soll,
weßhalb die alte Basler=Diözese ihn als einen ihrer ersten
Glaubensboten verehrt³), ja, wo urkundlich gewiß spätestens
450 Jahre nach Christi Geburt eine christliche Gemeinde mit
aufeinander folgenden Bischöfen bestanden hat⁴) — so ist anzu-

---

¹) Lütolf „Die Glaubensboten der Schweiz" S. 10. 11. und folg.
(Luzern bei Gebr. Räber.)

²) Lang „Grundriß" II. Artik. 15 S. 4 — I. Artik. 6 S. 73.

³) Friedrich Kirchengesch. I. 393. Lütolf „Glaubensboten" S. 75; Propr.
Bas. Decbr. 9.

⁴) Im Conzil zu Epaon vom Jahr 517 findet sich folgende Unterschrift des Bischofs von Vindonissa: «Bubuleus in Christi nomine episcopus civitatis Vindonissæ». Ferners auf einem Ziegelstein der Kirchen-
mauer zu Windisch die Inschrift:

nehmen, daß der Saame des göttlichen Wortes schon in den frühesten Zeiten in den Gegenden zwischen der Reuß und Limmath herauf werde ausgestreut worden, und wohl auch hin und wieder auf empfänglichen Boden gefallen sein.

Da Gebensdorf und Birmensdorf in der nächsten Nähe von Windisch sind, so gehören sie gewiß zu den ersten Gemeinden jener Gegend, denen das christliche Glaubenslicht geleuchtet hat; und so mögen auch von da die Strahlen desselben bald das **nahe gelegene Fislisbach** erreicht haben. Da ferners die Christianisirung um Vindonissa herum nur nach und nach vor sich gehen mochte, und für die Neubekehrten sich nicht sobald in jeder Gemeinde Kirchen zur Abhaltung des Gottesdienstes erstellen ließen, so ist auch die Vermuthung nicht ungegründet, daß die ersten Christen in Fislisbach sich zu jenem Ende an das nahegelegene Birmensdorf angeschlossen, und so anfänglich zur dortigen Pfarrei gehört haben.¹) Uebrigens in welchem Verhältniß Fislisbach zu Birmensdorf gewesen sein mag, so ist es immerhin am Platz, aus der damaligen Zeit jenes merkwürdigen Ereignisses, das gewiß jene, wie diese Gemeinde mit großer christlicher Freude erfüllt, — d. i. — des Erscheinens des hl. Bernardus in deren Nähe hier zu gedenken. Die Pfarrschriften Birmensdorfs erzählen darüber Folgendes:

„1146. 17 Decbr. S. Bernardus pertransit Birmenstorf.— Um den Christen in Palästina zu Hülfe zu kommen und sie vom Joche der Türken zu befreien, hat der hl. Bernhard alle Provinzen Europas durchreist und die Christen allüberall zu

---

in onore S. C J | Martini epci | Ursinus Eb |
es cubus it De | tibaldus † Lin | culfus ficit.

Endlich ist erwiesen, daß der Bischofssitz von Vindonissa nach deren Zerstörung cirka 555—561 nach Constanz verlegt wurde. Gelpke I. 196. II. 248.

¹) In der Urkunde vom 4. Mai 1184 — Neugart Epis Const. II. pag: 531 findet sich bei «Vicelisbach» folgende Nota „Fislisbach in parochia Birmensdorf". Die Quelle dieser Notiz ist nicht angegeben.

einem nochmaligen bewaffneten Kreuzzuge aufgerufen und ange=
feuert. Von den deutschen Provinzen am rechten Rheinufer kam
er nach Constanz. Nachdem er hier den Bischof besucht, begab
er sich in die Schweiz, kam nach Winterthur und Zürich; dann
die Limmath überschreitend über Täffern, Hochstraß und Pilger=
weg (zu der Zeit der gewöhnliche Weg) nach Birmensdorf.
Hier erwies er den Einwohnern Wohlthaten, welche sie nie ver=
gessen werden. Kraftlosen und Lahmen gab er den Gebrauch
ihrer Glieder. — Ehe wir, die wir den abreisenden Bernhard
begleiteten, über die Reuß kamen, sahen wir 2 hinkende Weiber
vom hl. Vater gerade gemacht. An selbem Ort, Birmensdorf,
hat er einen Buben mit einem krummen verstrackten Halse ge=
sund gemacht. Nachdem er unsern Ort verlassen, begab er sich
nach Freiburg, Basel, Speier und kehrte dann nach Hause zu=
rück, nachdem er überall Beweise seiner Tugend, Macht und
Heiligkeit gegeber." [1]

Wann und unter welchen Umständen aber die An=
wohner von Fislisbach ihre erste Kirche erbaut und zu einer,
wie man jetzt nennt, eigenen Pfarrgemeinde sich organisirten,
liegt im Dunkel. Der erste Akt, der einer Kirche in Fislisbach
erwähnt, ist die schon oben zitirte Urkunde vom 4. Mai 1184,
in welcher Papst Julius III. beim Gotteshause Engelberg unter
vielen andern Besitzungen auch diejenigen zu Fislisbach bestätigt,
und zwar ausdrücklich mit dem Zusatz: "Viscelisbach
sammt dem Recht an der Kirche". [2] Hieraus er=

---

[1] Pfarrarchiv Birmensdorf.
[2] Die Worte der Urkunde finden sich mit folgender Inter,
punktion: «Starcholfesweilere, Hedingen, Weilere, Vicelisbach
cum jure, quo habetis in eccla, Bocheneke, Tegersche» u. s. w.
So laut Mittheilung des Archivars P. Ber. Strebel in Engelberg 1872.
Auch bei Neug. a. z. O. steht das Comma vor Bocheneke. Die Worte
«quod habetis in eccla» beziehen sich also nicht auf Bocheneke, sondern
auf Vicelisbach. Das Zitat im "Versuch einer Darstellung der reichs=
freien Stift Engelberg" Seite 10 (Luzern bei Räber 1846) ist demnach
in soweit zu berichtigen; übrigens stellt der Verfasser des "Versuches" die
Richtigkeit seines Zitat's durch ein "(?)" selber in Frage.

hellet, daß Fislisbach um jene Zeit nicht nur eine eigene Kirche hatte, sondern schon damals eine für sich bestehende Pfarrgemeinde ausmachte, welche unter dem Patronat oder der Kollatur von Engelberg stund. Der Zusatz: „Sammt dem Recht an der Kirche", welcher mit den Besitzungen zu „Biszelisbach" verbunden ist, während er bei den in der Bulle aufgezählten Besitzungen andrer Gemeinden fehlt, läßt nicht zweifeln, daß hier die Rede von einem förmlichen Patronatrecht ist, mit den bekannten gegenseitigen Verbindlichkeiten und Rechten, zufolge dessen das Kloster zu genüglicher Seelsorge verpflichtet war, dagegen die Gemeinde demselben die im Urbar von 1178 benannten bedeutenden Gefälle zu entrichten hatte.¹) So kam es, daß damals dem Kloster nicht nur als Grundherrn theilweise mit Wettingen die niedere Gerichtsbarkeit mit Twing und Bann zu Fislisbach, sondern ihm als Patronats- oder Kirchherrn auch die Pfarrkollatur zustand, in Folge dessen dasselbe die Pastoration in da von sich aus durch einen Expositus — wie in Abtwil und Sins oder durch einen Leutpriester besorgen mochte. Ebenso ist daher Engelberg, soweit bis anhin die Urkunden reichen, als erster geschichtlich bekannter — wenn nicht ursprünglicher Kollator zu betrachten.²) Den Umfang der Pfarre betreffend, so beschränkte sich dieser — aller Wahrscheinlichkeit nach — von jeher, wie gegenwärtig, auf die Dorfschaft. Wohl behauptet das Pfarrmanuscript³) (Seite 8), „Dättwil und Rüttihof haben früher — ja anno 1691 noch zur Pfarre Fislis-

---

¹) Siehe oben Seite 3.

²) Die Randbemerkung im Jahrzb. Juni 17., daß „die Edlen von Bütikon die ersten Kollatoren gewesen", ist demnach nicht richtig. — Dagegen dürfte gefragt werden, ob nicht vielmehr die Freiherren von Selbenbüren, die um 1122 das Kloster gründeten und dotirten, die ursprünglichen Patrone von Fiszelisbach gewesen, so daß von ihnen mit den Vergabungen an's Kloster auch die Patronats-Rechte wie Pflichten an dieses übergingen?

³) Trüb „kurze Darstellung". Pfarrarchiv.

bach gehört". Dieses ergebe sich aus den Einzeichnungen von Geburts-, Firmungs-, Ehe- und Sterbefällen in hierseitigem Pfarrbuche — namentlich beweise dieses ein Copulationsschein, der besagt, daß 1691 Daniel Meier von Rüttihof und Barb. Mundwiler von Spreitenbach in Dietikon kopulirt worden seien auf die Erlaubniß des Pfarrers in Fislisbach («cum licentia parochi Fislispachensis». Allein diese Beweisführung ist keineswegs gegründet. Ablösung von Ortschaften — ja nur einzelner Höfe einer Pfarrei und Incorporirung mit einer andern geschahen und geschehen nicht so leicht, sondern sind oft mit vielen Schwierigkeiten — geistlicher und bürgerlicher Seite mit Verhandlungen, betreffend Ablösungen, Entschädigung, Einsprüchen u. s. w. verbunden. Nun sind über fragliche höchst wichtige Ablösung und Zutheilung von Rüttihof und Dättwil nicht nur keine Verhandlungen oder Urkunden vorhanden, sondern nicht einmal etwelche Notizen oder Spuren z. B. im Jahrzeitenbuch, während doch hier ganz unbedeutende Ereignisse — (Schneefall — Fruchtpreis) sich aufgezeichnet finden. Demnach beweisen oder besagen obgenannte übrigens nur sporadische Einzeichnungen in den Pfarrbüchern Fislisbachs weiter nichts, als — daß man von jeher, wie gegenwärtig aus nachbarlicher Gefälligkeit — unter Umständen (z. B. Kälte, Nothfall u. s. w.) mit Erlaubniß des Pfarramts Baden — dorthin pastorirte (verwahrte, taufte, Wöchnerinnen aussegnete u. s. w.). Nicht mehr Gewicht ist darauf zu legen, daß die Firmlinge von Rüttihof mehrmal vereint mit denen von Fislisbach zur Firmung nach Mellingen — ja einmal nach Wettingen zogen und dann mit denen von Fislisbach in dem Pfarrregister von da aufgezählt werden. Denn dieses geschah offenbar nur in Folge der mit Rücksicht auf die Nähe und Bequemlichkeit gepflogenen Eintheilung der zu Firmenden; was daraus erhellet, daß, wenn in Baden gefirmt und die von Fislisbach dahin beordert wurden, alsdann die von Rüttihof niemals mit jenen von Fislisbach auf dem Verzeichniß erscheinen

— warum? weil sie als zur Pfarre Baden gehörend — unstreitig in das dasige Firmlingsverzeichniß aufgenommen waren. Endlich folgt aus obiger Copulation weiter nichts, als daß der Pfarrer von Fislisbach entweder von Baden aus delegirt, oder, da der Bräutigam wohl gebürtig von Rüttihof — aber inskünftig domizilirend in Fislisbach — er wirklich der parochus proprius (der zuständige Pfarrer) war.

Seit obgenanter Bestätigung der Besitzungen und der Kollaturrechte Engelbergs mögen jedoch kaum 100 Jahre verflossen sein, so verliert sich das Kloster als unser Kollator in der Geschichte, und zwar ohne daß man recht weiß wann, wie und an wen unmittelbar nach ihm das Patronat übergegangen ist. Daß dieses aber geschehen, und zwar schon vor 1236, geht aus Folgendem hervor.

In einer spätern Bulle vom 18. März 1236, worin Papst Gregor IX. dem Kloster seine frühern und neu erworbenen Besitzungen bestätigt — wird, während alle in der Bulle von 1184 aufgezählten hier wieder genannt sind, — Fislisbachs und des Rechts an der Kirche mit keiner Silbe mehr erwähnt.[1] Daß dieses nicht ein Versehen in der Abfassung oder Abschrift der Bulle ist, sondern, daß das Kloster schon damals das fragliche Recht nicht mehr besaß — also Fislisbach mit Grund wegfiel, erhellet daraus, daß das Kloster nicht — weder [2] bei der Pfrundtaxation von 1274, noch beim Streit des Kirchherrn und der Gemeinde Fislisbach vom Jahr 1286, irgendwie betheiligt oder vertreten war. Allein nun entsteht die Frage: Wann und an wen sind die genannten Patronatsrechte von Engelberg aus übergegangen? sind sie von da mittelbar, oder unmittelbar an die Edeln von Büttiken gekommen?

---

[1] Neugart E. C. II. 538
[2] Wie man alsbald sehen wird.

Patronat Büttikon bis zur Uebertragung desselben an Baden.

In dem so eben genannten Jahr 1274 wurde unter Gregor X. auf dem 2. Konzil zu Lyon ein neuer Kreuzzug zum Schutze des hl. Landes beschlossen und zur Bestreitung der großen Kosten eine allgemeine Besteurung des Klerus vom Haupte an bis zum einfachsten Bepfründeten verordnet, so zwar, daß Jeder von seinen Einkünften — falls selbe 7 turnische Pfund (à 20 Schilling) übersteigen, den zehnten Theil zu steuern habe — diesem gemäß wurden in allen Bisthümern die Pfründen auf eibliche Angabe hin taxirt. Das Steuerregister der Diözese Konstanz, zu welcher nebst den 5 alten Kantonen der Schweiz auch der Aargau gehörte, ist größtentheils noch vorhanden. Nun in diesem Verzeichniß findet sich Fislisbach zweimal aufgeführt [1]), zufolge dessen die Kirche in da mit einem Steuerbetrag von 15 Pfund Baslerwährung (das Pfund à 20 Schilling) belegt wurde. Die Stellen im Original lauten:

a. «In Archidiaconatu Argoviæ — hic sunt decanatus — «In decanatu Raprechtiswiler (Zürich) [2])

»Phiscelinsbach plebanus ejus dem juravit de ipsa ecclesia «in toto 15 libras Basilenses.»

b. «In archidiaconatu Zürichgau -- in decanatu «Raprechswile (Rapperschwil sive Zürich)

«Luitoldus de Fislisbach juravit de eadem ecclesia 15 libras «Basilensos. Solvit 20 Solidos et 7 denarios pro ista ec- «clesia et capella in Egliswiler, que est in decanatu Reit- «nau et pro ecclesia Tannum in decanatu Oberunkilch. «Item secundo termino solvit solidos 20 et danarios 7.» [3])

---

[1]) Sonderbarerweise sind die benachbarten Pfarreien Birmensdorf, Mellingen und Baden nicht aufgeführt.
[2]) Die eingeschlossenen Namen sind spätern Datums.
[3]) Geschichtsfreund XIX. 181 flg.

Ohne Zweifel ist die obige Aufschrift: Archidiaconal «Argoviæ» nicht richtig, wohl aber die zweite «Zürichgau», weil das Diakonat Rapperswil[1]) nicht in jenem, sondern in diesem sich befand. Daher auch das letztgenannte „Fislisbach" ohne weiters Eines mit dem Erstgenannten «Phiselinsbach» ist, nur mit dem Unterschied, daß bei erstern der Leutpriester d. i. der Pfarrvikar die genannte Taxe beschwor, bei der zweiten Eintragung aber der Rektor oder Kirchherr selber erscheint, und als solcher für Fislisbach, Egliswil und Tann die Taxe normirt und sammthaft die Betragsrata bezahlt.

Die angeführten Notizen sind für uns interessant, nicht nur, weil wir daraus sehen, daß die Pfarrei Fislisbach an einen Kreuzzug in's gelobte Land steuert, sondern auch weil wir aus der angelegten Taxe von 15 Pfund, wenn man diese Steueranlage mit andern vergleicht — z. B. mit derjenigen von Bremgarten, das zu 30 Pfund, Zufiken, das zu 5 Mark (50 Schl. = 12¼ Pfund) taxirt war — auf deren Bedeutung einigermaßen schließen können.

Ferners, den Titel «Archidiaconal» betreffend[2]), ersehen wir aus obigem Register, daß die zum Bisthum Constanz gehörenden Kreise früher im Allgemeinen in Archidiakonate, dann diese in Kapitel oder Dekanate eingetheilt waren, wobei Fislisbach in's Archidiakonat Zürichgau, Kapitel Zürich — Dekanat Rap-

---

[1]) Ober Ruralkapitel Zürich — wozu Fislisbach, Rohrdorf u. s. w. gehörte. Neugart, vid. infra Note 2.

[2]) Nach Neugart Episc. Const. prol. — CXVIII umfaßte das Archidiaconat Zürichgoviæ die drei Kapitel: Cap. Turicense hodie Raperswilanum; Cap. Regensbergense und Cap. Wezionense. Zu erstem gehören alle Pfarreien von den Quellen der Linth an hinab Zürich zwischen der Limmat, dem Albis und der Reuß bis zur Vereinigung beider Flüsse, als z. B. Altendorf, Baden, Rohrdorf, Zürich — u. s. w. — Ferners zum Archidiaconat Argoviae gehörten acht Kapitel, als: Cap. Bremgartense, Mellingense, Hochdorfense, Willisaviense, Lucernense, Araviense, Surlacense et Burgdorfense.

perswil ¹) genannt, gehörte. Endlich ergibt sich daraus, daß damals ein Luitoldus Pfarrrektor oder Kirchherr von Fislisbach war. Ob nun aber dieser Luitold aus dem Hause der Edlen von Büttikon war, und dieses Haus schon damals, d. i. 1275 das Patronat besessen, läßt sich urkundlich nicht nachweisen, doch ist es wahrscheinlich, indem Fislisbach schon um diese Zeit mit jenem Hause in naher Berührung stand. — Dieses erhellet daraus, weil 1280 Ritter Hartmann von Büttikon bei einer Jahrzeitstiftung in der Klosterkirche zu St. Urban verordnete, daß der Kirche zu Fislisbach 1 Becher oder 2 Maaß Oel sollen verabreicht werden. ²)

Einen besondern Anhaltspunkt in dieser Sache, so wie einen für die Kirche in da wichtigen und überhaupt interessanten Akt gewährt uns eine Urkunde vom Jahr 1286, betreffend die Schlichtung des Spans zwischen dem Kirchherrn und den Kirchgenossen von Fislisbach, die wir deßhalb in einer Uebersetzung aus dem Lateinischen hier (wenig verkürzt) folgen lassen.

„Im Namen des Herrn, Amen."

„Im Jahr 1286. — Wir Magister Heinrich Manesse Chorherr zu Zürich und Magister Chuonradus von Hegendorf Notar des geehr. Hrn. Lotold Probst zu Zofingen zu Schiedrichtern berufen in dem Span, der sich zwischen Hartmann Kirchherr von Fislisbach und den Angehörigen (subditos) der dasigen Kirche — bezüglich verschiedenen unten näher zu bezeichnenden Punkten, entsponnen — nachdem wir die Rechte und Begründungen beider Partheien angehört und wohl verstanden — erklären und sprechen zu Recht: daß die obgenannten Untergebenen (Kirchhörige) pflichtig seien, die Erstlingsfrüchte dem gen. Kirchherrn, wie dieses bei den meisten Kirchen von Luzern bis Gebistorf üblich, zu entrichten; item: sprechen wir, daß die gen. Untergebenen nicht schuldig seien zu entrichten die (Wetter)

---

¹) So genannt, weil zufällig in Rapperswil der Dekan wohnte.
²) Arch. St. Urb. Kopp Gesch. d. eidg. Bünde. II. 439.

Garben (Manipulos), welche bei einigen Kirchen die Zigersten zu beziehen pflegen; item: soll jeder Nutznießer (hospes) eines Gartens als Zehend auf das Fest des hl. Martinus dem Kirchherrn Namens der Kirche einen fetten Hahn (pullum bonum) entrichten; bezüglich der Bezahlung des Kleinzehends, soll es bei der ihnen (den Untergebenen) zugestandenen und bisanhin beobachteten Uebung verbleiben; item: hat der Kirchherr zu beziehen die Bußgelder (Bannstrafen — Bannales), welche durch das Urtheil der Untergebenen ausgesprochen worden¹); (prout sententia dictaverit subditorum); item: haben diese den so-

---

¹) Dieser Passus führt uns auf einen interessanten wenig beleuchteten Gegenstand der alten Kirchendisziplin — auf das Kanzelgericht. Zu diesem Zeitraum (ja man hat Spuren davon bis ins 15. Jahrhundert) bildeten nämlich die „Untergebenen" d. i. die Kirchhörigen — zu einer Gemeinde versammelt — eine Art Volks=Sittengericht, welches gegen ärgerlich Fehlbare in der Gemeinde eine Strafkompetenz in Anspruch nahm.*) Alle waren, bei einer Strafe dabei zu erscheinen, verpflichtet. Vorstand des Gerichts war der Kirchherr, der die Verhandlung — und zwar von der Kanzel aus, leitete, daher der Name Kanzelgericht. Die Strafbestimmungen — Bußen — waren verschiedene äußere Zuchtmittel und giengen bis zum „Laden und Bannen" — d. i. bis zur Prozeßeinleitung, dem „Laden" vor das bischöfliche Gericht, behufs Ausschließung von den hl. Sakramenten oder Verhängung des kleinen Bannes (der excomm. minor.). Von diesem „Laden und Bannen" konnte der Beklagte in einfachen Fällen sich durch eine bestimmte Taxe lösen, so wie z. B. wer zum Gericht gehört und nicht kommt, an Geld gebüßt wurde. Diese Strafgebühren bildeten den Bannschatz — wurden Bannales (mulcta Bannalis) genannt und sind nun es, deren Bezug in unserer Urkunde dem Kirchherrn zugesprochen wird. — Siehe Segesser „Rechtsgeschichte" II. 818—25.

Zwingli schreibt (Artikel 31 und 32 der 67 Thesen): „Der Bann soll nur bei öffentlichem Aergerniß verhängt werden und zwar nicht von einem einzelnen Menschen" (nicht Papst oder Bischof?!), „sondern durch die Kirche, d. h. nebst dem Pfarrer durch die Gemeinde, worin der Bannwürdige wohnt." Bei K. Riffel, Christl. Kircheng. III. pag. 48. — Hat wohl hier nicht auch Zwingli die obgen. alte Disziplin — das Kanzelgericht vor Augen?

---

*) Sie „am Kanzel fürhaarnimpt" Segesser Rechtsg. II. 687 und 822, daher: Abkanzeln.

genannten Emd-Zehend zu entrichten: item urtheilen wir, daß der Kirchherr zur Haltung des Wuocherrintes, sowie des sogen. Faselschweins verpflichtet sei. Zu Urkund dessen haben wir zwei gleichlautende Abschriften ausfertigen und mit unsern Sigillen, so wie mit demjenigen des ehrwürdigen Herrn des Abten von Wettingen und des Herrn von Büttikon, Chorherrn zu Beromünster, der — da er ein eigenes Sigill nicht hat — sich desjenigen bedient, welches der Kirchherr selber gebraucht (quo et ipse rector utitur, cum sigillum proprium non habeat) — öffentlich (patenter) bekräftigen lassen. Gegeben in der Kirche zu Fislisbach in obgenanntem Jahr."

Diese Uebersetzung ist gemacht nach der Kopie, die sich in der schönen abschriftlichen Urkundensammlung im Archiv der Stift Bero-Münster befindet. Das Original der Urkunde selbst ist nicht vorhanden.

Genannte Kopie trägt an ihrer Spitze die den Inhalt bezeichnende Aufschrift:

«Compositio Causae inter Rectorem in Fislisbach ejusque Parochianos ortae cum Sigillo Joan. de Büttikon Canon. Beron.» [1])

Wie wir oben gesehen, siegelt der Chorherr Johannes von Büttikon mit dem Petschaft des Kirchherrn Hartmann, ja, in der Aufschrift obiger Kopie, die der Chorherr Johann wahrscheinlich, seiner Zeit, nach Münster brachte, wird das Sigill oder Petschaft mit dem Seinigen identifizirt — woraus wir auf eine nahe Geschlechtsverwandtschaft schließen.

Aus der soeben besprochenen Urkunde von 1286 — beziehungsweise der Anwesenheit des Chorherrn Johann von Büttikon, bei Schlichtung des gen. Spans, sowie insbesondere aus

---

[1]) Im Pfarr.-Arch. Fislisbach liegt eine von Dekan Stam i. J. 1789 vidimirte ganz gleichlautende latein. Kopie, jedoch ohne die hier genannte Aufschrift. — Gedruckt findet sie sich bei Neug. II. 319. Daher sie hier nicht in der Original-Sprache wieder gegeben wird.

der Besiegelung des schiedsgerichtlichen Urtheiles, läßt sich mit ziemlicher Gewißheit schließen, daß der Kirchherr Hartmann dem Ritterhause von Büttikon angehörte, mithin zwischen den Edeln von Büttikon und der Pfarre Vislispach zu dieser Zeit schon ein kirchenrechtliches — ein Patronatsverhältniß bestanden habe.

Daß nun wirklich das Ritterhaus von Büttikon das genannte Patronat und zwar mit allen Rechten und Gütern, die zu einem solchen gehören, besessen habe, erhellt aus einem urkundlichen Akt vom 8. Dezember 1338, in welchem Uhlrich von Büttikon, genannt von Schenken, Heinrich, Walther und Werner, Edelknechte von Büttikon, mit ihren Vettern Hartmann und Mathysen, von Büttikon in Betreff all' ihrer Rechte und Besitzungen — Kirchensätze, Vogteien, Burgen und anderer Güter zu „Vischelisbach", Ushusen und Kölliken eine Theilung vornahmen.

Da die Urkunde überhaupt — im Besondern aber für Fislisbach von Interesse ist, lassen wir dieselbe den Hauptmomenten nach hier folgen.

1338, 8 Christmonat
Staatsarchiv Lucern. Acten der Landvogtei Willisau. Fasc. 70.

Allen den die diesen brief ansehent oder hörent lesen, künden wir Ulrich von Büttikon, den man spricht von Schenken, Heinrich Walther vnd Wernher von Büttikon, Edelknechte, vnd veriehen offentlich an diesem | brief beidii für vns vnd alle vnser Erben, dz. wir willeklich, bedechtlich vnd vnbetwungenlich lieblich vnd gütlich mit vnsern lieben vettern, Her Hartman von Büttikon, Ritteren vnd mit Mathysen von Büttikon | Edelen knechte Eines rechten teiles oberein kommen sint, vmb den kilchensatz ze Vischelisbach vnd vmb die vogteye vnd vmb alles dz so zu demselben kilchesatz und vogteye höret vnd gehören mag, vmb den | kilchensatz vnd vmb die vogteye vnd ôch vmb die burg vnd den getwing ze Ushusen, vnd vmb alles dz so zu demselben kilchensazze vnd zu den vogteye ze Ushusen vnd zu der burg vnd dem

getwinge ze Uſhuſen | höret vnd gehören mag vnd daher gehöret
hat vnd vmb twing vnd ban, vnd vmb die gerichte ze Kölliken
in dem Dorf vnd vmb die welde mit dien Rütinen ze Kölliken
vnd vmb alles dz ſo zu dem | ſelben Twinge, banne vnd ge=
richten höret vnd gehören mag vnd daher gehöret hat. Und iſt
an dieſem ſelben teile dem vorgenente Her Hartman vnd Mathyſen
vnſeren Vettern worden vnd gezogen iſt der kilchenſatz mit | der
vogteye ze Uſhuſen vnd öch die burg ze Uſhuſen mit dem Twinge
vnd banne dez ſelben dorffs ze Uſhuſen vnd öch mit allen den
nutzen vnd rechten, ſo zu dem ſelben kilchenſatze vnd der vogteye
vnd öch | zu der burg vnd zu dem Twing ze Uſhuſen
hörent . . . .

Man ſol öch wiſſen baz vns an dieſem vorgenenten teile
gezogen vnd worden iſt der kilchenſazz mit der vogtey ze Bi=
ſcheliſbach mit allen dien nutzen vnd Rechten ſo zu dem ſelben
kilchenſatze vnd der | vogtey höret vnd daher gehöret hat. Uns
iſt auch in dieſem ſelben teile worden vnd gezogen Twing, ban
vnd gerichte dez dorfs ze Kölliken mit dien welden . . . .
Und ze Einer offenen vnd weren urkunde aller der vorgeſchrie=
benen dingen vnd dez vorgen. | teiles, ſo henken wir die vor=
genenten Ulrich, Heinrich, Walther vnd Wernher von Büttikon
beidii für vns vnd alle vnſer Erben vnſrii Eigen Jngeſi | gel
an dieſen brief vnd hant öch erbetten die erberen Herren vnd
lüte Her Johanſen von Büttikon | unſere vettern Probſten
Zouingen, Her Jakoben von Rinach kilchherren ze Eggenheim,
vnd Heinrichen von Rinach ſinem Bruder edelenknecht, baz ſie
öch ir Jngeſigel ze vns henken an dieſen brief | ze Einer meren
gezvgſame dez vorgenenten | teiles vnd alles dez, ſo da vor ge=
ſchrieben ſtat, wenn ſie öch bi dieſem teil geweſen ſint vnd in
gemachet hant. Wir die vor genenten Jahans von Büttikon,
Probſt Zouingen, Jakob von Rinach kilchherre ze Eggenheim,
vnd Heinrich von Reinach | edelknecht von Bette (Bittens) wegen
Ulrichs, Heinrich, Walther, vnd Wernhers von Büttikon der
vor genenten henken vnſrii eigen Jngeſigel an biſen brief ze

einer mereren gezpgsami des vogenenten teiles vnd alles dez, so da vor geschrieben stat, wan | dirre vorgenent teil vor vns beschehen ist, vnd in gemacht hant als vor geschrieben stat. Daz baschah vnd wart dirre brief geben Zeuingen in der stat, da man zalte von gottes geburte drüzehn hundert iar drissig | iar vnd darnach in dem achteden iare, an dem nechsten Zinstag nach sant Niclaus tage.

Fassen wir das Gesagte zusammen, erwägen wir, daß das gen. Patronat den Edeln von Büttikon urkundlich im Jahr 1338 zukam; daß der Kirchherr Hartmann von 1286 mehr als wahrscheinlich zum Hause des Chorh. Joh. von Büttikon gehörte, daß die von Büttikon schon 1280 mittelst einer frommen Stiftung Fislisbachs theilnahmsvoll gedachten und dadurch schon frühe ein gegenseitiges inniges Verhältniß sich kund gab; daß dagegen Engelberg weder bei der Taxation der Pfründe von 1275, noch beim Span von 1286 erscheint, so gelangen wir zu der Annahme, daß nicht nur der obgenannte Hartmann, sondern daß schon der 1257 erwähnte Kirchherr Lütoldus zum Hause Büttikon gehörte, daß sonach dieses mittelbar, oder — was wahrscheinlicher — da die Uebergangszeit nur eine sehr kurze gewesen — unmittelbar Engelbergs Nachfolger im Patronat von Fislisbach gewesen sei.

Zufolge obigem Theilungsakte erhielten die gen. Ulrich, Walther, Heinrich und Wernher von Büttikon das Patronat zu „Bischelisbach" — Kirchensatz und Vogtei.

Vier und sechszig Jahre später gieng dasselbe sammt den betreffenden Rechten durch förmlichen Verkauf von Seite des Junkers Heinrich von Büttikon an Junker Mathias von Büttikon über. Die Urkunde lautet:

„Baden 1387, Mittwoch vor U. Frauen Tag
 zu Lichtmeß [1]) (30. Jänner!).

„Rud. Bühler, Schultheiß zu Baden, urkundet, daß Junker

---

[1]) Archiv Baden, Reg. 124. — Arch. f. schweizer. Gesch. II. B.

Walther von Büttikon Sohn, dem Junker Mathias von Büttikon Herrn Mathisen von Büttikon slg. Sohn, um 200 fl. verkauft haben: Den Widumhof ¹) zu Vislisbach, sammt Kirche und Kirchensatz daselbst, mit allen Gütern, Vogteien, Rechten und Zugehörden, die in denselben Hof, oder zu der Kirche, oder in den Kirchensatz gehören. — Zeugen: Junker Hans von Büttikon; Werni und Heini Kaufmann, Gebrüder; und andern Burger von Baden. — Siegler, der Schultheiß und Walter von Büttikon."

Dieser obgenannte Junker Mathias war Fislisbachs letzter Patronatsherr aus dem Hause Büttikon, indem er, bezw. dessen Erben, den Widumhof sammt allen Rechten, 15 Jahre später kaufsweise an das Spitalamt — Baden abtraten.

Die betreffenden Akten hierüber lauten:

"Rohrdorf 1402 Sonntag vor Mittefasten (26. Febr.).

"Hemann Buchser, Untervogt zu Baden, urkundet, daß Frau Marg. von Büttikon, Junker Mathias von Büttikon slg. Wittwe, mit ihren minderjährigen Söhnen, Ulrich und Hans Herrmann von Büttikon verbeiständet durch Junker Hans Kriech den Aeltern von Aarburg, dem Klaus Sendler, Schultheißen zu Baden, und dem Spitalmeister Hans Blum, zu Handen des Spitals zu Baden, den Widumhof zu Vislispach sammt Kirche und Kirchensatz um 300 gute Gulden verkauft haben." ²) Zeugen: Junker Hans von Wildberg u. s. w. 1402, 14. April ertheilt Bischof Markward von Constanz zu obigem Verkauf der Kirche und des Kirchensatzes zu Vislispach seinen bischöflichen Con=

---

¹) Widumhof, ein Ausdruck, der bezüglich Fislisbach zum erstenmal urkundlich vorkommt, bezeichnet den Grund und Boden, auf dem die Fun= dation einer Pfarrpfründe oder die Verpflichtung zu genüglicher Seelsorge, ja oft zu bürgerlichen Leistungen, wie: Haltung des Wuchherrindts u. s. w. haftet. Vd. pag. 40.

²) Archiv Baden, Reg. 173.

sens, und anerkannt Schultheiß und Rath zu Baden als Collatoren der Pfarrei." ¹)

„Wettingen 1419 an St. Laurenzen Abend."

Der Abt Johann Turro (Dürr) und der Convent zu Wettingen urkunden, daß der Kirchensatz zu Baden dem Kloster Wettingen, und der zu Bislispach dem Spital Baden gehöre, und daß zwischen dem Kloster und dem Spital in Betreff der Zehenden zu Bislispach einverstanden worden sei, daß der Spital dieselbe sämmtlich, gegen eine Retribution von 8 Mütt Kernen an das Kloster, beziehen möge. ²) Siegel des Abt's und des Convent's.

Mithin treten die Herren von Büttikon von nun an als Kirchherren zu Fislisbach vom Schauplatz der Geschichte ab. — Da sie während eines Zeitraumes von wahrscheinlich mehr als 200—300 Jahren in jener Eigenschaft, in so nahen und wichtigen Verhältnissen zur Gemeinde gestanden, so ist es — zumal außer einer einfachen Todeseinzeichnung der Junker Ulrich und Mathias und der Bemerkung: daß sie von Alters her Collatoren hiesiger Kirche gewesen — ihnen kein kirchliches Denkmal z. B. nicht einmal eine Jahrzeitstiftung zu Theil geworden — so ist es wohl billig und einer Chronik angemessen, dieser Familie, soweit Urkunden reichen, in Etwas zu gedenken.

Ein Memento.

Das Geschlecht der Edlen von Büttikon geht ohne Zweifel weit in's Alterthum zurück. Schon gegen das Ende des 12. Jahrhunderts erscheint dasselbe in der Geschichte und bildet ein weit verzweigtes Rittergeschlecht, welches in hohen Würden und Aemtern stand, und von dem mehrere bei wichtigen Verträgen

---

¹) ibid. — Reg. 174
²) ibid. — Reg. 233.

als Vertrauensmänner zugezogen wurden, bedeutende Güter und Gefälle, sowie mehrere Collaturen besaßen.

Führen wir zu diesem Ende Einiges an.

Schon 1173 den 4. März finden wir einen Johannes von Büttikon, durch Kaiser Friedrichs I. Vertrauen hoch geehrt. [1]

1201 erschienen Burkhard und Hartmann von Boutechen-- Ministrales von Lenzburg — als Zeugen bei einem Vertrag zwischen dem Abt von St. Urban und dem Kirchherrn von Winau. [2]

1270 war Ulrich — nobilis de Bulticon — Chorherr in Münster. [3]

1283 verkaufen Johann von Büttikon und Verwandte die Besitzungen in Sigboldingen an den Frauenkonvent in Neuwenkilch (Luzern) um 26 Pfund. [4]

1303 war ein Jakob von Bütt. Chorherr und von 1321 an Kustos in Münster. [5]

1304 ein Ulrich von Büttikon Abt zu St. Urban. [6]

1309 Aug. 2. finden sich die Ritter Johann und Ulrich von Büttikon bei einem wichtigen Vertrag von Seite der Herzoge und Zürichs als Vertrauensmänner beigezogen. [7]

1343 ist Rudolf von Büttikon Komenthur des Huses zu Klingenowe sant Johans Ordens. [8]

1358 war Johann von Büttikon des Herzogs Rudolfs von Oesterreich Landvogt in Sursee. [9]

---

[1] Herrgott. Gen. II. 191. Kopp, Eidg. Bd. II. 438.
[2] Geschichtsfreund V. 224.
[3] Bero-Münst. Lib. Vitæ. 475.
[4] Soloth. Wochenbl. 1834. 29.
[5] Lib. vitæ pg. 389.
[6] Geschichtsfrd. XVI. pg. 10.
[7] Tschudi. I. 248.
[8] Huber, Probst. Urkund. Zurzachs. pg. 24.
[9] Geschichtsfrd. III. 83.

1386 zogen und erlagen mit Herzog Leopold bei Sempach die Ritter Ulrich und Hartmann von Büttikon.¹)

1388 starb Joseph von Büttikon Propst zu Zofingen, Werd und Chorherr zu Münster.²)

1391 war Bruder Marchward von Büttikon Kommendur St. Johannesordens in Reiden.³)

Ferner besaßen die Edeln von Büttikon, außer in Fislisbach bedeutende Güter und Rechte.⁴)

1309, 30. August urkundet der Abt von St. Urban, daß die Vorfahren des Herrn Ulrichs, Ritters von Büttikon, ab ihren Gütern zu Pfaffenach und Buttinriet, Diepolzwil, Rokkeliswil, Gundolzwil, Engelbrechtigen u. s. w. viele Vermächtnisse zu Jahrzeiten gemacht haben; unter andern Eines mit der Verpflichtung, daß am hohen Donnerstag den 60 Armen, denen die Füße gewaschen werden, fünf Schilling d. i. jeglichem 1 Denar ausgetheilt, und daß dieselben überhin mit Wein, Brod und Mueß (pulmento hilariter) fröhlich bewirthet werden sollen.

1338 kamen die Patronatsgüter in Fislisbach an Ulrich von Büttikon gen. v. Schenkon⁵); und — noch 1480 gehörte Twing und Bann so wie das Rohrmoos zu Schenkon, einem Hartmann von Büttikon, der diese Rechte und Besitzungen im genannten Jahr um 646 Gl. verkaufte.⁶) Also kam den Edeln von Büttikon schon vor, so wie noch lange nach der Sempacherschlacht die Vogtei in Schenkon (bei Sursee) zu, und so wird ihnen zur Zeit auch die dortige Burg — von der wir noch einige Ruinen gesehen, so wie, wahrscheinlich, auch der alte steinerne Bau im Grauel (bei Schenkon) angehört haben.

---

¹) Münst. Lib. vitæ 703.
²) Münst Lib. Anniv. Jan. 1.
³) Geschichtsfrd. XVII. 267.
⁴) Ibi. V. 243.
⁵) Staats-Archiv Luzern.
⁶) Geschichtsfrd. III. 4. Lief. 100.

1425 ist Hans von Büttikon (Edelknecht), Besitzer der Mühle zu Sursee in der Vorstadt, dazu einer Bloewe, der Weihermatten und der Vogtei zu Münchingen ¹) u. s. w.

Endlich besassen die Edlen von Büttikon außer Fislisbach mehrere Patronatsrechte: Um 1275 in Egliswil und Buttinsulz, 1308 in Ushusen, 1391 in Ussikon, 1483 übergibt Hans von Bütt., Bürger in Luzern, das Patronatsrecht zu Gersau den Kirchgenossen in da ²).

Noch thut die Geschichte von Vielen dieses Geschlechts Meldung. ³) Indessen so verzweigt, begütert und angesehen die vielgenannte Ritterfamilie gewesen, so deutet der wiederholte Verkauf des Widumhofes mit seinen Rechten auf ein Sinken des ehemals so edeln Hauses; ja gegenwärtig weiß man kaum noch einige Spuren ihres herrschaftlichen Stammhauses zu zeigen. Darum mögen wenigstens diese Zeilen in der Geschichte Fislisbachs ihnen als alten Patronatsherren mit Recht gewidmet sein.

Vom Uebergang des Patronats an Baden bis zur Reformations-Zeit. 1402—1520.

Sei es, daß der vom frühern Kollator gesetzte Leutpriester noch mehrere Jahre fortfunktionirte, — immerhin ist es auffallend, daß wir von Seite des neuen Kollators 25 Jahre lang kein Lebenszeichen gewahren — nicht einmal, in wie fern für die Pastoration Fislisbachs gesorgt worden sei. ⁴) Der erste be-

---

¹) Geschichtsfrd. VI. 7. Lief. pg. 83.
²) Geschichtsfrd. XIX. 170. 180. 264., 21—22.
³) Siehe Dr. Brandstetter „Register z. Geschichtsfrd. der V Orte". — Kopp „Eidg. Bünde" II. pag. 438.
⁴) Die Vermuthung der Kanzlei Baden geht dahin, daß die Akten dieser Periode — wenn nicht durch einen Buchbinder verbraucht oder verschleppt (wofür Anzeichen vorhanden) — bei zweimaligem Brand zu Baden (1410 oder 1536) verloren gegangen seien. — Vergl. Leu Lex. Art. Bab. pag. 22. 31.

kannte Akt des neuen Kirchherrn ist eine Pfarrwahl, in Folge dessen

1427 Werner Kalkherr es war, der als der erste von ihm gewählte Leutpriester für Fislisbach dem Bischof präsentirt wurde. [1])

Diesem Akte des neuen Kirchherrn folgte bald ein zweiter. Auf dem Chordache der Pfarrkirche, die bisdahin, wie es scheint, ein höchst elendes Glocken=Häuschen hatte, sollte zufolge Schlußnahme der Gemeinde ein Glockenhaus gebaut werden. Im obgenannten Jahr 1427 wurde der Bau begonnen. Inzwischen verlangte die Kirchgemeinde vom Spital Baden als Kirchherrn, daß er wegen des ihm gehörenden Chores die halben Kosten des Baues tragen solle. Der Spital Baden jedoch wollte sich hiezu nicht verstehen, sondern nur so viel beitragen, als ihn s. Zt. die Eindeckung des Chores gekostet hatte. Darüber kam es zum Schiedsspruche. Dieser lautet:

„Bislispach 1427 den 3. Jänner."

„Der Vogt Hansli Meier zu Bislispach urkundet, Namens der Kirchgemeinde, daß unter Vermittlung des Landvogts zu Baden Frd. Schindler, des Landvogts enert der Reuß Hans Trachselhofer der Streit wegen Erbauung des Glockenhauses der Pfarrkirche zu Bislispach dahin erledigt worden sei, daß der Spital zu Baden sich mit 35 Pfund Heller von der Unterhaltungspflicht des Kirchthurmes loskaufe, dagegen aber fortwährend gehalten sei an Bau und Unterhalt des Chores das Seinige mitzuleisten." Siegler: die beiden Landvögte. [2])

Neben diesem Spruch enthaltet das Stadtprotokoll noch Folgendes: „Dagegen soll der Gemeinde Fislisbach obliegen, das Glockenhaus fürderhin zu unterhalten und dasselbe, wenn es durch Feuer oder sonst in Abgang kommen würde, nicht mehr

---

[1]) Kanzlei Baden Mittheil. pg. II. 5.
[2]) Archiv Baden. Reg. 251.

auf dem Chor, sondern auf einer andern Seite der Kirche neu
aufzuführen. ¹)

1440 wurde die zweite Pfarrwahl vorgenommen und Ru=
dolf Zimmermann von Brugg als Leutpriester zu Fislis=
bach installirt. ²) Ihm folgte

1456 nach: Hr. Pfaw von Wangen, der bei 23 Jahre
die Pfarrei besorgte; wenigstens finden wir erst

1479 die „Weisung des Hrn. Johann Käsers von
Baden als neugewählten Pfarrer auf Fislisbach zur Präsentation
an den Bischof." ³)

Hierauf kam folgender Erlaß: „Der Generalvikar des
Bischofs Otto von Konstanz ertheilt dem Dekan zu Zürich die
Weisung zur Installation des Herrn Johann Käser von Baden
auf die durch den Tod des Hrn. Pfaw erledigte Pfarrverwesung
von Bislispach. — Konstanz 1479 den 1. August." Siegel des
Generalvikars. ⁴)

Nach Verlauf von 2 Jahren gab Hr. Käser die Resignation
ein. Hierauf wurde

1483, 20. August Herr Johann Wüst von Mellingen
zum Leutpriester auf Fislisbach gewählt.

Der Kollator machte der bischöfl. Curie in Konstanz von
der erfolgten Resignation und Wahl Anzeige. Hierauf erhielt
er folgendes Reskript, welches übersetzt aus dem Lateinischen
lautet:

Baden 1483. 20. Aug.   anno XIII. Pap. Sixti IV.

Verbalprozeß des (Laien) geistlichen Notar's Lukas Lüt=
brand Generalkommissarius der Curie in Konstanz in Ehesachen
für Baden und die Umgegend über die Installation des Herrn
Johann Wüst von Mellingen auf das durch Resignation des

---

¹) Kanzlei Baden. Mittheil. pg. II. Nr. 6.
²) ibi. Nr. 7.
³) ibi. Nr. 8.
⁴) Archiv Baden. Reg. 402.

Herrn Johann Käser erledigte ständige Pfarrvikariat in Vislis=
pach. Zeugen: Mgstr. Johann Käser, Pfarrer in Veltheim. ¹)

1510. In diesem Jahr wurde das Jahrzeitenbuch unter der
Aufschrift: «Liber Anniversariorum pagi vislispachus Datum
anno Natalis Dmi millesimo quingentesimo decimo sub
. . . . Dmo plbn eijsde ecclse» ²) neu auf Per=
gament angefertigt. In dieses wurden — offenbar — die in
einem vorliegenden ältern Register ³) vorfindlichen Jahrzeiten
Todesanzeigen und Vergabungen hinüber kopirt und zwar wahr=
scheinlich unmittelbar mit oder nach Anfertigung des Kalenda=
riums von Einer und derselben Hand, daher viele oder die meisten
von dieser Hand transportirten Anniversarien, mehr als wahr=
scheinlich, über 1510 hinaufreichen, weil wir im Jahr 1533 ⁴)
— d. i. später, jene Handschrift im Jahrzeitbuch nicht mehr
antreffen.

Als merkwürdig von den aus der ältesten Zeit hinüberge=
tragenen Notizen sind folgende hier anzuführen.

August. 17. «Ob comes Hartmannus de Kyburg. ⁵)
Novbr. 14. «Ob Hartmannus comes de Kyburg, Senior».
Mart. 6. «Ob Dms Hartmannus rector huj. ecclse». ⁶)
Januar. 2. «Ob Heinr. Kung — item Metgen Kungin
von Niederwil dt. 11 Guldin an eine sidene Meßachel der kost
VIII Guldin anno M. CCCC. LXIII.

Julio 30. «Dms Uli meier von Vislispach hat gesetzt bi
lebendigem Lib ein Jahrzeit» u. s. w. anno 1471.

---
¹) Arch. Baden. Reg. 416.
²) Pfarr=Archiv.
³) Ueberbleibsel von diesem sind zweifelsohne die dem neuen ange=
fügten vier letzten Folia.
⁴) Siehe Liber Annivers. pag. 36 infra.
⁵) Da Hartmann der Jüngere 1263 starb, reichte das alte Register
sonach über genanntes Jahr hinauf.
⁶) Wahrscheinlich ist dieses der Pfarrrektor von Büttikon, Leutpriester
zu Fislisbach, der oben im Span mit der Gemeinde v. 1286 vorkommt.

Junio 17. «Ob Ulrich de Büttikon et Joans de eod. et Waltherus et Mathias de Büttikon, qui fuerunt Collatores huj. eccle ab antiquo». [1])

Junio 1. «Ob Dms Jos Schibe plb. huj. eccle, qui dat pro anima sua libr.» ... Nun folgt (unleserlich) der Inhalt der Stiftung; sodann (von einer andern Hand) die Bemerkung: „Der Spital hat's geerbt"; später: «sed ubi sunt?» und: «videte!»

Was uns bei dieser Notiz besonders interessirt ist nicht die Stiftung, sondern der Stifter — Jos Schibe (Schibli?) d. Z. Leutpriester zu Fislisbach. Da er nämlich sonst nirgends aufgeführt sich findet und auch hier ohne näheres Datum, so müssen wir zu ermitteln suchen, wo er im Pfarrerverzeichniß etwa einzureihen sein dürfte.

Vorab ist anzunehmen, daß sein Tod, somit auch dessen, wenigstens theilweise Pastorationszeit unter dem Patronat von Baden stattfand, indem der Spital die Vergabung an sich zog. Wir sagen theilweise Pastorationszeit, weil er möglicher Weise, als schon von den Edeln von Büttikon ernannter Pfarrer, bei Uebertragung des Patronats an Baden fortfunktionirte. In diesem Falle wäre er als der letzte Leutpriester unter Büttikon und als der erste unter Baden, somit zirka 1402 zu registriren und obige Lücke von 25 Jahren einigermaßen ausgefüllt.

Ist dieses nicht — was leider nicht konstatirt werden kann — dann fällt dessen Pastoration über 1427 hinaus. Auch nach 1427 bis 1456 finden wir unserm Schibe keinen Platz, weil die Protokolle des Collators aus dieser Zeit sehr vollständig geführt sind, also keine Lücke verrathen; dagegen möchte, nach der in der Regel kurzen Pastorationszeit hiesiger Leutpriester zu

---

[1]) Eine spätere Randbemerkung fügt hinzu: „Primi collatores h. eccl."; vergl. Seite 33.

schließen, in den 23 Jahren d. i. von 1456 auf 1479 sich eine
Lücke vorfinden, in der ein Pfarrer einzureihen sein dürfte.
Endlich haben wir offenbar eine bedeutende[1]) Lücke von 1483
auf 1520 — eine Lücke, in der 2 bis 3 Pfarrer oder Verweser
fehlen. Demnach ist die Pastoration Schibe's — wenn nicht
gegen 1402—1427, entweder zwischen 1483 auf 1520, oder —
was am wahrscheinlichsten — zwischen 1456 auf 1479 zu ver=
legen. Später d. i. über 1520 hinaus kann es nicht sein, weil
die Schriftzüge der Todeseinzeichnung eine frühere Zeit beur=
kunden, was Alles sich des Nähern aus Folgendem schließen
läßt.

Es begegnen uns nämlich noch 2 Leutpriester, die — ob=
gleich deren Ernennung sich nicht einregistrirt findet — offenbar
gerade in diese lückenhafte Periode fallen. Der erste ist Lorenz
Binder. Da die Jahrzahl fehlt, so ist, um dessen Pastorations=
zeit möglichst zu ermitteln, Folgendes zu erwähnen nöthig.

Dem neuangelegten Jahrzeitbuche sind 4 zur Hälfte ver=
schnittene, theils von älterer, theils späterer Hand theilweise über=
schriebene Folio=Blätter, deren Seiten wir mit röm. Zahlen be=
ziffern, beigeheftet, die offenbar Reste eines ältern Kalendariums[2])
sind. Nun auf Folio I lesen wir.

„Item es hat ein Lütpriester und Erbern Gmein und

---

[1]) Bedeutend, namentlich im Vergleich zur kurzen Pastorationsdauer
der Leutpriester zu Fis. — indem z. B. von 1560 bis 1583, also unter
23 Jahren ein 7facher Pfarrwechsel statt fand, gewöhnlich in Folge Beför=
derung nach Rohrdorf, oder auf ein Kanonikat in Baden. Ueberhaupt ist
die Protokollsführung aus dieser Zeit offenbar unvollständig, indem sie
z. B. ein Regest v. 7. Dezember 1520 (das letzte in der Sammlung) ge=
hörig bringt, dagegen die konstatirt frühere Pastoration sub 1510, so
wie die des Leutpr. Wiß vom Juli 1520 daselbst sich nicht einregistrirt
finden.

[2]) Von dem die letzte Seite den Sonntagsbuchstaben (umgekehrt) trägt.
Auch das folgende „Item" beurkundet vorhergehende Notizen und sich als
einen Ueberbleibsel eines frühern Rodels.

Kilchgang zu Vislispach angesehen ein Bruderschaft [1]) und jeck=
licher insunderheit nach sinem wille daran geben, wie hienach
statt":

„Herr Lorenz Binder Lütpriester dies goz Huz 1 Gl.
in Gold."

Dann folgt weiter das Verzeichniß der Steuernden und
ihrer Gaben. Nun ist zu bemerken: dieses Verzeichniß trägt
wenigstens 2—4 verschiedene Handschriften, von denen die ersten
30 Einzeichnungen auf Fol. I und II ganz oder so ziemlich der
Schrift gleichen, womit die Notizen des alten Jahrzeitbuches sub
1510 in ein neues übertragen worden sind und wovon eine der
jüngern Notizen auf Fol. III die Jahrzahl trägt: „uf geburt
cristi tusend fünfhundert und einliftem Jar". Die folgenden
Einzeichnungen dagegen verrathen eine andere und spätere Hand.
So die letzte Einschreibung — lautend: „Anno Dmi 1513 Jar
hat Anna Suterin geben einen Tischplachen uff den nuwen
Altar."

Eben so sind die Beiträge in verschiedenen Geldsorten, als:
Gl. in Gold; libr. später Gl. ß und Bazen.

Aus dieser Verschiedenheit der Schriftzüge und Geldsorten
geht ohne Weiters hervor, daß seit Anfangs der Bruderschaft
bis 1513 wenigstens ein 2= bis 3maliger Pfarrwechsel stattge=
funden habe, daß Lorenz Binder unter diesen der erste Pfarrer
gewesen, daß er 2 bis 3 Nachfolger [2]) gehabt haben dürfte und
daher die Errichtung der Bruderschaft, sowie die Pastoration
Binders, wenn nicht in die Periode von 1456 auf 79, so doch
in die von 1483—1510 zu verlegen sei.

Endlich begegnet uns ein Leutpriester, der unstreitig in
diese Periode gehört — derjenige, unter welchem das Jahrzeit=
buch anno 1510 neu angelegt wurde und dessen fertiger Hand

---

[1]) Einführung der Rosenkranz=Bruderschaft in das?
[2]) Nur Pfarrverweser?

wahrscheinlich die Uebertragung der Notizen des alten in das neue zu verdanken ist. Leider ist dessen Name auf dem Titel des Buchs so verblichen, daß man ihn nicht mit Sicherheit zu entziffern vermag. Möglich, daß es heißt: sub Laurentio Dino plb. Wäre dieses richtig, so wäre auch die Vermuthung nahe, daß er mit obgn. Lorenz Binder (da beide Handschriften einander gleichen) Eine und dieselbe Person sein dürfte.

Ist er aber nicht Eines mit gen. Binder, so ist er — den Schriftzügen nach der unmittelbare Nachfolger desselben, dessen Pastoration jedenfalls, nach der Verschiedenheit der Schrift und Geldsorten des Bruderschaftsrodels zu urtheilen, kaum bis 1513 gehen kann, so wie, daß, aus gleichem Grund, nach ihm bis 1520 noch ein zweimaliger Wechsel in der Pastoration stattgefunden haben muß. Allein wer diese besorgte, ist nicht ermittelt.

Der erste Leutpriester, der nach 1483 uns endlich urkund= lich begegnet, ist Urban Wyß von Eglisau, der Zeit Pfarr= vikar in Birmensdorf, der den 22. Juli 1520 vom Magistrat der Stadt Baden seine Ernennung in aller Form erhielt.[1]

In gleichem Jahr findet sich in dem Register des Staats= Archivs zu Aarau die Notiz: „Steuerbrief denen von Fislisbach zu Erbauung einer Kirche de 1520", welcher Akt mit andern Schriften der ehem. Grafschaft Baden, seiner Zeit dem Bezirks= gericht Baden zur Verwahrung ausshingegeben worden sei.[2]

Ob nun dazumal, oder wann und wie dieser projektirte Kirchenbau in Angriff genommen und ausgeführt worden sei, darüber fehlen jegliche Notizen. Wahrscheinlich, daß man wegen den gerade um diese Zeit eingetretenen Reformations=Stürmen den Bau verschoben hat.

---

[1] Kanzlei Baden III. Jer. 14.
[2] Der betreff. Akt war jedoch von daher nicht erhältlich. Schade! Er hätte über den projektirten Bau, so wie bezüglich der Geschlechsnamen wahr= scheinlich einige erwünschte Details gewährt.

Von der Glaubensspaltung.
1520—1523.
Urban Wyß.

Mit diesem Zeitabschnitt beginnt für die Pfarrgemeinde Fislisbach — ja für die gesammte Schweiz die verhängnißvollste Periode.

Wie Martin Luther um das Jahr 1518 von Wittenberg aus den Abfall von der katholischen Kirche in Deutschland betrieb; so begann durch Huldreich Zwingli[1]) von Zürich aus im Jahr 1520 die große Kirchenspaltung — der Abfall vom katholischen Glauben in der Schweiz; — ein Ereigniß, wodurch auch der Keim gelegt wurde zur unseligen und fortdauernden Entzweiung im Vaterland.

Anfänglich trat Zwingli, wie Luther, nur gegen wirkliche, oder vermeintliche Mißbräuche bei den Katholiken auf; allein bald kam er von Stufe zu Stufe weiter und rüttelte am Fundament der Kirche — verwarf die Tradition, die Auktorität einer sichtbaren unfehlbar lehrenden Kirche. Kurz: wie die Grundlehre für

---

[1]) „H. Zwingli, schreibt Bernhard Weiß, der Vater eines der Pfarrer in Fislisbach, gebürtig von Wildhaus im Toggenburg, zuerst Leutpriester in Einsiedeln — dann zum großen Münster in Zürich als Leutpriester berufen, that in da seine erste Predigt 1519. Er war ein fast gelehrter Mann in der griechischen, lateinischen und hebräischen Sprache. Man hat auch nie von keinem gehört, der in der Kunst Musika, im Gesang und Instrumenten, als: Lauten, Harpfen, Geigen, Abögli, Pfeifen, Trummscheit, Hackbrätt, Zinken und Waldhorn so erfahren gewesen. . . . . . Item, er aß und trank mit allen Menschen, die ihn luden, und verachtete Niemand, war barmherzig, eines fröhlichen, männlichen Gemüths und tapferer Red'. . . . . . Hinterm Wein richtete er diese Dinge nicht aus, aber an der Kanzel sah er keinen an, weder Papst noch Kayser. — Er hielt nichts auf den Rom- und Wallfahrten, Bruderschaften und der Fürbitt' Mariens und der Heiligen — und probirte es." Füßli: „Beiträge" IV. Seite 34 und flg.

den Katholiken lautet: Du sollst Alles glauben und halten, was die katholische Kirche zu glauben und zu halten vorstellt, es sei geschrieben oder nicht; so lautet Zwinglis Hauptsatz: „Es ist nichts zu lehren und zu glauben, als was und wie Jeder es in der Geschrift — im Evangelium — als dem lutern Wort Gottes begründet findet."

Ehe Zwingli diese Lehre mit all' ihren Folgerungen zur Sprache gebracht hatte, suchte der Bischof von Konstanz dem Beginnen durch eine Abordnung dreier seiner ansehnlichsten Räthe vor dem versammelten Kleinen und Großen Rathe in Zürich, so wie vor der Geistlichkeit daselbst in würdiger und ernster Ansprache diesen — bürgerlich wie kirchlich gefährlichen Neuerungen entgegenzutreten. Allein Zwingli, dem es in Folge eines Tumultes gelungen war, den anfangs ihm verweigerten Zutritt zur Rathsversammlung sich zu verschaffen, und da zum Wort zu gelangen, erhob sich voll Begeisterung und wußte sein damals noch nicht so extremes Beginnen so darzustellen, daß die Mehrheit der Geistlichkeit und der beiden Räthe, für ihn eingenommen, in seiner Richtung zu wirken begannen. [1])

Auch Papst Adrian III. bemühte sich, Zwingli zurückzuhalten, indem er den Franz Zingg von Einsiedeln, welcher als Ehren- oder päpstlicher Hofkaplan zu Zürich und bei den katholischen Orten und selbst auch bei Zwingli in einigem Ansehen stand, dafür in Anspruch nahm — ja unterm 23. Jänner 1523 ein huldvolles Schreiben an den Reformator selbst erließ. [2]) Allein umsonst! Seit Zwingli den Rath für sich gewonnen hatte, gieng er um so entschiedener an das begonnene Werk, das er „ab den Kanzeln trieb und schrieb" (Bullinger) und — nicht ohne Erfolg. [3]) Begabt mit vielem Talente, den Amtsbrüdern

---

[1]) Müller Schw. Eidg. VI. oder Hottinger: Zeiten d. Kirchentr. I. Seite 431.

[2]) Wirz, Kirchengeschichte V., Seite 12.

[3]) „Daß dessen die ganze Stadt voll und wohl berichtet ward", sagt B. Weiß; Füßli Beit. IV. 38.

an Bildung überlegen, seines Zieles bewußt, redegewandt es rastlos verfolgend, dadurch selbst den beiden Räthen imponirend [1]), wußte er die Meisten um sich her für die Glaubensneuerungen zu gewinnen, so daß dieselben in kurzer Zeit nicht nur bei Laien und Priestern in der Stadt, sondern auch bei Landgemeinden dieß- und jenseits der Limmat Anklang fanden.

Eine der ersten Gemeinden diesseits der Limmat, in welche die neue Lehre den Weg gefunden, war Fislisbach — unter dem Patronat und in der Nähe der Stadt Baden. Der Pfarrer, unter welchem, oder durch welchen dieses zunächst geschah, war Urban Wyß von Eglisau, Kt. Zürich, gewesener Pfarrvikar in Birmensdorf.[2]) Am Sonntag vor hl. Jakob 1520 (den 23. Juli) war es, daß er von dem Magistrat — resp. der Spitalverwaltung Baden zum Pfarrer erwählt wurde. Beim Antritt der Pfründe hatte er der Wahlbehörde bezüglich des Einkommens und der Verpflichtungen einen Gelöbnißakt auszustellen. Es ist dieses hierorts der älteste förmliche Pfrundakt, den wir kennen. Darum lassen wir ihn wörtlich folgen:

Revers von A. 1520
die Pfarrpfrund Fislisbach betreffend.

„Ich Johann Urban Wyß von Eglisow, lütpriester zu Bißlispach bekenne und vergich offentlich mit disem Begriff: als dann die frommen, fürsichtigen, wysen Schulthe und Rät zu Baden in Ergow, min sunder günstig lieb Herren mich mit der pfrund und lütpriesterey zu Bißlispach umb Gottes auch singens und lesens und miner ernstlichen Bitt willen, von wegen Irs

---

[1]) Indem er „den raat Zürich by der nasen fürt". Salat, Siehe Archiv für die schweiz. Reformat.-Geschichte v. Scherer-Boccard, S. 42.

[2]) Königsfelden, 14. März. Installationsakt des Hrn. Hans Urban Wyß von Eglisau als Pfarrverweser zu Birmensdorf auf ein Jahr gefertigt durch Notar Huber vor dem Redefenster in Gegenwart der Priorin Frau Kath. Truchseß. Archiv Baden, Regest. 537.

Spitels zu Baden, uß sundern Gnaden begabet, für sechent und mir die verlichen habent nach lut und sage des Brieffs, So ich derumb versiglet von Jnen hab und mir die also verglichen habent, das ein jeder Spitelmeister welcher der je zu Zitten ist, mir jehrlich und alle Jare insunders uff Sankt Martistag geben und uzrichten soll des ersten Sechszechen stuck an Rogken, zwölff müt kernen, zwey malter Haber, ein stuck an erpsen, ein stuck an bonen, ein stuck an Hirs und fünff Som Win; ouch soll mir vervolgen und werden der höw und der jung Zechenden zu Bißlispach, wie dann den ein lütpriester daselbst von alter her ingenomen hat. Und haruff so glob ich obgenanter Johanns Urban Wiß by miner priesterlichen Wirdigkeit ouch gutter trüwen und eren den genanten Spitel zu Baden und sin Nachkomen nit witer zu ersuchen noch an Jnn zu erfordern, sunder mich der vorgeschribnen Stucken und artiklen laßen benügen und kein Anspruch noch anvorderung an des genanten Spittels Zechenden, so er zu Bißlispach hat, es sy an korn, Rogken, Haber, win und anderm, es sy in holz und in Veld, in nuw grütten oder uffbrüchen, wie des namen hat und geheißen werden mag, harsen gantz nützit uzgenomen noch vorbehalten, genntzlich und gar vervolgen und zu sinen Handen komen und innemen zu laßen und im dahein Jrrung noch intrag ze tunde weder mit noch one recht Geistlichem noch Weltlichem. Ju dehein wiß ouch dieselben pfründ und lütpriesterey in keinen wege zu ver= wechslen noch gantz niemants zu übergeben. Sunder ob ich deheimest die übergeben verwechslen oder davousten welte, das ich dann die allein, den vorgenanten minen Herren, eim Schult= his und Rät zu Baden, zu iren Haunden wiederumb überant= wurtten und resignieren sol, oder Söllichs mit iren gunst, wißen und willen ze künde, doch so ist harinn beredt, das die Beredung und verkumniß nit länger besten sol, denn so lang Ich in leben oder uff der gemelten pfründ und lütpriesterey bin, alle geräd harinne genntzlich vermitten und uzgeschlossen mit kraff dieses brieffs und des zu warem, offner Urkund und gutten sicherheit so hab ich obgenanter Johanns Urban Wyß, lütpriester zu Bißlispach mit Bliß und Ernst erbetten, den Edlen, strengen Herrn Sebastian vom Stein Ritter von Bernn, der zit Landvogt zu Baden, minen gnadigen lieben Herren, daß er sin eigen Insigel für mich hat ghänkt offenlich an disen Brieff, doch im u. sinen Erben unschedlich, der geben ist uff montag vor Sankt Jakobstag (d. i. 23. Juli) nach der gepurt Cristi gezelt Tusendt fünffhundert und zwanzig Jare."

Also gerade beim Ausbruch der Glaubensspaltung trat Wyß seine Stelle als Pfarrer zu Fislisbach an. Das war — bei der Nähe von Zürich und seiner Befreundung mit Zwingli[1]) — eine gefährliche Zeit für den jungen Pfarrer, um so verführerischer, als die Lehrmeinungen Zwinglis mehr und mehr bei den Geistlichen auch außerhalb Zürich, in deren Nachbarschaft und namentlich im Thurgau Anklang fanden. Wirklich ließ Wyß sich schon früh, wie aus einem Schreiben „der Gmeyn zu Bißlispach an den Landvogt" zu ersehen, beigehen oder verleiten „das luter Gotz wordt on alle menschliche leer und fürgebi und das in der Gstalt, daß er mit der Geschrift die red mögy darthun", zu predigen.[2])

Bei diesem Umsichgreifen von Zwinglis Lehren ließ der Bischof von Konstanz unterm 2. Mai 1522 an seinen Klerus ein ernstes Mandat[3]) „vssgan das menklich bi dem waren glouben sampt all sinen satzungen, gebotten, verbotten ouch den dingen so von den nüwen ungloubigen menschensatzungen genennt wurden, stüff bliben vnd beharren, darwider niemand

---

[1]) Wenigstens schrieb Zwingli später zweimal an Wyß.

[2]) „Daruf", schreibt Salat, „ein Pfarrrer zu Bißlispach der vom Zwingli vil unterstützt und eingewicklet, gar grob und merklich von der Kanzel und anderswo handelt und redt". Arch. für schweiz. Reformations-Geschichte von Scherer-Boccard, S. 39.

[3]) Es ist dieses das Mandat, welches bezüglich des Pfarrers von Fislisbach an der bekannten unten zu erwähnenden Disputation zur Sprache kam.

handlen, predigen noch leren sott by bann vnd pеnn (Strafe), sunder derohalb angestellt Conciliums erwarten vnd gehorsamen." ¹)

Allein auch Zwingli blieb nicht unthätig; ja um so reger unterhielt er einen Briefwechsel mit den ihm Geistesverwandten von nah und fern, diesen zu größerem Eifer anspornend, jenem Vorsicht empfehlend, einem dritten Muth einsprechend — Allen Mittel und Weg an die Hand gebend, wie zu verfahren sei. ²) Nachdem er auf diese Weise viele Amtsbrüder für die neue Lehre gewonnen, wurde, ohne Zweifel auf dessen Betrieb, eine Kapitelsversammlung Dienstag nach Maria Himmelfahrt 1522 in Rapperswil abgehalten. ³) Den Hauptgegenstand bildeten Zwinglis Reformvorschläge, in Folge deren einhellig beschlossen wurde: „allein zu predigen, was man mit Gottes Wort darzuthun sich getraue". ⁴) Nach dem Verlauf zu urtheilen, ergiebt sich, daß man in näherer Besprechung gefaßter Schlußnahme im Allgemeinen die Traditionslehre der katholischen Kirche, sodann im Besondern den Bilderdienst, die Anrufung Mariens und der Heiligen, die Ehelosigkeit der Priester u. s. w. ⁵) als Gegenstände bezeichnete, die man vor der Hand als mit der „G'schrift — dem luutern Wort Gottes" nicht übereinstimmend zu bekämpfen habe.

Da die Pfarrei Fislisbach zum Archidiakonat Zürichgau — Dekanat Rapperswil gehörte, so ist es wahrscheinlich, daß

---

¹) Salat ebend. Seite 39.
²) Riffel, „Christliche Kirchengeschichte", III. Seite 40.
³) Wahrscheinlich mehr eine verabredete Zusammenkunft der Reform- und Zwingli-Freunde, als eine regelmäßige allgemeine Kapitelsversammlung, denn bei der großen Anzahl der Mitglieder des von der Linth bis Coblenz verzweigten Kapitels, von denen Viele nicht mit Zwingli übereinstimmten, wäre die Schlußnahme kaum einhellig gewesen.
⁴) Hottinger Helv. Kirchg. III. Kp. 6., Seite 103.
⁵) Verbot gewisser Speisen, Kreuzgänge und dergleichen „Stempanien" — Schreib. b. Bern. Reg. an Vit. und Modest 1523. Wirz V. 284.

sich Urban Wyß als befreundet mit Zwingli auch dabei eingefunden habe. Schon früher für die neue Lehre eingenommen, war er ohne Zweifel einer der Zustimmenden. Uneingedenk des obgn. bischöfl. Mandats, suchte er daher, heimgekommen, oder — wenn nicht anwesend — sicher davon in Kenntniß gesetzt, die besprochenen Lehrmeinungen nun aufs Neue und um so eifriger an Mann zu bringen, als er nicht nur durch das Kapitel, sondern auch schon durch Mehrere in der Gemeinde dazu aufgemuntert wurde. Von der Kanzel, wie in Unterredungen bekämpfte er die Anrufung Mariens und der Heiligen als unnütz und als entgegen dem Mittleramt Jesu Christi. Ebenso sprach er sich aus gegen die Ehelosigkeit der Priester; ja es verlautete, er habe sich bereits (wohl: „aus göttlicher Vergunst", wie er sich ausdrückte) mit einer Tochter in ein Eheversprechen eingelassen.[1]) Dieses Auftreten des Pfarrers verursachte in der Gemeinde großes Aergerniß, allgemeine Aufregung, so daß man ihn beim Predigen unterbrach — „dryn redete" — lärmte. Diesem folgte heilloser Zwiespalt, indem bereits mehrere Pfarr-Angehörige Partei für ihn ergriffen, Andere dagegen nicht nur klagend gegen ihn auftraten, sondern sogar ihn schmäheten, ihm drohten und seine Anpflanzungen zerstörten oder raubten.[2])

Sobald dem Bischof die Anzeige über diesen Vorfall zukam, wandte er sich mittelst einer Botschaft an die gerade in Baden versammelten eidgenössischen Orte mit dem Ersuchen, den Pfarrer von Fislisbach zur Verantwortung zu ziehen und nach Gestalt der Sache gegen ihn zu verfahren, sowie überhaupt die

---

[1]) Um diese Zeit wandten sich eilf Geistliche mit Unterschrift in einem, um nur wenig zu sagen, sehr offenherzigen Bittgesuch, sowohl an die Eidgenossen, als an den Bischof, um Gestattung der Ehe. Riffel: Chr. Kchgschcht. II. S. 36—39 theilt auszüglich die Petition und die Namen der Unterzeichner mit. Pfr. Wyß findet sich nicht dabei; jedoch Zwingli und Zimmermann von Luzern.

[2]) Dieses, wie obige Aeußerungen, nach den unten folgenden Manuscripten 1 und 2.

Pfarrer anzuhalten, seinem vor Kurzem erlassenen Mandate nachzukommen. ¹)

Inzwischen — sei es, daß die Anhänger des Pfarrers einer Klage gegen ihn vorbeugen wollten, oder daß die bischöfliche Klage bereits ihnen bekannt geworden — richteten sie, um derselben entgegen zu wirken und wenn möglich die Schuld vom Pfarrer abzuwälzen, unter der Aufschrift „die Gmein zu Bislisbach" eine Zuschrift an den Landvogt zu Handen der acht eidgenössischen Orte ²) in Baden, worin sie sagen, daß sie, bei dem gegenwärtigen Wirrwar unter den Predigern, ihren Pfarrer angegangen und gebeten, daß er ihnen das reine Gotteswort predige. Er habe dieses eine Zeitlang gethan. Nun aber, weil er deßwegen hart verfolgt wurde, wolle er es fürder nicht mehr thun, es sei denn, er habe hiezu die Erlaubniß von den 8 Orten. Sie — die Gemeinde — ersuche demnach den Vogt, bei denselben die Erklärung zu erwirken, welches bezüglich der Verkündung der Lehre — der alten, oder der neuen — ihr Wille sei. Falls sie — die Eidgenossen — bei der alten Lehre bleiben wollen, so werde er unterthänig gehorchen.

Genannte Zuschrift theilen wir wörtlich mit. Jedoch wird es nicht überflüssig sein, Folgendes vorauszuschicken.

Fragliche Zuschrift, so wie noch zwei andere folgende Schreiben sind alte Manuscripte in drei fliegenden Blättern in Folio ³), die unter den Papieren Zwinglis sich fanden. Es

---

¹) Füßli Beitr. II. 107. Anm.
²) Hier ist zu bemerken, daß mit zur Verwaltung der 1415 eroberten sogen. Graffschaft Baden, die anfänglich nur sechs Orten zukam, später — d. i. um 1426 die Stadt Bern, und 1445 das Land Uri zugelassen wurden. Daher nun die Benennung der acht eidgenössischen Orte. Vergl. Leu Lex. Arttl. „Grafschaft Baden".
³) Wir verdanken sie dem Herrn Staatsarchivar Strickler in Zürich, der in zuvorkommenster Weise uns dieselben zur Abschriftnahme, nebst andern erwünschten Notizen, mitzutheilen die Güte hatte.

sind offenbar Kopien ¹), deren Mittheilung an den Reformator, zumal, wenn wir spätere Akten damit in Verbindung bringen — deutlich zeiget, daß dieser der fislisbacher Pfarrgeschichte alle Aufmerksamkeit und Theilnahme geschenkt habe.

Die Manuscripte, als solche betreffend, sind ohne Unterschrift und Datum, dagegen mit mehrern Randglossen versehen — bedeutend verblichen, hin und wieder sehr, an einigen Stellen ganz unleserlich, zwei bis vier Passus so verschroben oder mangelhaft kopirt, daß man den rechten Sinn kaum bestimmen kann. Uebrigens, wie sie zu Stande gekommen sein mögen, ist an deren Aechtheit nicht zu zweifeln, da sie nach Inhalt und Satzform den Charakter jener Periode an sich tragen und im Besondern mit der fraglichen Geschichte nicht nur in keinem Widerspruche stehen, sondern zu deren Vervollständigung einige interessante Details liefern. Das erste der genannten Schreiben lautet:

„Dyn Gmeyn zu vyslisbach an den Erwiridigen fogt Rubli zu Baden."

„Lyeber Her fogt. Es hatt sich begeben, das in dieser widerwertigen zyt des predigen halben die ser (sehr) unglich ist zwüschen den priestern, das wir tretten. Sind für unseren Hyrten und jn gebetten Henb daß Er uns das luter bloß getwordt on (ohne) alle menschliche leer (Lehre) für geby ²), und das in der gstalt, daß Er mit der geschrifft mögy die red darthun derby widerumb wyr jm ein fürerund, bystand, Hilff zum Rechten wo er wider rechts loufft überfallen . . . wurd, ver=

---

¹) Die Originale sind, wahrscheinlich, nebst vielen Akten der eidgenössischen und landvögtlichen Kanzlei beim oben gen. Brande in Baden von 1536 ein Raub der Flammen geworden.

²) Glosse: „Wysen wyll ich mich lan, wo ich ein beßeres lernen kann." (anspielend auf den Namen des Pfr. Wyß.)

heyssen. Nun hat er erlytten ein über fall ¹) und ein ungunst
uff Sich glaben, das man jm treuwet ein schad zuzufügen an
lib und an gutt. Drumb Er Nun hiefür uns das gotz Wort
nütt wil woters fürgeben jn der gestalt als den es ein kurzy
zyt (Wider alten bruch und gewohnheit getriben) geprediget ist
worder ²), Er habe dan ein Urkunde von gmeynen Eidgnossen
oder von üch (Euch) der gemelten örtern ein anwalte, das Er
mögi predigen was er myt der geschrift truwe darzuthun und
zu Beschirmen ³) (unangesechen das es wider alt Brüch und
gewohnheit syge) oder, mög Er das nüt han (so) welte Er nach
altem verlossnen bruch hynfür Sin predig tychten das Er aller
durchechtnuß und nyds ledig und fri syge. Hierumb lyber vogt
thund uns um ein Bescheid werden. Sind myn Herren die
orten des Willens das sy den pristern dißer graffschaft ⁴) nütt
Witer Wellent erlouben begünnen, in der helgen geschrifft zu
wandlen diß seblig uß zu legen, dem Volk dar (zu) thun, dann wy
sy by menschlicher gedechtnus jm bruch und gewohnheit gsyn
syge, oder, ob sy den gemelten priestern der grafschafft wellend
vergunnen (ohne sie) verbolgen (zu) lan, zu reden, zu predigen zu
wandlen in der helgen geschrift, nach dem ein nettlicher priester

¹) Glosse: „Synd, fründ klagend, und zugen nüt mögen Als uns
leutt und stattrecht sagent."

²) Glosse: „Schad macht wys Weyst wol Joas Urbanus Whyo."

³) Glosse: „So mir geben wirdt geleyt, So will ich reden das
Christus seytt, so daß nütt mag gesyn so wil ich gen mengem ein
itum syn."

⁴) Nachträglich wird betreffend die Benennung „Grafschaft
Baden" zu Note 2 auf Seite 6 bemerkt, daß diese Benennung weder
bei der Aufzählung, noch bei der Vereinigung oder Theilung der Lenz=
burg=Kyburgischen Güter (Kopp: Eidg. Bünde I. pg. 208 und
II° pg. 580—590) vorkomme; wohl aber (ibi II. pg. 584) die Benennung:
„Grafschaft Aargau" sich finde; ferners: daß weder Lang im
„Grundriß" noch Leus Lex. deßfalls Aufschluß geben; vielmehr Letzterer
(Artkl. Baden, pg. 11) bemerke, daß „sich in Ansehung der ehemaligen
Grafen (Grafschaft?) von Baden keine genugsame Lauterkeit
finde".

wyße syn red syn predig zu bestetten, Beschyrmen mit guter Bewerter geschrift, den was er hatt bisher geprediget das (hat) er gethan uff früntlicher bitt ouh uß ein helligen Beschluß synes Zürichers kapitels gehalten zu rapperschwyl an zynstag nach unser frouwen Hymelfart. Item uß guter vertruwnuß zu gmeynen eidgenossen Was er möchti mit der geschrift dar thun, das darin im nütt tryn würdi geredt noch yemand (ihn) je wider rechtlouff schmechent, schadigen, lezzen (als (was) aber jm (doch) wider syn hoffen und frisag geschehen yst von synen Mysgünnern) wurde. Darumb er on heytern erloubnus ¹) unsere gemelt verbruchter stück und artikel nütt mer wyl denken Sunder vom stuell zu Rom auch helgen retteren bisher gehalten abzulegen (das Er sicher syge) im fürgesetzt hatt zu entflüchen sollich überfal, syntschafft (on rechts louff) übermacht das Er mußt von Synen Mysgünnern schlücken. ²) Dem wyllen gmeyner eydgnossen her vogt trüwer gönner thuet nur wyßen ob sy bym alten recht der ler halb bliben wellent son ein grafschafft so enbütt ich mich ein gehorsammer denselben syn." ³)

Das soeben mitgetheilte Schreiben trägt die Aufschrift: „Die

¹) Glosse: „Den Gewalt hynfür zu reden Erloubnus ich haben woll. Oder mit dem alten in syn büchli ich sechen wyll."

²) Dieser verschrobene Passus mag etwa so lauten: „darumb" will er die gebrauchten Ausdrücke beim Predigen nütt mehr bruchen, — im Besundern habe er sich fürgesetzt das, was er vom hl. Stuhl zu Rom und auch von den Heiligen — unsern Rettern — (als Fürsprechern) bisher gehalten (gesprochen) habe — abzulegen (nicht mehr so zu predigen) um zu entfliehen solcher Feindschaft, derentwegen er so Vieles mußte schlucken — gegen allen Rechtslauf.

³) (Wahrscheinlich in Bezug auf des Pfarrers Wankelmuth folgende verschrobene)

Glosse: „Unser narr gefaßlet hat
„lang übel bseßen den man gachtet hat
„mit süßen waaren manigfalt —
„sechent zu daß gotte walt
„by edile purt (Geburt — Reformen?) von im entsprungen,
„geziert mit kunst oub rychthum syner zungen."

Gmeyn zu Bislispach". Wohl mag dasselbe von Mehrern der Gemeinde herkommen, allein von der Gemeinde als solcher ist es kaum erlassen worden. Denn aus dem Schreiben selbst geht deutlich hervor, daß in derselben eine eifrige und so bedeutende Opposition gegen den Pfarrer, oder vielmehr gegen die neue Lehre sich befunden habe, daß es scheint, als hätten die Petenten — mehr um den Pfarrer für seine Handlungsweise zu entschuldigen, ihr Schreiben erlassen, als um entschieden für die Neuerungen in der Lehre sich auszusprechen. Uebrigens ist das Schreiben ein charakteristisches Bild von dem kirchlich schwankenden Zustand der Pfarrgemeinden jener Zeit, in Folge dessen es vorkam, daß heute eine Gemeinde sich für die neue Lehre und wenige Tage nachher sich wiederum g e g e n dieselbe erklärte.[1])

Unter den Papieren Zwinglis fanden sich, wie oben bemerkt, noch zwei andere die Gemeinde Fislisbach und den Pfarrer betreffende Schriftstücke vor. Beide Schreiben sind — nach deren Inhalt zu schließen — erlassen vom Pfarrer Wyß. Das eine derselben ist, da er sich von dem, an den er schreibt, „b e l e ch n e t" nennt — offenbar an den Kollator, d. i. an den Stadtrath — resp. die Spitalverwaltung Baden gerichtet.

Da dieses Schreiben sehr unleserlich, wahrscheinlich nachlässig kopirt ist und mehrere Stellen ganz verschroben sind, so wird es nicht überflüssig sein, dasselbe mit Bemerkungen zu begleiten.

Vorab klagt der Pfarrer seinem Kollator, wie man ihn des Predigens halben mit grimmigen Geberden verfolge, und fragt: Ob er als Geistlicher und Bepfründeter, sei es als Kläger oder Beklagter — wegen seinen Predigten, oder sonst, Rath, Gericht und Recht nicht bei ihm — seinem Kollator könne und solle suchen, indem er schreibt:

---

[1]) Ein anschauliches Bild hievon giebt uns die „Reformation und Gegenreformation in Hitzkirch" von Th. v. Liebenau.

„Lieben herren ich byt üch um ein zu hörung"

„Fürsichtigen lieben wysen herren retter und helfer aller Wittwen und weysen auch aller deren die hilff und recht by üch suchend Nach Goly-gsaz dem Fremden ¹) und heimischen soll das gsaz glich sin mir war geschen — (zum ersten) Hand (sie) treuwet, für und hinder werrlich, mir min huß durchzu louffen ²), zum andern wys Grim und (Ge)Werb mich zu schlachen for mir triben werdent, das ander abwysen von dannen triben, söllich tobende von ettlichs mines prediges halb, darum ich (lieben herren und retter) ein frag an üch thun, ob ich geystliche person, (der da ein ander haupt und Richter an min herren Hugenen von Constanz (habe), sölly und mögy Sicherheit und Rat by üch suchen heim (und aber von üch belechnet bin) ob ich wurd und wetty min zufellig widersacher Neygen und zu rech anlangen die frag darum ich pfleg, Es ist kunt an mengem Ort dem geistlichen stat von weltlichem weder Recht noch Rath offen, sunder in allen jren zufallenden hendlen sollich wysen für iren geistlichen richter zu empfachen nach gestalt an brachter sach die wyl aber ich Beschwerter und Beschwert nyt wissenhaft bin, ob solch Sytt und gwonheit ein löbstat Baden an ir heyg, so han ich für gemellty frag an üch wellen bringen, ob ich Gricht und Ratt (als von üwer würdy belechnet by üch selly und mögy suchen und ouch bruchen so mir ein Beschwernuß (Es syg mins prediges halb oder sust) von minen Mysgünner zufallen würd und zürnet nüt min lieben herren und trüwe retter an miner Heimsuchung."

Nun kommt Wyß auf das Gerede oder seine eigene Aeußerung, als gedenke er sich zu verehelichen, zu sprechen, und be-

¹) Wyß war von Eglisau, Kt. Zürich; nennt sich selbst Hintersaße.
²) „Als mir geschehen ist yetz am Zynstag da sind ir sechs komen gangen und gritten für min huß die ich gütlich han inglassen, hiefür tragende spys und trank noch mim vermögen, die sey sy nyt hand lon benügen sonder mir das fleisch ab der Aglat gnommen." Randbemerkung.

schwert sich, daß man ihn deßwegen wie einen Uebelthäter ver=
schrien: er spricht hiegegen den Kollator um Rath und Beistand
an, indem er schreibt:

„Ob ich mit der Zyt liebe herren uß göttlicher vergunst
ietz hie und dört dem fleisch zu dienen ein person zu huß wirt
setzen die villicht den namen hettig das sy in Ewys by mir seßy,
und darumb veranglangt (als ein übelthäter) würdy, byt ich
Üwer wirdy um Gricht und ratt mich vor ein söllichen zu ver=
sprechen und entretten." [1]

Ferner theilt der Pfarrer dem Kollator mit, was und in
welchem Sinne er über die Anrufung und Fürbitte der Heiligen
gepredigt habe. Er sagt:

„Lieben Fründ die wil ich höre ein Zwytracht und strit
ist zu land, wie inn stat und baß die Einen Got mit sam die
helgen thuentd an Rufen und die Ander sich allein Got begnüe=
gent, so thun ich üch byß ußtrag der Sach welch theil recht
heygy und erman die Mynen zu achten aller Grüssen, zu Gott
allein denselben an zu ruffen in ihren Anliegen (dar zu es on
zwiffel kommen mag so man die geschrift wil laßen urteylen)
on doch alle zwingnuß und absträubnuß gewelteklich von dem
alten Bruch abzustan, wie wol, noch lut und thun Gotz Myß=
fallen thugy, (wie) mich Bedunky. Nütt aber entlichen von mir

---

[1] Vielleicht dürfte dieser Passus, dessen anstößige Ausdrucksweise der
damaligen Zeit zuzuschreiben, so zu verstehen sein: Falls ich später **mit
der Zeit aus göttlicher Vergunst** — d. h. indem das göttliche Gesetz
selber die Priesterehe (de verginibus præeptum Domini non habes)
nicht verbietet — oder, wie Wyß in nächst zu besprechendem Verhör sich
ausdrückte: „Wenn es **sach wäre, daß sie** — die Geistlichen, **Wyber
dürftent nämmen**" — mich wirklich verehelichen würde, und man wollte
aber von vornenherein mich als einen Uebelthäter verklagen, so bitt ich
meinen Kollator mich vor Gericht und Rath in Schutz zu nehmen und zu
rechtfertigen.

NB. Hier macht das M. S. die Wendung hinüber zur 2. Seite —
vertikal b. i. von Oben nach Unten, wie dieß der Fall ist z. B. beim
Thaler.

abgsen sölly werden, Sunder wer der gschrift grüntlich könni glauben und in die gnad sygy geben, der mögy mit mir (Bytz ustrag der sach) sich got und sins trost allein begnügen." [1]

Diesem Schreiben ist eine kurze Korrespondenz des Pfr. Wyß mit dem Schultheiß von Kaiserstuhl in Betreff der Anrufung der Mutter Gottes, namentlich mit Bezug auf den Ausdruck „Kupplerin", womit Wyß sie betitelt haben soll, beigefügt. Die beiden Schreiben lauten:

„Schultheiß von keyserstuel (schreibt)"

„Lieber Herr. Wenn ich mit eim zu schaffen hätt von dem ich Etwas wött haben und begeren welcher hetty ein Bruder. Eb ich wött mit jm haudlen, wött ich sin fründ beten daß er mirs best retty, also auch der Mutergotz halb und ires suns vor den ich wött Etwas schaffen."

„Her vor Bislispach antwort."

„Lieber fründ Wen ir by Verlierung üwer seelseligkeit schuld geweren mir zu hilff (zu) kummen in minen nötten deren ich nottbürftig wery und irs wol vermöchtend, was wär mir nott für üweren Bruder zu louffen in bittende das er für mich vor üch (hintrete?) und erkuplity [2] ..... Da fingens an mit ein=

---

[1] Das heißt: In Bezug auf die Verehrung der Heiligen ermahne ich die Meinen: Es soll deßhalb Jeder nach seinem Gewissen handeln und des Andern Gewissen achten; indessen wenn man die hl. Schrift urtheilen lasse, so werde man bald einsehen, daß man Gott allein anrufen soll in dem Nöthen und nicht die Heiligen; ja ihn bedünke, daß dieses Gott mißfallen würde; indessen soll Niemand auf ihn schauen, noch weniger Jemand gezwungen werden vom alten Brauch abzustehn (bis höhern Orts entschieden sei).

[2] Hier fehlt der Nachsatz: Ebenso......, oder vielmehr überläßt Wyß dem Leser die Vervollständigung des Satzes.

auber lutt schryen sechem wor für hands die Muter Gotz, Sy hand die Muter recht für eine K . . . . ." [1]

In diesem Schreiben stellt Wyß den gebrauchten Ausdruck nicht in Abrede; nur legt er diesen in den Mund anderer Leute, so, als habe er ihn nicht von sich aus gebraucht. — Vermuthlich ist nun dieses bekannt gewordene Schreiben — (nicht eine Predigt) — das corpus delicti — auf Grund dessen man ihn eines so ärgerlichen Ausdrucks bezüchtigte; darum wohl er auch diese Korrespondenz zur Kenntniß des Kollators seinem Schreiben beilegte. Schließlich begleitet er dieses mit der Bemerkung: er könne nicht wohl erwarten, daß seine Gegner seine Reden (obigen Ausdruck) nicht übel auslegen und ausbeuten werden; indem er in seinem Schreiben an den Kollator fortfährt und sagt:

„Lieben Herrn! was wollten die mir gutz nachreden, die nie in keinem (Guten) zu mir sind kommen" — dann seine Klage erneuert und schreibt:

„Der Schultheiß von Keiserstul mir trüwet hat, wenn ich nit wärn in minem Huß, so wetty er mich erstechen, davor

---

[1] (Wir übergehen den anstößigen Ausdruck) — dazu folgende Glosse: „Menger ire ein eemann hed gesprochen, da er ledig was zum Anderen, gang kuplee mir um die frow — (nun dadurch der) andere doch . . . . nyt ein Kupler wider eeren ist" — (D. h. an der Ehre nicht Schaden leidet.)

Der Glosser möchte den Ausdruck „Kuplen" offenbar beschönigen.

NB. Wohl spricht sich Wyß, wie wir später hören werden, in anderer Beziehung rücksichtlich Maria der Mutter Christi sehr ehrenvoll aus; allein bei allem dem vermissen wir an ihm die tiefere katholische Erfassung ihrer erhabenen Würde als Gottes-Mutter; insbesondere fehlt ihm wie seiner Zeit gänzlich das Verständniß der Lehre von der Gemeinschaft der Heiligen — dem geistigen Verbande, der geistigen Wechselwirkung der streitenden und triumphirenden Kirche — jenem sittlichen Leibe, dessen Haupt Christus ist. Daher die Schmähworte, die man gegen die Heiligen ausstieß; daher der blinde Eifer, womit man die Anrufung und Verehrung derselben bekämpfte; daher die wilde Lust, mit welcher man deren Altäre und Bilder zertrümmerte.

möchte niemant on Got sin oder ich müßby glouben, das er gloubt."

„Ich frag, öb ich jnn dörffty vor üch verklagen und ob ir jn wetten straffen der mir wider verdienlichkeit Etwas schmach will zufügen — So hand sy mir das fleisch ab der aßlatt genommen, So hand sy mir die redby (Rüben) ußgezogen nemende die in gesielen, So hand sy mich ein ketzer geschulten, item: der Tüffel der redy uß mir und sigy mir im har."

„(So heißt es, daß) Si mir ¹) nütt (mehr) wellen gen (geben), ußgenommen — (wie) der schultheß (sagt), ich sally denn von minen fründen (weg)."

„So hand sy gesetzt ich heyzy Ein eelich wib (mehr) mall in mym huß ghan so doch gar kein wib da ist gsin."

Das zweite Schreiben des Pfarrers ist gerichtet an den Landvogten zu Handen der 8 Orte. Es enthaltet zwei Hauptpunkte: der eine betrifft die Verehrung oder Begrüßung, der andere die Anrufung und Fürbitte der Mutter Gottes. In Bezug auf den ersten Punkt vertheidigt er sich gegen die Anschuldigung, als wisse er nicht die Mutter Christi gebührend zu achten; in Bezug auf den zweiten Punkt hält er sich lediglich an den Worten der hl. Schrift, die da sagt, daß wir an Jesum Christum unsern Mittler und Fürsprecher haben u. s. w. ²), indem er die Folgerung daraus zu ziehen dem Leser überläßt, d. i. den 8 Orten den Entscheid anheim stellt. Uebrigens ist das Schreiben ordentlicher, als die frühern, und mit vieler Umsicht und — Unterthänigkeit abgefaßt: also interessant genug, dasselbe hier wörtlich einzuschalten. Es lautet:

„An Eyn Vogt und Gemeyn Eidgenossen."

„Myn Under Thänige gehorsamkeit und Willfernuß euwer

---

¹) Unleserlich, wahrscheinlich schlecht kopirt!
²) Möglich, daß Zwingli dem Wyß hier zu Handen war, da dieser in der Geschrift nicht sonderlich bewandert gewesen sein soll, wie Faber sagt.

und der löblichen Versamlung der acht Orten in allen Ge=
biethen. Erwirdiger sogt und günstiger Her. Ich kann mich
nüt gnueg verwunderen, das man myr so hefftig trüwet und
man mich so verleumdett nüt allein vor uech, sunder vor ge=
meynn eydgenossen übel verträgt wyrd. So euwer lyeby näm=
lichen von mir gehört hat, das ich das ave Maria nüt ver=
bütt weder zu lütten noch zu betten, sunder ich die minen er=
man die Mutter Gots zu grüssen, dann grüßett vr ein Mensch
das ander mvt menschlichen Worten: Warumb wolten wir den
nütt grüßen die Mutter Christi, mit den göttlichen Worten, ein=
mal gesprochen von dem Erzengel Gabrieli. Grüßet nütt die
Kilch die Mutter Gots im Salve so sv spricht: Bis gegrüßet
du Küngv der Barmherzigkeit, das ist die uns die Barmherzig=
keit hast geboren Jesum Christum item in der Meß von unser
Frouwen so spricht die Kilch gegrüßt sehst du heilige Mutter
Mutter die uns geben hast den König. Wie kunt ich so heiter
in dem göttlichen Stück mich von der Kilch absündern. Syge
das wyt von mir, das jemant dar bringet das ich nütt die
Mutter Gots heiße gegrüßet werde? Darum lieber her vogt der
8 Orte vernemmt ir etliche stück, die wider eine löbliche Ver=
sammlung werind, welche ich sollte triben, oder geschrey hätte,
das ich so tribp, so wellend ihr thun aß ein treuwer Vatter und
mir die selben stück fürhalten, in denen ich verschwt (als bald
on Krafft un Wahrheit) bvn, welche die 8 Orte einer Graf=
schaft woolten von mir vermutten syn, noch kein geschrei der=
selben halben mir nachgen. So nuend ihr vernemmen, daß ich
mich kein ungehorsammer will lassen finden, sondern aß ein
Hindersaßen der 8 Orten in allen Dingen willfahren und ge=
spannt stan.¹) Den Was ist Gott lieber dan ein gehorsam
Herz. Hierumb ob ich wäry verunglimpfset, vor denn Gemeynt
eydgenossen ettlicher Stücken halb die ich sötti villicht wider vr

---

¹) Glosse: „So ich der Ungunst spür, will ich in triben vor die
thür myt gunst der 8 Orten wyl ich den verschwygen und untz nütt reden."

wyll tryben, vor uff das ave Maria halb, so wollent ir mich aß ein vatter entschütten erretten, den in dem Gruß da ist keyn nachtheil, das er nütt geheißet werdy." (Nun kommt Wyß zum 2. Punkt — der Fürbitt Mariens):

„Der Mutter Christi für zu bringen, der helgen Fürbitterny halb wye wol zwischen Got und dem menschlichen Geschlecht ein fürbitter, ein fürmunder ist — (nämlich) Got in Jesus Christus, der sych selbst zur erlösung hat geben für alle Menschen aß der paul dz anzeygt (ad Temotheum 2, und ich dar von hab geprediget, die Mynen allein Nach paulm) ermanende zu jesum den der Vatter zu eim versüener hat verordnett aß pauly sagt zu den Römern am 3 cap und zu den Ephesiner: Er yst unser fryd am 2 cap 3 — (den) noch Wie kann ich nüt wilfaren, gehorsam syn mich underwerffen [1]) den acht errychen (ehrreichen) Orten, deren hindersaß ich byn. So ich (Ghör daz sy by Christo und nebent Christum (der da spricht Niemant kundt zu dem Vatter den allein durch mich das ist durch Mvn Fürmundery [2]) item Niemant mag zue myr Jesum Christum kommen, er werdy dan zue mir bracht durch hilf mines Vatters [3]): item Nyemant wirdt zu mir kommen, es synge dan ym geben von mym Vatter, item ich, so ich werd erhöcht, so wird ich alle Ding zu mir züchen, den ich bin der Weg, die Wahrheit und das Leben), ander für= münder und fürbitterin wellend haben [4]) aso Erwirdiger Vogt und trüwer Vatter. So hand ir den größten artikel in üwer Hand und Gewalt, welcher artikel mich am allermesten hat ver= schreyt und verungünstett vor dem unverstandenen Volk, mit

---

[1]) Glosse: „Den Gewalt, den hab vor Augen, spricht Pauli in gutem Glauben".

[2]) Glosse: „Gott genugsam (bereit) zu helfen wär, wen das My= strawyg herz nüt wär."

[3]) Joannes cap. XIV. VI. V. XII. XIV. Randbemerkungen.

[4]) Wahrscheinlich in Bezug auf die Zitate aus der hl. Schrift die — Glosse: „Wie uns anwyst die Wysheit sin, die nemmt uf mit heilgem Flys — so merket ihr be zletzt des Entechrists Bschiß."

dem mögen ir also thun und walten, nach Wolgefallen gemeinen
eidgenossen, will ich ye nütt ein ungehorsamer und widerspänstiger
erfunden werden in allem da ich weyß (von dem ich weiß, daß
es den) Gemein eidgenossen widerstreben -- sundern in allen
iren gebieten wilfaren und gehorsam syn als irer Hintersaß." ¹)

Ehe, oder während diese Schreiben von und für den Pfarrer
Wyß erlassen wurden, nahmen die eidgenössischen Orte die vom
Bischof gegen denselben eingereichte Klage zur Hand. Dem zufolge
wurde er nebst Mehrern seiner Kirchangehörigen unterm 3.
Nov. 1522 vor deren Schranken berufen und mit ihnen ein
gegenseitiges Verhör ciolich aufgenommen. Da Wyß das meiste
ihm zur Last Gelegte nicht in Abrede stellte, noch sich deßfalls
zu rechtfertigen vermochte, ward erkannt, „daß gemeldter Leut=
priester zu Fislisbach wegen seiner Lehr und seinem Fürgeben
als dem christlichen Glauben der Ordnung und Haltung widerig
und zum Uebel aufrührig ²) dem Bischof von Konstarz zu über=
antworten sei mit dem ernstlichen Ansinnen gegen ihn zu handlen,
daß sie — die Eidgenossen — und mäniglich seinethalb entladen
bleiben." Als diese Sentenz bekannt wurde, legten gleich Tags
darauf mehrere Geistliche — unter diesen der obgenannte Ma=
gister und päpstliche Hofkaplan Franz Zingg ³) von Einsie=

---

¹) Glosse: „Wie (!) Wir soll'n wider G'schrift und Gotz Gebott
  Zu den Hel'gen gohn, nit allein zu Gott (?)
  Und wir dieselben rufen an (?)
  Die G'schrift doch dasselb nüt will han,
  Was du von mir gemerket schon —
  Doch blibt es bim Narren Bruch Sytt und arge G'won
  Us welchem den Schall von minem Ohr
  (Will?) g'henkt ich han . . . an yres Ohr."

²) Diese Motive sind nicht im Abschied angegeben, dagegen finden
sie sich im Schreiben des Bischofs a. d. Regier. in Zürich. Füß. IV. S. 161.

³) Dieser Fr. Zingg neigte sich bereits auf die Seite der Refor=
mation, nahm später ein Weib und begleitete den Zwingli beim ersten
Feldzug nach Kappel. Füß. IV. 102.

Wenn der Papst und die Tagherrn damals solches gewußt hätten,
sie würden schwerlich ihn des bewiesenen Vertrauens werth gehalten haben.

deln — nebst mehreren Pfarrkindern mittelst Bürgschaft 100 Gl.
so dringend Fürsprache ein, daß die Erkenntniß vor der Hand
nicht vollzogen und Wyß bis zur Erledigung der Sache an
nächster Tagsatzung freigelassen wurde.

Folgendes ist der Wortlaut der gepflogenen Verhandlung:

Abschied den 3. November 1522.

„Und als wir jetzt zu Baden gewäsen, sind wir bericht
worden, das herr Hans Urban Wyß, lütpriester zu Bislispach,
in der grafschaft Baden gelegen, an der kantzel und darnebent
mit sinen worten sich so ungepürlich halte, und die gebärerin
unsers Erhalters und alle heiligen verachte, und gott selbs ge-
schmächt. Und als wir nu sollichs verstanden, so habent wir
nach im und der kundschaft geschickt und habent etlich personen
im under ougen by iren eiden uns gethan gesagt, das er geredt,
er habe nützit uf unser frowen. Zum andern als etlich derselben
in sinem hus gewäsen und in gefragt, ob er inen gichtig wäre,
daß er geredt hette, wann eines ein pfennig gebe, und meinte
damit in den himel ze komen, und wann gott das hätte nach-
gelassen, so geb im vallend übel im himel da oben. Da redte
er weder ja noch nein. Uf das fragte in einer, wenn er gott
anrüffe und spreche, allmechtiger gott, vergib mir mine sünd,
und demnach die mutter gotts ouch, ob es unrecht wäre, da seite
er, wann er gott anrüffe, so wäre es genug, dann es wäre nun
ein gott, und wellicher me anrüffe, es wäre unsere frow, oder
ander heiligen, so wäre es kublery. Derselb priester hätte ouch
ein dochter zur ee genomen, und si im die zugesagt, wann es
sach wurde, das si wyber bedörffent nämen. Und als er nun
des zum teil bekantlich gewäsen, haben wir in gefenklich lassen
annemen, der meinung, in gan Konstantz zevertigen, dann das
mornds sine underthanen mit sampther Frantzen von Einsidlen
und ander priester sollicher maß gebetten, das wir in uß gelassen.
Doch so habent sine underthanen hundert gulden für in ver=

bürget, und sol jeder bott das heimbringen, und uf nächstem tag antwurt geben, wie man sich gegen im halten wölle."

Sei es nun, daß die Freilassung des Pfarrers den Sektengeist frecher machte und dadurch die Aufregung in der Gemeinde vermehrte, oder Wyß selber im Reden und Handeln nicht die erwartete Haltung beobachtete oder auch, daß inzwischen die Persönlichkeit der Empfehlenden am Vertrauen verloren — die Tagsatzung schritt drei Wochen später — den 24. November — wie es scheint — ohne weitere Verhandlung zur Tagesordnung — d. i. zur Vollziehung der unterm 3. desselb. gegen Wyß erlassen Erkanntniß. Der Abschied hierüber lautet: "Jeder bott weist zu sagen, wie der kilcher von Bislispach gan Kostantz geschickt worden ist."

Da inzwischen die Glaubensänderung und die damit verbundene Aufregung auch in die gemeinen Herrschaften sich zu verbreiten drohete und mehrere Pfarrer im Thurgau sich allbereit dafür zeigten [1]), indem Zwingli all' seine Fähigkeiten entwickelte "mit predgen, truck, interpretiren, lesen, schriben und um sich werbung, also daß vil präbikanten an vil Orten in der eidgenossenschaft auch anfiengend sie unleer und irrung uschrien und predien und insonders zürcher nachpuuren und anstöser, Turgow und ander" [2]), erließ die Tagsatzung gleichzeitig mit obiger Schlußnahme gegen Wyß ein Kreisschreiben an die Landvögte in den gemeinen Herrschaften, des Inhaltes: "wo sy Priester oder ander ankämend und hörend, so allso ungschicklich" (wie Wyß?) "wider den Glouben handlen und reden, diß uns Eidgenossen anzuzeigen [3])."

Bald nachdem Pfarrer Wyß dem Bischof in Konstanz überantwortet war, hieß es in Zürich, daß man ihn dort sehr hart

---

[1]) Hott. Helvet. Kirchg. III. pg. 103.
[2]) Archiv f. Rfg. Salat. 36.
[3]) Hott. Helvet. Kirchg. ebend. Abschied Baden 1522, 24. Nov.

halte: ihm — sofern er seine Lehre nicht widerrufe, mit ewiger Gefangenschaft, wo nicht mit dem Scheiterhaufen drohe. ¹)

Als Zwingli erfuhr, was mit Wyß vorgegangen war, nahm er in Verbindung mit seinem Freunde des Verhafteten sich auf's Thätigste an. Sei's nun, daß er selber an jenes ominöse Gerede glaubte, oder nicht — ihm erschien diese Angelegenheit jedenfalls so wichtig, daß er sich an die Regierung wandte und bewirkte, daß sie sich mittelst eines Schreibens an den Bischof um die Befreiung des Verhafteten dringend verwandte.

Hierauf gelangte von der bischöflichen Kanzlei an den Rath zu Zürich folgendes Schreiben:

„In Abwesenheit unsers gnädigen Herrn Bischofs von Konstanz haben wir Euer Schreiben von wegen des Priesters von Fislisbach erhalten; dieweil aber alles, so dieses Priesters halb gehandelt worden, vor unserm gnädigen Herrn und dessen Mit-Räthen geschehen ist, so gebührt uns nicht Antwort zu geben, dagegen wollen wir ohne Verziehen die Sache an unsern Gnädigen Herrn gelangen lassen und was uns von ihre Fürstlichen Gnaden zukommt, Euch fürderlich zu wüssen thun." (Datum fehlt . . . . . .) „Unseres Gnädig Herrn von Konstanz Statthalter und Räthe." ²)

Um diese Zeit hatte Zwingli schon viele Anhänger und Vertheidiger seiner Grundsätze, aber auch noch viele und mächtige Gegner aus der Nähe und Ferne. Dieses erzeugte bei ihm den Wunsch, unter den Augen gleichsam des ganzen Landes, mit ihnen einen förmlichen Kampf zu bestehen. — Nachdem er durch Unterredung und Predigten die Bürgerschaft mit diesem Gedanken vertraut gemacht, bat er die Regierung um Anordnung eines öffentlichen Religionsgespräches. Nicht ohne „Erwägung dieses schweren Handels" willigte diese ein, indem sie den 29. Jänner 1523

---

¹) Vergl. Füßl. Beit. IV. 161.
²) Füßl. ebend.

hiezu bezeichnete und überall hin: an den Bischof, an Geistliche und Laien Einladungen ergehen ließ.

Am Morgen des anberaumten Tages fand die Versammlung statt.¹) Außer den beiden Räthen von Zürich und einer großen Menge einheimischer und fremder Priester und Laien hatte sich auch Namens des Bischofs der Generalvikar **Faber** eingefunden. Nun in dieser zahlreichen und höchst gespannten Versammlung war es Pfarrer **Wyß** und dessen Verhaftnahme, welche namentlich zur Sprache kam. Nachdem nämlich der Bürgermeister die Versammlung eröffnet und der Generalvikar, das Wort ergreifend, den lebhaften Wunsch zur Wiederherstellung des Friedens und der christlichen Einigkeit ausgesprochen hatte, stand Zwingli auf und entwickelte in langer Rede seine Lehrmeinung, indem er vorzüglich gegen die Traditionslehre, gegen die Kirchensatzungen eiferte und behauptete, man sei allgemein von der wahren Lehre Christi abgewichen, an die Stelle derselben seien Menschensatzungen getreten — das Evangelium, das lautere und heitere Gotteswort in seiner Reinheit wieder herzustellen — das sei sein Trachten, das sei der Inhalt seiner Reden und Predigten — darum werde er geschmäht und verfolgt. „Wohl anher in Gottes Namen, hier bin ich!"

Auf diese Rede Zwinglis trat eine gute Weile Stillschweigen ein. Denn der Generalvikar hatte bereits erklärt, daß er nicht hergekommen sei, um über die Kirche und ihre Lehren und Satzungen zu disputiren, sondern nur, um anzuhören, allenfalls zu berichten oder zu vermitteln; denn über jenes zu urtheilen und zu richten, sei hier nicht der Ort, solches gehöre — wie in der Apostelgeschichte am XV. Kapitel zu lesen — vor ein Konzilium. Als nun auf Zwinglis wiederholten Aufruf Niemand das Wort ergreifen wollte, erhob sich Wagner, Pfarrer in Nesten-

---

¹) Wirz Hlv. Kchg. IV. 214 ff. und 222—24. Hotting. J. d. Kchtr. I. oder Forts. Müllers VI. 436 ff. — Salat bei Füßli Beitr. II. 9. ff. und Archiv f. Ref.-Gesch. 42 ff.

bach, und sprach: Wie man soeben gehört, bestreite Zwingli die Traditonslehren und bezeichne sie als zu verwerfende Menschensatzungen. Da nun Niemand aufstehe und beweise, daß diese seine Behauptungen falsch seien, so sei man des jüngst erlassenen Mandats [1]) des Bischofs enthoben — nicht schuldig es zu halten; wenn aber dieses, so sei zu besorgen, daß dem armen Pfarrer von Fißlibach, der nur, weil er jenes Mandat nicht befolgt habe, jüngst vor die Eidgenossen in Baden gestellt, dann dem Bichof überantwortet und zu Konstanz in's Gefängniß gebracht worden — unrecht geschehen sei.

So gerne der Generalvikar sich aller Rede enthalten hätte, meinte er, bei Erwähnung dieser Geschichte nicht schweigen zu dürfen, und sagte: Da dieser Anzug zum Theil seinen gnädigen Herrn den Bischof, zum Theil ihn selber berühre, so fordere es seine Stellung, denselben zu erwiedern. Was vorab das besagte Mandat des Bischofs betreffe, so sei ihm nicht vollkommen im Wissen, was es eigentlich enthalte, indem er dannzumal nicht anheimisch gewesen. Was aber den gefangenen Priester betreffe, so könne er soviel sagen, daß derselbe von den Eidgenossen, auf dem Tag zu Baden, dem Bischof wegen ruhestörenden und dem christlichen Glauben zuwiderlaufenden Lehren zur Bestrafung sei überantwortet worden. Diesem zufolge habe der Bischof ihn durch Abgeordnete verhören lassen, worauf derselbe wahrlich als ein in den göttlichen Schriften Unwissender und Irrender sich gezeigt. Er — (der Generalvikar) selber sei zu ihm gegangen und habe sich mit ihm über die Verehrung und Anrufung der Mutter Gottes und der lieben Heiligen besprochen. Leider! habe er in diesen Stücken ihn so ungelehrt, einfältig, ja unbescheidentlich und unchristlich gefunden, daß es zu melden nicht ziemlich wäre. Seines Irrsals sich erbarmend, habe er ihn in Unterricht genommen und durch die Schrift — nämlich aus Genesi,

---

[1]) Siehe pag. 60.

Exodo, Ezechiel und Baruch überwiesen und dahin gebracht, daß er seinen Irrthum und was er namentlich von der Mutter Gottes und den Heiligen irrthümlich vorgebracht habe, widerrufen wolle; demnach er bald wieder der Haft entlassen sein werde. — Also sei des gefangenen Priesters halben wahrlich nichts, wessen man des Bischofs Anwält beschuldigen möchte, indem da nicht anders gehandelt worden als was recht und billig sei."

Sogleich erhob sich Zwingli und rief: "Gottes Schickung ist diese Rede des Herrn Vikarius. Wohlan! Herr Vikarius! zeiget die Schriftstellen, womit ihr den Pfarrer von Fißlibach überwunden." Nun war es dem Hrn. Vikar unmöglich, der Disputation sich zu entwinden. So wurde denn lange über diesen Punkt, so wie über andere Kirchensatzungen — namentlich Cölibat und Tradition gestritten. — Allein hier ist nicht der Ort, die abgehaltene Disputation des Nähern zu besprechen, daher genüge es, zu bemerken, daß außer Faber und Zwingli auch Andere zwischen hinein einige mal das Wort ergriffen, endlich, daß die Disputation [1]), nachdem sie bei fünf Stunden gedauert — damit endete, daß die Zwinglischen sich den Sieg zuschrieben und der Rath der Stadt Zürich den Antrag stellte, "daß Meister Zwingli fürfahren und wie bisher das hl. Evangelium nach dem Geist Gottes verkündigen soll", worauf der Bürgermeister den Schluß der Disputation lächelnd ankündigte mit den Worten: "Das Schwert, womit der Pfarrer von Fißlibach erstochen wurde, wollte heute nicht herfür aus der Scheide." — So machte der "arme einfältige" Pfarrer von Fislisbach merkwürdiger Weise das

---

[1]) Wobei es auf Seite Zwinglis mitunter "zu Spott und Gelächter zum spätzeln und zänkeln" kam, sagt Salat. Siehe oben. — So sagte Zwingli zu Faber: "Wenn ihr einen einzigen meiner Artikel als falsch erweiset aus der Schrift, so will ich euch einen haßlenen Käß verehren." Füßl. II. 141—147. Vergl. Hott. Fortf. b. Mül. VI. 448.

82

A und O — den Anfang und das Ende in dieser Disputations-Geschichte.

Wie der Generalvikar bereits im Verlauf der Disputation angedeutet hatte, ließ sich Wyß eines Andern überweisen und versprach, seine Irrthümer zu widerrufen, daher denn auch die Inhaftirung schon nach einigen Wochen — (kurz nachdem der Generalvikar von der Disputation heimgekommen) um Mitte Hornung 1523 — in soweit gemildert, oder aufgehoben wurde, daß man ihm das Schloß Gottlieben — Privateigenthum des Bischofs auf Schweizergebiet — als Aufenthalt anwies, wo er — auf sein Versprechen, nicht zu entfliehen — frei umhergehen, so wie Briefe schreiben und empfangen konnte. So verkehrte er von hier aus schriftlich mit Zwingli.[1]

Wie wir oben vernommen, hatte Zwingli die Regierung in Zürich dahin gebracht, daß sie sich des gefangenen Pfarrers Wyß ernstlich annahm und sich beim Bischof um Freilassung desselben verwendete.

Da der Bischof dannzumal von Konstanz abwesend, — inzwischen die Disputation stattgefunden und Alles beschäftigte, blieb das gen. Regierungsgesuch einige Wochen unbeantwortet. Endlich — 19. Hornung — langte die dahin bezügliche Antwort des Bischofs an, die dahin lautet[2]:

„Hugo von Gottes Gnaden Bischof zu Konstanz: Unsern freundlichen Gruß zuvor.

. . . Liebe Freunde und getreue Bundesgenossen!

Eure Zuschrift, den Leutpriester zu Fislisbach betreffend, haben wir nach ihrem ganzen Inhalt erwogen. Wir sind ur-bietigen Willens . . . . insoweit immer möglich Euch Will-

---

[1] Ohne Zweifel geschah dieses durch Vermittlung eines Martin Luchsinger, Soldaten aus Glarona, der auf Gottlieben in Diensten stand; vielleicht mit Zwingli bekannt seit den italienischen Feldzügen?

[2] Wenig abgekürzt und in etwas späterer Schreibart.

fahrung zu erzeigen . . . . . Als gemeldter Leutpriester letzter Tage vor den Eidgenossen zu Baden gestanden, haben sie sich ab seiner Lehr — als dem christlichen Glauben der Ordnung und Haltung zuwider und höchst aufrührig, merklich beschwert und an uns unter Mittheilung der fürgebrachten Lehren mit ernstlichem Ansinnen gebeten, gegen ihn zu handeln, damit sie und mäniglich seinethalb entladen bleiben. Auf dieses hin haben wir nach Recht und Gebühr zu handeln befohlen. Allein, indem nun solches geschehen, hat man ihn nicht, (wie man zur Verunglimpfung von Uns und der Unsrigen fürgegeben) unter Androhung von Feuer oder ewiger Gefängniß, sondern durch Vorhaltung von Stellen aus der hl. Schrift und der alten christlichen Uebung dahin gebracht, daß er sein Unternehmen als einen Irrthum bekannt und ihn zu widerrufen, sich anerboten hat. Daher hat man auch in Ansehung Euers schriftlichen und an unsern Hrn. Vikarius mündlich gelangten Begehrens, seine Gefängnuß zu freiem Aufenthalt in unserm Schloß Gottlieben — auf erstattetes Gelübd (nicht zu entfliehen) umgewandelt. Nichts destoweniger zeigt er nochmals auch hier, daß sein Entschluß freien und beharrlichen Willens sei. Eben so ist weder von uns noch den Unsren Jemand angewiesen oder unterrichtet worden, Euren Leutpriester zu schmähen oder Uneinigkeit zu stiften. — Dieweil nun alles dieses, wie gemeldt, auf Ansinnen unserer Freunde — der Eidgenossen — erfolgt ist, so will es uns nicht zustehen, den Priester laut Eures Begerens dieser Zeit zu ledigen; indessen wollen wir je nicht absein, Euch deßfalls Bericht abzustatten, und demnach weiter, was sich gebührt, geschehen zu lassen — ohnzweifelhaft Ihr bei Euch selbst erwegen könnet, wie daß Solches der Nothdurft und Billigkeit gemäß sei, dann Euch in Freundschaft sind wir geneigt. Datum Constanz auf Donstag vor Invocabit 1523." (19. Febr.) [1]

Nicht nur konnte Zwingli schon aus dem Vortrage des

---

[1] Füßli IV. 116.

Herrn Generalvikars bei der Disputation entnehmen, Wyß stehe im Begriff zu widerrufen, sondern es hatte inzwischen ihm auch Jemand bestimmt berichtet, er habe bereits schriftlich den Widerruf geleistet. Allein Zwingli wollte sich nicht überreden lassen, daß Wyß das „was er durch den Geist Christi als Wahrheit erkannt habe" widerrufen werde — es wäre denn, daß man ihn durch Drohungen dazu gebracht hätte. Daher, um sich Gewißheit zu verschaffen, schrieb er kurz¹) vor dem 24. Februar an Wyß selbst. Dieser übersandte ihm sein Bittgesuch, das er an den G.-Vikar gerichtet hatte, woraus Zwingli entnehmen wollte, daß er noch nicht förmlich — wie man ihn berichtete — widerrufen habe, wohl aber, daß er unter was immer für Bedingungen zu widerrufen bereit sei — in der Hoffnung, daß man ihn frei lasse. Zwingli, dem, der Sache und des üblen Eindruckes wegen Alles daran lag, daß Wyß ja nicht widerrufe — immer noch in der Hoffnung — auch, nachdem ihm das obige Schreiben des Bischofs bereits zur Kenntniß gekommen — ihn im „Falle" aufhalten zu können, oder daß „Christus, wie den ihn verleugnenden Petrus, so auch ihn vom Falle wieder aufrichten könne", unterließ nicht, alsbald, d. i. den 24. Hornung, an ihn zu schreiben und ihn freundlich — heiligen Ernstes zum Ausharren aufzumuntern. Das Schreiben lautet:

«24. Febr. 1523.
Huldricus Zwinglius Urbano Wissio captivo Christi,
Confessori in Gottlieben.

S. Mox ut nuper scripseram reddebat me quidam rerum tuarum certiorem, ut putabat· quod jam per concepta verba revocasses hoc, quod per Christi spiritum recte sentis: Quæ me res vehementer contrisabat, donec petitionis tuæ ad Vicarium missæ copiam abs te ac-

---

¹) Denn in diesem vom 24. sagt er: „in meinem vor kurzem erlassenen Schreiben."

ceperam. Ibi sensi eum, qui me paulo ante certiorem fecerat, per quosdam fuisse deceptum, qui et ipsi rem non exactissime perspectam habuissent. Didici ex hac copia, te laturum fuisse, si Vicarius quacunque tandem ratione te liberasset: Quod equidem vehementer fui admiratus, non tam quod te Christus mergi paulisper passus esset, (nam Petrum se abjurantem restituit,) quam quod eis, qui Euangelion Christi pessimis artibus, immo apertissimis mendaciis oppugnant, hanc gloriam cederes, ut de te ac per te de Christo apud filios huius sæculi triumpharent. Qui quam impudenter essent gloriaturi, hinc patet, quod jam infecta re a Tiguro solventes passim jactitarunt, quam nos magnifice vicerint, qui tamen haud magis vicerunt, quam hydra Herculem. Proinde constans esto; quod vere credis, ad mortem usque profitere: Qui enim usque in finem perseveraverit, hic salvus erit. Agunt amici omnes diligenter caussam tuam; spero autem et Senatum Tigurinum in diem magis ac magis fauturum. Tu interea dura; apparebunt quorumdam brevi mendacia. Episcopus Constantiensis scripsit ad Senatum, te Scriptura S. victum cessisse: scripsit etiam neque ignem, neque perpetuos carceres tibi unquam intentatos fuisse. Tu vero ista, si facta sunt, cave facta esse neges: nam et Vicarius Constantiensis dum apud nos esset, dixit coram Senatu, se apud te invenisse scelestissimam tum conspirationem tum conjurationem. Unde nostris facile fiet manifestum, dum negotium tuum tractabimus, non nihil istius sceleris perluxisse. Episcopus item negat, quicquam, quod ad me attineat, nomenque meum, tentatum esse a suis; forte tamen fieri potest, ut clam eo rabulæ isti aliquid consilii cœperint. Verum tu persta, non nega quæ fidis amicis ipse dixisti; Nam ea erit tuæ liberationis (est) aptissima occasio. Plura nunc scribere nec locus est, nec tempus, ita me distrahunt negotia, tum linienda, ut arbitror, cum dissolvar: omnia tamen possum in eo, qui me confortat. Vale et Christianum pectus te habere tolerantia et constantia proba. Ora Deum per Christum, ut te labi non sinat, aut inferorum portis cedere. Ecclesia nostra pro te orat. Servet te Christus incolumem.

Ex Tiguro. 24. Febr. MDXXIII. Salvum dic nostro nomine Martinum Luchsingerum, militem de Clarona, qui apud vos est in præsidio.

Huldr. Zwinglius tuus. ¹)

Uebersetzung.

Huldreich Zwingli an Urban Wyß — dem auf Gottlieben gefangenen Bekenner Christi.

Heil! Bald nach meinem vor kurzem erlassenen Schreiben an dich, berichtete mir Jemand in vollem Glauben, du habest schriftlich widerrufen, was du durch den Geist Christi als Wahrheit erkennst. Dieses betrübte mich ungemein, bis ich eine Abschrift deines Bittgesuches an den Vikarius von dir erhielt. Aus diesem ersah ich, daß derjenige, der mir kurz vorher Obiges berichtete, durch diejenigen, welche die Sache ebenfalls nicht genau wußten, irre geleitet worden sei. Aus der genannten Abschrift habe ich entnommen, daß du dich in Alles würdest gefügt haben, wenn nur endlich der Vikar dich auf irgend eine Weise befreit hätte: Allerdings hat dieses mich nicht wenig befremdet — nicht so fast beßwegen, daß Christus dich über ein Kleines hat sinken lassen (denn er hat Petrum, der ihn verleugnete, wieder aufgerichtet), sondern vielmehr, weil du denjenigen, welche das Evangelium Christi durch die schlechtesten Mittel, ja durch die handgreiflichsten Lügen bekämpfen, den Ruhm überlassest, daß

---

¹) In Museo Helvet. T. XIV. p. 307. — Zwing. Op. T. VII. p. 277.

sie durch dich — über dich und über Christus bei den Kindern dieser Welt triumphiren. Wie ausgeschämt sie sich dessen laut rühmen würden, erhellt daraus, daß sie — obgleich sie (an der Disputation) nichts ausrichteten, dennoch bei ihrer Abreise aus Zürich, sich hie und da prüsteten, als hätten sie glorreich gesiegt, während sie so wenig uns zu besiegen vermochten, als die Hydra den Herkules. Also sei standhaft! Was du als wahr glaubst, dabei bleibe fest in deinem Bekenntniß bis zum Tode! Denn wer ausharret bis an's Ende, der wird selig. Alle Freunde nehmen sich werkthätig deiner an. Auch der Rath in Zürich — wie ich hoffe — wird je länger, je mehr für dich thun. Halte inzwischen geduldig aus; die Lügen gewisser Menschen werden in kurzem aufgedeckt werden. Der Bischof von Konstanz hat an den Regierungsrath geschrieben: Du habest dich als aus der heil. Schrift überwiesen eines Andern besonnen — deiner Meinung entsagt; ebenfalls schrieb er, man habe dir weder mit Feuer noch ewiger Gefangenschaft je gedroht. Allein, sollte das doch geschehen sein, o! so wolle es ja nicht verschweigen: denn der Vikarius hat, als er hier bei uns war, öffentlich vor dem versammelten Rathe ausgesagt: Man habe sich nicht nur zu einer verruchten Verabredung, sondern zu einer Verschwörung bei dir eingefunden¹). Indessen werden die Unsrigen leicht einsehen, daß, indem wir deine Sache betreiben, wir weit entfernt von derlei Verbrechen sind. Ferner ist der Bischof in Abred, daß irgend Jemand von seinen Leuten, Etwas gegen mich und meinen guten Namen unternommen habe. Offen nicht, — mag sein! aber heimlich mögen diese Rabulisten wohl Etwas gegen mich geplant haben. Uebrigens, was auch komme; du! sei standhaft! Widerrufe nicht, was du persönlich deinen treuen Freunden zugesagt hast. Denn itzt ist die günstigste Gelegenheit, dich

---

¹) Dieser dem Vikar in Mund gelegte Passus ist mehr als übertrieben. — Vid. Füßl. II. 109.

zu befreien ¹). Mehreres zu schreiben ist hier weder Ort, noch erlaubt es mir die Zeit: Die Geschäfte, die ich, wie ich glaube, noch — ehe ich aufgelöst werde — zu Ende bringen muß, nehmen mich ganz in Anspruch. Indessen: Alles vermag ich durch den, der mich stärket. Lebe wohl und zeige durch Geduld und Starkmuth, daß dir inne wohne ein Christen Herz. Bitte Gott durch Christum, daß er dich nicht lasse fallen, noch unterliegen den Pforten der Hölle. Unsre Kirche betet ²) für dich. Christus erhalte dich wohl und gesund!

Zürich, den 24. Febr. 1523.

Grüße in meinem Namen den Martin Luchsinger, Soldaten aus Glarona, der bei Euch in Diensten sich befindet.

Hulbreich Zwingli — der Deinige.

So eindringlich auch Zwingli den Pfarrer Wyß zum Festhalten an seiner Lehre aufforderte; sein Wunsch und seine Hoffnung ward nicht erfüllt. Wie der Bischof dem Regierungsrathe es gemeldet hatte, so kam es. Wyß widerrief in förmlicher Weise schriftlich die ihm zur Last gelegten und von ihm selbst als ärgerlich benannten Lehren.

Bei dem Interesse, welches Zwingli bei diesen Verhandlungen äußerte, lag ihm gewiß daran, über dessen Ausgang alsbald Kenntniß zu erhalten und — falls Wyß wirklich Widerruf leiste, eine Abschrift davon zu bekommen. In der That ward ihm eine solche — vermuthlich unmittelbar von Konstanz her durch einen seiner Freunde übermittelt. Da der Widerrufsakt in den Archiven der 8 Orte sich nicht vorfindet, so sind wir lediglich auf die Abschrift, die sich — zum Glück — unter den Papieren Zwinglis vorfindet, angewiesen. Diese ist um so in-

---

¹) Ob man hier dem Gedanken an Befreiung oder Fluchtversuch Raum geben wollte — siehe dahin.

²) Es nimmt sich sonderbar aus, daß man in dem Moment, wo man die Anrufung und Fürbitte heilig verstorbener Menschen als unchristlich und eitel aufs heftigste bestreitet — den um deßwillen Gefangenen auf die Fürbitte von uns armen Sündern vertröstet.

teressanter, als die genannte Copie mit einer Bemerkung von des Reformators eigener Hand begleitet ist. Folgendes ist ihr Wortlaut ¹):

"Edlen gestrengen, vesten fürsichtigen eersamen, weysen gnädigen lieben Herren. als Ewer streng Wysheit vnd Fürsichtigkeit mich in vergangner Zabt hand mynem gnädigen Herren von Constentz überantwort, von wegen das ich meyn vnerthonen etwas geprediget, gelert hab das wůder die Christlich. Kirchen, loblich gut Brůch vnd ouch dem neben Menschen ärgerlich ist, welches ich auß vnderricht vnd vertrauwen, so ich von etlichen † ghebt han, also syn wöllen glauben, beschirmen vnd myn vnderthon soll ich's zu glauben vnd beschirmen darzu vermögen: So aber ich von mynem Gn. Herren von Constentz vnd Syner fürstl. Gnaden Vikarium Johanni Fabro also gnädiglich vnd vätterlich bericht vnd vß der göttlichen geschrift augenschynlich vnderwisen bin, das myn Fürnemmen vnd Leer wider die christl. Kürchen gut Brůch auch mynen neben Menschen vnd vnderthonen ärgerlich, han ich mich dar von lassen weysen on alles Beschädigung mynes Leybs oder Zwang vnd alleyn mit gnab thugentlich worten vnd der H. Schrifft dahin bracht bin, das mir myne Augen, so nur durch frembde vngegründet Leeren verplendt sind, hab offthon vnd erkennt myn Jrrsal wie ich auch hiemit erkenn. Darumb zu l. Herren so ich gehrret hab wie das Schäfflin in der Wüsten davon der Herr im Euangelio sagt vnd ich von mynem Hirten vnd jn. Gdn. Herrn Huggenen durch Gnad göttl. Schrifft bin wiederbracht vnd beköŕt worden ist an Ewer Gn. durch Gts. will vnd barmherzigkeit myn arms

---

¹) Die Copie hat folgende Aufschrift: "Das Exemplar hat gemacht Hr. Vikarius nach syner Disputation 1523 an die gmain aidgnossen." Ohne Zweifel, und schon aus der Schreibart — "aidgnossen" — zu schliessen, kommt die Aufschrift her vom Uebersender derselben an Zwingli b. i. aus Konstanz. Sodann wird richtig sein, daß der Akt vom Gr.-Vikar den Eidgenossen — der dabei betheiligten Behörde — übermittelt wurde; dagegen, ob vom "Vikar gemacht" — möchte als bloße Vermuthung zu betrachten sein.

vnderthänigs Bitt Ir wellid mir verzyhen vnd vergeben alles das
ich durch myn Glauben Predig vnd Leer verwürkt hab E. G.
mynen vnderthonen vnd neben Menschen Ergernuß oder Scha=
den zugefüegt, wann ich wie oben angezeigt (von dem) so ge=
leerten † dann ich bin verfüert worden, wil aber fürtterhin myn
Leben bessern vnd allein Gott, Maria s. lieben Mutter vnd der
lieben auserwehlten Heyligen anhangen die eeren vor ougen hal=
ten, der tröstlichen Hoffnung sy werden mir über myn Sünd=
Gnad vnd Besserung mynes Lebens erwerben E. G. wölle auch
mich gnädicklichen wieder zu mynen vnderthonen kommen lassen
denen ich vßerhalb myner Mißhandlung, als ich on Zwyffel
bin mit einem christlichen Wandel vorgangen vnd emals ich ver=
füert bin allweg die raine Junkfrowen Mariam mit sonderer
Bitt vnd curthieren angerüst, auch die lieben Heiligen vnd En=
gel mit sonderem anrüffen vnd Collekten vnd Bettlen vereeret
han, seynd das mal nun mich Gott durch seine Gnad vnd Barm=
herzigkeit nit hat wöllen lassen verderben, sonder mich armen
Sünder angenommen vnd bekeert, wöllend Jr myne gnädige
Herren durch sin gründliche Barmherzigkeit mich auch in Gna=
den wider uffnemmen vnd bedenken; so will ich mit Hilf vnd
Gnad des allmächtigen Gods allen möglichen Flyß fürwenden
alles das durch mich mißgehandelt ist wider zu bringen vnd E.
G. in aller Demüetigkeit dienen, auch mynen Unterthonen mit
christl. Ler vnd gutem Exempel vorgan, das vnd alles guts vnd
Gnaden, so mir bisher von E. G. widerfaren vnd noch zustan
mag wil vmb E. G. ich als ein vnderthäniger Capelan gegen
Gott vnd der Zyt verdienen."

„Τελως" (Ende).

‹Cerne quanta nequitia›.[1])
(O, welch' Nichtswürdigkeit.)

N. B. Es schreibt Zwingli diesem Exemplar hinzu: „Hic

---

[1]) Offenbar von anderer Hand.

(bei Abfassung des Schreibens? hat er (Faber) Imm mündlich zugemuttet minen Namen zu setzen, hat doch dasselb nochhin nit gethon, auch nicht ad Notam † da Faber gleiches begehrt." ¹)

Der Widerrufungsakt wurde, wie es in der Natur der Verhandlung lag, und auch aus dem Akte selber hervorgeht, den Eidgenossen zu Baden übersandt. Den demüthigen Bitten des Pfarrers um Wiedereinsetzung in seine Pfründe wurde nicht entsprochen: im Gegentheil, wie es aus einem spätern Akt hervorgeht, mußte er bei seiner endlichen Freilassung geloben: das Bisthum Konstanz zu verlassen. Allein — nachdem er auf freiem Fuß war, wollte er sich sobald nicht dazu verstehen. Er kam nach und blieb in Winterthur. Katholischer Seits nahm man ihm das übel, und hat ihn dort nicht gerne gesehen, zumal er geschworen, das Bisthum zu verlassen: vielleicht noch mehr, weil er bei dem, damals kirchlich schwankenden Zustand selbst wieder wankend geworden und mehr und mehr wieder zu den Neugläubigen sich neigte. An die Eidgenossen in Baden müssen deßfalls nicht befriedigende Berichte gekommen sein. So beklagt sich der damalige Landvogt Fleckenstein in einem Bericht (1523 3. Nov.) an den Rath in Luzern darüber, „daß der Bischof den Herrn von Fislisbach und andere, so ouch so ungepürlich gehandelt, nüt gestraft und gan hat lassen, die jetz vil böser sind dann erstmals". ²) „Item", sagt der eidg. Abschied vom 3. Sept. 1524 — „des pfäfflis halb von Bißlispach so uß minen Herren von Constanz bistumb geschworen hat, und ob er zu Winterthur sich enthalt, wöllent unser eydgenossen von Zürich mit ihm verschaffen, damit und er seinen geschwornen eyd halte." „Endlich" sagt Anshelm in s. Bern. Chronik: „und als er, der **Pfarrer von Bißlispach** — der Haft erledigt worden, ward er ein Wäber und demnach wieder ein Prädikant." Weiter wissen wir nichts von ihm.

---

¹) Bürgerbibliothek in Zürich. — Der Bibliothekar Dr. Horner.
²) Staatsarchiv Luzern. Akten Missiven.

Großer Abfall vom katholischen Glauben.
1523—1532.
Wolfgang Weiß.

Nachdem wir, um Wyßen's Geschichte nicht unterbrechen zu müssen, der Zeitfolge um ein Jahr vorgeeilt, kehren wir zur Pfarrangelegenheit in Fislisbach zurück.

Kaum war die Pfarrstelle als erledigt erklärt, schritt der Kollator — der Stadtrath in Baden — zur Wiederbesetzung derselben, in Folge dessen unterm 20. Mai 1523 der Priester Wolfgang Wyß[1]) zum Pfarrer dahier ernannt wurde. Er war der Sohn des Bernhard Weiß, gebürtig von Ravensburg, der nach Baden im Aargau kam, wo er, ohne Zweifel seiner Kenntnisse wegen, zum Bürger angenommen wurde, sowie er später — namentlich als Musiker nach Zürich berufen und da mit dem Bürgerrecht beschenkt wurde. Er selbst nennt sich „— Modist in Stimmen und Zifer = Rechnung."[2]) Bernhard Weiß war ein sehr thätiger Mann, war Geschichtsforscher, schrieb eine Chronik, die er mit Kaiser Rudolf anhob und bis auf seine Zeit fortsetzte, für uns ist namentlich interessant seine „Kurze Beschreibung der Glaubens-Aenderungen im Schweizerlande". In Bezug auf seine Gesinnung oder Richtung war er ein großer Verehrer Zwinglis, ein Freund seiner Unternehmungen, der im Eifer für die Reformation in hohem Alter mit in die Kappeler Schlacht zog. Er hinterließ einen Sohn, Wolfgang genannt, derselbe, der Pfarrer zu Fislisbach wurde.

Wie zur Zeit Urban Wyß, so mußte auch Wolfgang Weiß bei Uebernahme der Pfründe einen Revers bezüglich der Pflichten und des Einkommens ausstellen. Da dieser in mehreren Punkten wie der erstgenannte lautet, so wird aus dem letztern nur, was er im Besondern enthaltet, hier angeführt, als:

---

[1]) Soll heißen Weiß — da der Vater sich **Weiß** schreibt.
[2]) Füßli, Beitr. IV. Vorrede.

...... „harumb, so hab ich vorgenannte Wolfgang Wyß (Weiß) einem Schulthes und Ratt zu Baden minen lechen= herren zu gesetzt und mich des eydlich uff dem heiligen evange= lium vor einem offenen notary verbunden, dieß nachgehend ar= tikel zu halten, des ersten, das Ich die underthanen der genann= ten Pfar Bißlispach im läben und im tobdett mit allen Sakra= menten ouch mit Meßhaben und verkündigung des gotts wortts und aller nottdurfft mir zugehörig ordentlich und woll versächen sol und will, nach allen minem vermögen, und diser pfründt ge= trümlich wertten, desglichen so sol ich das Pfründhus In gutten eren und büwen, wie wir das jetzt ingeben und geantwurtt ist, enthalten und haben, und ob ich mitt einem bürger oder bür= gerin zu Baden ützit zu schaffen gewünne, so niena für zu nämmen noch zu bekümberen, denn vor einem Schulthes und Ratt zu Baden, dieselben söllent und mögent dann die sach nach ir ge= stalt rechtfertigen, oder an die Ort, dahin sie gehören, schiben, und mir die also verliehen habendt:"

(Das Uebrige wie im Revers von 1520 — Seite 58.)

Dat. „Mittwuchen vor dem heiligen Pfingsttag 1523." (20. Mai) — Siegler: Heinrich Rüblin des Ratts der Statt Zürich und d. Zit Landvogt zu Baden im Ergow. — Dazu wa= ren erbeten die Ehrw: Meister Hans Schürpff und Heinrich Deschler, beid Kaplan zu Baden."

Es ist sehr wahrscheinlich, daß zur Zeit, als Wolfgang Weiß zum Pfarrer nach Fislisbach ernannt wurde, sein Vater in Zü= rich und somit in nächster Umgebung Zwinglis war, da er vom Jahre 1522 an, die wichtigeren Tagesereignisse in Zürich spe= ziell mit Namen und Daten in seiner „Beschreibung" aufführt und sagt, daß er z. B. im Jahre 1524, „da man die Kirchen= gebräuche, die Heiligenbilder und die silbernen Brustbilder und Särche ab und weggethan — es gesehen, gehört, und bei dem Mehrtheil selbst gewesen sei."

Möglich, daß in Fislisbach obige Verhältnisse des Vaters Weiß nicht bekannt waren; immerhin muß, da mit der Ver=

bannung des Urban Wyß noch nicht auch aller Sektengeist verbannt sein mochte, die Erwartung, in welcher Richtung der neu auftretende Pfarrer das wogende Schifflein lenken werde, bei den Neu- wie bei den Altgläubigen eine höchst gespannte gewesen sein. Auch das, daß auf den Pfarrer Urban ein Wolfgang folgte, hätte Manchen als ein „Nomen et Omen" Anlaß zu Konjekturen geben mögen. Indessen ist zu bemerken, daß Fislisbach von nun an während einer Reihe von sechs Jahren in dieser ringsum glaubensanstürmenden Zeit einer gewissen Ruhe genoß — wenigstens nicht von sich reden machte, was ein Zeugniß sein mag, daß der neue Pfarrer — auch wenn er des Vaters Sohn war — den Umständen Rechnung tragend mit einer gewissen Umsicht und Klugheit sein Amt zu verwalten wußte. Allerdings darf nicht unbemerkt bleiben, daß Baden, welches voll Eifer glaubenstreu[1]) dastand, durch sein Beispiel, wie durch seine Stellung als Kollator, und die daselbst tagenden katholischen Orte durch ihre nahe Aufsicht nicht nur auf Fislisbach, sondern auch auf die umgebenden Pfarreien mächtigen Einfluß zur Bewahrung des katholischen Glaubens ausgeübt haben.

Mittlerweile, während hier, wenigstens scheinbar, Windstille eingetreten war, begann anderseits in und von Zürich aus Zwinglis Lehre mit aller Macht sich zu entfalten. Daher einige

Reminiszenzen aus dieser Zeit.

Um von der Situation jener stürmischen Zeit sich ein Bild zu machen und den daraus oft blitzartig hervorbrechenden Ereignissen auf den Grund zu sehen, — zu sehen, wie diese, namentlich ringsum und bis zu unserm Fislisbach, Wogen ähnlich sich vergrößernd heranwälzen — bis auch es in Gefahr

---

[1]) Salat Arch. z. R.-G. S. 278. — Hott. Z. d. Krtr. II S. 218.

kömmt, wiederum von einer solchen — vielleicht für immer verschlungen zu werden — ist es am Platze, einige Daten und Fakten aus jener Periode speziell aufzuführen. Es sind diese um so merkwürdiger, als sie größtentheils vom Vater unsers derzeitigen Pfarrers mitgetheilt werden. [1]

„1523 den 17. Brachmonat ward vom Kleinen- und Großen Rath in Zürich erkannt, es sollte den Klosterfrauen, wie Mönchen freigestellt sein, den Habit auszuziehen und die klösterliche Wohnung zu verlassen."

1523 den 28. April gieng Wilhelm Rübli, der zu Zollikon um die Speiß predigte — auch zu Wytikon um einen bestellten Lohn angenommen ward, und da eine Tochter Adolf Seemanns erwarb, mit dieser daselbst unter großer Begleitschaft [2] zur Kirche. Er war der erste Priester in der Eidgenossenschaft, der das löblich begieng, da that Jakob von Schwörzenbach vorhin eine köstliche Predig."

1523 Nov. Um diese Zeit erhob der Neuerungsgeist sein Haupt auch in Zurzach. Den Kampf eröffnete der Helfer in da — Math. Bodmer von Raperswyl, indem er „freffend ungehörige Worte die würdig Mutter Gots berührend ausgestossen." Damals folgte dem Landvogt Nubli Heinrich Fleckenstein von Luzern. Dieser, der Ansicht, daß man gegen die Neuerer strenger verfahren sollte, als mit dem Herrn von Fislisbach und Anderen geschehen sei, ließ — nach erhobenem Thatbestand — ihn einthürmen. Gleichzeitig setzte er seine Kommittenten — den

---

[1] Nach dessen „Beschreibung der Glaubensänderung", abgedruckt in Füßli's „Beiträgen zur Kirchengeschichte", IV. S. 58 u. flg. Wo demnach die Citate nicht angegeben sind, stammen die Notizen aus genannter „Beschreibung".

[2] „Auch ich Bernhard Weiß war am Imbis." Füßli, IV. Seite 45.

Rath in Luzern durch einen Expressen mit Schreiben ¹) vom
3. November 1523 von dem Vorfall in Kenntniß. Da ge-

---

¹) Da das Schreiben einigermaßen auch Fislisbach berührt, überhaupt einen Einblick in die Zeitverhältnisse gewährt, lassen wir es hier
folgen:

Staats-Archiv Luzern.
Original, Akten Missiv.

„Edlen . . . . . Herren . . . hiemit zu vernemmen: Nachdem vj
nechstuerschiener Jarrechnung zu Baden, Ir vnd ander min gnedig Herrn
die Eydgenossen in beuelch geben die luterischen, sie sygen geistlich oder weltlich,
die sich vngeburlich es sye mit worten oder werken, merken ließen, in üwer
Graffschafft Baden, die vänklich anzunemmen, vnd zu yweren handen zu
enthalten, vff söllichs hat der helffer Zurzach, wie mir furkam, etlich fräffen
vngehörig wortt, die würdig Mutter Gots berürend, vffgestoßen, die ich
och minen gnedigen Herrn, als Ich zu lest by vch zun Barfussen im Rütt
zum teil ouch erscheint, vnd Ir mir domals beuolchen, der sach witter nach-
zufrogen, vff das, so hab ich mit dem vogt von Clingnow dieß kundt-
schafft, dero abgeschrifften Ich vch hiemit zusend vffgenomen, vnd dem
priester vff sölliche kundschaft, durch den vogt von Clingnow, lut deß vertrags angenommen, den Ir nüwlich min gnedig Herrn die acht Ort mit
minem gnedigen Herrn von Costens vffgericht, vff dem ich mag erlernen
vnd fuß ouch vernommen, wo der Priester für ein gericht zu Clingnow
gestelt, so wer Er lut des vertrags minem gnedigen Herrn zu Costens zu
bekennt, angesechen das er ein geistlicher ist, vnd die wyl nu der selb min
gnediger Herr von Costens vormal den Herrn von Bißlispach, vnd ander,
so ouch vngepurlich gehandelt, nutt gestrafft, vnd gan hat lassen, die jetz
viel böser sind, denn erstmals, ouch das Ir min Herren vor vnd jetz har
in ernstlich mir zu handlette, beuolchen, vnd vilichter min gnedigen Herrn
von Costens gern darine handlette vnd er aber nit darff wie von alter-
har, söllichs vnd anders mich bewegt, In noch nit zu berechtigen — noch
zu lassen, sunders vch min gnedig Herren des Handels zuuor grundtlich
vnberrichten, mit vlissiger beger, was yweren gnaden herzen vürzu nämmen hat, vnd wie Ich mich herzen witter sölle halten, vnd was Irr will sye,
mich by diesem darumm allein gesendeten Botten augends vnd vnuerzo-
genlich zu berichten, mich bester bas wüssen zu halten. Dann eine große
erlich bitt von vyl geistlichen vnd weltlichen, och fröwen, für In ist be-
schechen. Aber nit bester minder in bis vff ywer andtwurt vänklich Im
turn enthalten. Gliche meynung schript der vogt von Clingnow minem
gnedigen Herrn von Costens ouch, vnd was also vns beiden von vnseren
oberen begegnet werden wir noch der beuelch getruwlich hanblen. Hiemit
Gott beuolchen.

Datum Zinstag nach aller heyligen tag Anno 1523.

Vwer gnaden gehorsamer williger Amptmann Heinrich Fleckenstein,
jetz Landtuogt zu Baden.

rade die Tagsatzung beisammen war, nahm diese die Sache an die Hand. Demnach, ausgehend von der Ansicht des Landvogten, richtete sie an den Bischof die Frage: „Ob er diesen Priester nach Verdienen bestrafen wolle oder dürfe?" [1])

Der Bischof entsprach dem Ansinnen, indem er denselben seinem Amtmann in Klingnau zu ewiger (d. i. unbestimmter) Gefangenschaft übergab. Indessen schon nach Verlauf eines Jahres erklärte der Bischof auf die Fürsprache der Tagsatzung, daß er den Gefangenen ledig lassen wolle, wenn er versichert werde, daß er weder von ihm noch dessen Verwandten Aergeres zu besorgen habe. — Etwas später erfolgte dann die Entlassung. [2])

1524 den 2. April gieng Meister Ulrich Zwingli mit Anna Reithartin geber. Meyer „zur Kirchen".

So giengen innert Jahresfrist bei zehn Priester — Prädikanten „zur Kirche".

„1524 den 20. Brachmonat fieng man an das große Kreuz und alle Bilder ab den Altären thun, die Oelgemälde abzubicken u. s. w. in allen Kirchen der Stadt; solches alles geschah in 13 Tagen und — was ein groß Wunder war — ohne Aufruhr."

„1525 12 April ward in offentlicher Disputation die Meß als Greuel verworfen und darauf am hohen Donnerstag zum ersten mal der Tisch Gottes aufgericht und das ungeheblete Brod mit einander geessen und getrunken" u. s. w.

„1528 Samstag nach Verena wurde von Räth und Bürgern der Stadt Zürich Jakob Falk und Heinrich Reiman aus Grüningen — weil ihrer Jeder geständig, daß er drei Personen wieder getauft und selbe in ihrer Sekte unterwiesen habe,

---

[1]) Eidg. Tagsatzung zu Luzern 1523, 10. Nov.
[2]) Eidg. Tagsatz. Abschied Luzern, 1526, 27. Jänner. — Vergl. Propst Huber, „Gesch. d. Stift Zurzach", S. 72. Anm. 1.

„zum Tode verurtheilt und also gerichtet, daß sie beide dem Nachrichter befohlen werden, der ihnen die Hände binden, sie in einem Schiff zu dem niedern Hüttli führen, da setzen und ihnen ihre Händ also gebunden über ihre Knie striffen und jeglichem ein Knebel zwischen den Armen und Schenkeln stoßen, und sie so gebunden in das Wasser werfen und da sterben und verderben lassen, und sie damit dem Rath und Gericht gebüßt haben sollen." [1])

1528 2. bis 26. Jäner wurde in Bern eine Glaubens-Disputation gehalten. Wie die Reformirten bei der ersten Disputation, so berühmten sie sich auch in dieser als Sieger. Immerhin — von da an verbreitete sich die Reformation — unterstützt durch Waffengewalt, durch's ganze Bernergebiet.

1528 5. Mai wurde M. Werli, den Landvogt als Weibel nach Zürich begleitend, ergriffen, unter der Anschuldigung: er habe die Zürcher verketzert, der Folter unterworfen, endlich in bundeswidriger Weise verurtheilt und enthauptet.

1528 auf St. Andreas beriefen die 5 kathol. Orte die Herren des Thurgaus und aller Gemeinden Sendboten zu einer Versammlung nach Frauenfeld — ermahnten und forderten sie auf, beim alten Glauben zu bleiben — ja Leib und Gut dafür einzusetzen. Da traten ungeladen die Boten von Zürich dazwischen und sprachen laut: „welche zum göttlichen Wort halten wollten, zu denen wolle Zürich und Bern mit Leib und Gut sein, oder einen Stein auf dem andern nit lassen. Da ward das Mehr, daß sie das göttliche Wort allethalben wollten haben." [2])

„1528 auf St. Steffenstag haben kl. und gr. Räthe zu Zürich erkannt, und am Neujahr 1529 von der Kanzel verlesen lassen, daß Niemand mehr aus ihren Gebieten soll gen Baden ins Aargau fahren zu baden bei Buß von 20 Pfund

---

[1]) Füßli, B. IV. 268.
[2]) Vergl. Hott. Zeitsch. d. Rechte. II. 203—213.

(zu 20 ß.) darum, daß sie ihren Glauben geschmäht und die krank geworden, zwingen (?) wollten zu beichten und einen, der ungebeichtet gestorben, kaum ließen gen Weiningen führen, um dort beerdigt zu werden."

„1529 — 17. Januar ließ der kl. und gr. Rath in Zürich ausrufen an der Kanzel daß Niemand, wer er wäre, geistlich oder weltlich, jung oder alt, zur Meß mehr gehe, wo das wäre — bei Buß von 5 Pfund. Auch hatten meine Herren Samstag davor sechs Männer je um 10 Pfund gestraft, weil sie am Neujahr, das auf einen Freitag fiel — Fisch gegessen hatten und nicht Fleisch."

„1529 den 8. Hornung ertränkten die von Luzern einen Mann, hieß Philipp Schweizer von Mümpelgart darum, daß er am Fischmarkt zu Luzern geschryen und geredet hat: Besseret euch und thut die Götzen hinweg und die Meß, die der größte Greuel vor Gott ist."

1529, Ende Februar vollführte die Stadt St. Gallen den Abfall von der kathol. Kirche, indem man im Münster in unsinnigster Weise alles zerschlug.[1]) Diesen folgten theilweise Appenzell, Glarus und Graubünden: ebenso fielen Schaffhausen und Basel von der katholischen Kirche ab. Hiedurch gewann Zürich einen immer mächtigern reformatorischen Einfluß auf die sie umgebenden Gemeinden, namentlich des Thur- und Aargaus, um so mehr, als sie bei der Wahl des Religionsbekenntnisses den Neugläubigen, sogar bei den im Gebiete der katholischen 5 Orte gelegenen Gemeinden — auf **Leib und Gut** beizustehen schwuren. Hiezu kam der Eifer und die Entschiedenheit, mit der mehrere Prädikanten — wie Johann Dorfmann in Chur und insonders Bullinger, Dekan in Bremgarten — feurige und geschickte Mitarbeiter Zwinglis — dessen Glaubensänderung durchzusetzen trachteten. So haben

---

[1]) Henne, „N. Schweizerchronik." III. S. 20—23.

„1529 Mitte April die von Frauenfeld in der Stadt etliche Altäre und Götzen [1]) hinweggethan."

„1529 — auf den Osterabend den 27. März haben gemeine Burger zu Mellingen die Götzen auf dem Kirchhof verbrannt und was überblieb, das haben sie an der Ostermittwochen darnach verbrannt."

„1529 — 26. April haben die von Bremgarten ihre Götzen Morgens früh im Spital aus den Kirchen gethan, darnach in der Hauptkirche und den Kapellen — (obwohl Schultheiß Honecker mit seinem Anhang ihnen große Unruhe gemacht hatte) indem mine Herrn von Zürich sie beim Wort Gottes mit Leib und Gut zu schirmen verheißen."

„1529 — 18. Mai haben die von Egenweil ihre Bilder hinweggethan und verbrannt. Und in der Wochen vorher die von Lunkhofen."

„1529 — 22. Meyen sind vier ehrbare Männer aus den freien Aemteren vor kl. und gr. Räthen in Zürich erschienen und haben Namens den Gemeinden gebeten, sie beim Wort Gottes zu schirmen, so wollten sie auch all ihre Götzen und Messen wegthun, das ihnen ist zugesagt worden."

Im Mai 1529 wurde Jakob Kaiser — Schlosser genannt — Prädikant zu Schwerzenbach nach Oberkirch in Uster berufen, daß er das luutere Wort Gottes verkündige. Da wurde er auf dem Heimweg in einem Gehölz bei Uznacht überfallen, gefangen nach Schwyz geführt und ohngeachtet aller Fürsprachen

---

[1]) „Götzen". Diesen Namen gaben die Anhänger Zwingli's den Heiligenbildern, obschon sie wissen konnten, wie man es itzt weiß, daß die Katholiken gemäß der Lehren ihrer Kirche weder den Bildern Christi, noch irgend welcher Heiligen eine göttliche Eigenschaft beilegen, diese also nicht für Götzen halten und sie als solche verehren und anbeten, so wenig als die Andersgläubigen, wenn sie z. B. nach Worms zu den Statuen Luthers und der ihn umgebenden Reformatoren wallfahrten und sie bei gewissen Festen bekränzen und unter bengalischen Lichtern beräuchern — diese zu Götzen machen und anbeten werden.

von Zürich und Glarus durch die Landsgemeinde zu Schwyz als Ketzer den 29. Mai zum Feuertode verurtheilt.¹)

Diese genseitige Bluturtheile zeigen, welche Kluft zwischen den Eidgenossen sich aufgethan, welche Erbitterung die Glaubenstrennung zwischen Neu- und Altgläubigen hervorgerufen. Wenn die bedauerliche Hinrichtung Kaisers böses Blut zu Zürich machte, so mochten auch die 5 katholischen Orte nicht kaltblütig zusehen, wie man von Zürich aus ihre Mitangehörigen in den freien Aemtern und im Thurgau zum Abfall ermunterte, ja ihnen hiefür Hilfe auf Leib und Leben zusicherte.²)

So wuchs die gegenseitige Erbitterung zu offener Entzweiung — zur Scheidung in zwei Lager — in zwei Sonderbünde.

Um die Reformation nicht nur zu sichern, sondern sie möglichst auszudehnen, wurde von Zürich aus mit Konstanz, dann mit den übrigen Orten der reformirten Schweiz — Zwingli an der Spitze, ein Bündniß unter dem Namen „christliches Bürgerrecht" abgeschlossen.

Die kathol. Orte, als: Uri, Schwyz, Unterwalden, Luzern, Zug und Freiburg mit Wallis — in dieser für sie so bedenklichen Lage — schlossen nun ebenfalls unter sich ein Bündniß (Nov. 1528), sodann zu Walshut unterm 30. April 1529 ein solches mit König Ferdinand aus dem Hause Oesterreich ab.

Dieses Bündniß der kathol. Orte regte die protestantischen Kantone — zumal Zürich — gewaltig auf. Um jene — die Katholischen — zur Auflösung desselben zu bewegen, reisten Abgeordnete von Ort zu Ort. Allein umsonst. — Bei der Kunde dessen erfüllten die Stadt Zürich Zorn und Kriegsruf. Voran — suchte Zwingli hiefür den Rath zu stimmen. „Der Friede — schrieb er an einen Freund in Bern — dem Viele das Wort

---

¹) Hott. ebend. 213.
²) Nach Hottinger, Z. b. Kirchentrenn. II. pg. 201. — B. Weiß, b. Füßli IV. pg. 103—108.

reden, ist Krieg: der Krieg, den ich wünsche, Friede." Da ward der Krieg beschlossen. — Noch ist der Plan zu einem Feldzug, von Zwinglis Hand entworfen, vorhanden und in der Bibliothek zu Zürich zu sehen.¹) — Schon harrte man des Rufs zum Aufbruch. Nicht lange, so giebt ein blinder Lärm, als sei den Katholischen von den Oesterreichern bereits grobes Geschütz zugesandt, so wie der Bericht von Bremgarten aus: die Unterwaldner rüsten sich, ihren Vogt mit bewaffnetem Geleit nach Baden zu führen, Anlaß zu wirklichem Aufbruch.

Unverweilt ertönt der Ruf dazu. Die Mannschaften rücken ein, die Banner werden entfaltet, 4000 stehen marsch- und schlagfertig. Es erscheint Zwingli zu Pferd, bewaffnet mit Hellebarde und begleitet unter Andern von Fr. Zingg, gew. päpstl. Hofkaplan. Am 7. Brachmonat 1529 setzte sich das Heer, in drei Haufen getheilt, in Bewegung — gen Kappel zu.

Als die kathol. Orte von diesen kriegerischen Bewegungen hörten, fanden sie sich im höchsten Grade überrascht. Schnell wurde überall hin um Beistand gesendet. Schon am Abend des 8. wehete das Hauptbanner vom Rathhaus zu Luzern. Am Morgen des 9., nach abgehaltenem Gottesdienste, brach man unter dem Schalle von Karls des Großen Harschhörnern über Muri und Zug ebenfalls auf gen Kappel zu. Frühe des folgendes Tages (10.) sendeten ihnen die Zürcher vom Lager aus Absage-Briefe entgegen.

Da treten aus allen Theilen der Schweiz Abgeordnete — besonders von Glarus und Bern als Vermittler auf. Die Forderungen Zürichs waren in 17 Punkten abgefaßt, wovon die Hauptpunkte: Ueberall freie Verkündung des Evangeliums, Abschaffung des Bündnisses mit Oesterreich und Genugthuung der Unterwaldner an Bern wegen ihrem Einfall in's Berneroberland (21. Sept. 1528). — Unter vielen Reden und Bitten ward — entgegen der Meinung Zwinglis — ein Waffenstillstand verab-

---

¹) Hott. ebend. II. 244. Not. 4.

redet, so, daß die 5 Orte am 24. Brachmonat Morgens um die 4. Stunde über die 17 Artikel Antwort bringen, mit Ja oder Nein. — Schon war die anberaumte Stunde vorüber — schon fieng das zürcherische Heer an, sich in Schlachtordnung zu stellen — als auf wiederholte ängstliche Bitten Aebli's, Landammanns von Glarus, die kathol. Orte endlich in die Friedensbedingungen, so demüthigend und beschwerlich sie waren, sich fügten.

Den 25. und 26. brach das gesammte Kriegsvolk auf und zogen — die Katholischen niedergeschlagen und kummervoll — die Reformirten jubelnd und triumphirend nach Haus.

Nach dieser Niederlage der katholischen Orte säumten die Gegner nicht, alle Mittel anzuwenden, die der Friedensvertrag zur Ausbreitung der neuen Lehre an die Hand gab [1]); Thür und Thor wurden hiezu geöffnet. Wo immer Reformfreunde, die bisanhin nicht hervortreten durften, sich fanden, da erhoben sie nun ungescheut ihr Haupt und formirten sich zu Kirchgenossenschaften: allein oder neben Katholischen. So entstanden die vielen paritätischen Pfarrgemeinden im Thurgau und in den freien Aemtern.

So hatten schon gleich Anfangs des Feldzugs im Brachmonat Schlieren, Rohrdorf und Dietikon die Bilder abgethan. [2])

„1529 auf den 25. August beriefen die Mönche zu Wettingen, da des langen Klausen Scherers Sohn Abt war — zwei Abgeordnete von Zürich zogen unter deren Schutz den Habit aus, entsagten ihren Gelübden und traten so — bis auf Wenige ihrer Mitbrüder — über zur reformirten Konfession. — In der gleichen Woche folgte Würrenlos Wettingen nach. [3])

Ebenso begann man auf's Neue zu unterst im Freienamt — in Zurzach sich der Reformation anzuschließen; indem man den uns bereits bekannten gewes. Kaplan Franz Zingg dahin berief, der dann, nachdem er lästerlich gegen die Heiligen ge-

---

[1]) Hott. II. 282. — [2]) Hott. Helv. Kirchg. III. 473. — [3]) Bh. Weiß, oben.

predigt — unter Beihilfe eines Mannes mit Namen Teufel — sich an die Zertrennung und Verbrennung ihrer Bilder machte.¹) — So gewann auch zu oberst im Freienamt — im Hitzkircherthal — die Reformation, geleitet durch den Komthur v. Müllinen und durch List und Gewalt unterstützt, nach verschiedenen Schwankungen die Oberhand.²)

So gieng fast Alles um Fislisbach herum dem Abfall zu. Wird nun wohl dasselbe — von dem die Geschichte 6 Jahre lang nichts zu erzählen hatte — nicht wieder einmal hervormüssen? Wird es in dieser mächtigen Strömung sich halten oder fallen?

„1529 auf den Dienstag nach Bartholomäi Tag — schreibt der gen. Vater des Pfarrers in ba — hat die Gemeinde zu Vißlibach ihre Götzen und Tafeln hinweggethan gleich nach der Predig. Ihr Leutpriester war Herr Wolfgang Weiß von Baden, Meisters Bernhard Weißen ehelicher Sohn, Burger in Zürich, auch Burger zu Baden im Aargau."

Hiemit haben wir die Erfüllung und Erklärung von obigem „Nomen et omen", d. i. unseres Pfarrers Namens Bedeutung. Wolfgang Weiß war richtig des Vaters Sohn. Wie jener eifriger Anhänger Zwinglis — so war es wohl längst auch dieser. Geschickter und gebildeter als sein Vorgänger Urban Wyß, wußte er vor den Augen des Kollators und der kathol. Orte in Baden sich in Schranken zu halten, beinebens (so scheints) durch seine Vorträge seine Zuhörer zu gewinnen und bei dem allmählig heranziehenden Sturm sie allmählig auf den Punkt zu führen, wo er sie haben wollte — um im geeigneten Momente mit der gesammten Lehre hervorzubrechen. Dieser Moment kam. Es war der Sieg der Reformer über die Katholischen. Ein Sieg, der, weil nicht so fast durch Eisen und Blut,

---

¹) Probst Huber: „Geschichte der Stift Zurzach", S. 75; dessen „Urkunden" S. 421. — ²) Theod. v. Liebenau: „Reform. und Gegenreform." Seite 15.

als vielmehr durch die Macht der Umstände und der Zuredung erfochten, um so niederschlagender auf die Katholischen wirkte, als er ermuthigender für ihre Gegner war. Hiebei mögen wir nicht außer Acht lassen, daß der alte Sauerteig aus der Zeit des Pfarrers Urban — vielfältig genährt von außen — in dem Zeitraum von 6 Jahren seine Kraft noch nicht verloren¹), sondern nur einer auf's Neue ihn bearbeitenden Hand bedurfte, um mit konzentrirter Kraft die ganze Masse — wie auf einmal zu durchbringen. So kam es; die Anhänger Zwinglis, die nie ganz verschwunden — nur eingewiegt waren — harrten nur des richtigen Augenblickes, nur des Rufes ihres Anführers — des Wolfgangs, um wohlgerüstet und entschlossen auf dem Kampfplatz zu erscheinen, während die Altgläubigen, wie vor 8 Wochen ihre Brüder zu Kappel — niedergeschlagen und entmuthigt denselben das Feld räumen und es müssen geschehen lassen, daß man nun offen und feierlich die Sinnbilder ihres Glaubens wegräumt.

Fislisbach war die erste Gemeinde im freien Amt, bei der die Lehre Zwinglis Eingang fand und auf einige Zeit theilweis Bekenner zählte; nun war sie die letzte in da, die zu derselben und zwar — wie es scheint — in ihrer Mehrheit zurückkehrte. Ob aber und in wie weit die Umkehr eine Folge innerer Ueberzeugung gewesen, und ob der katholische Sinn und Geist wirklich des Gänzlichen aus der Gemeinde gewichen, wird die Zukunft zeigen.

Fauler Friede.

Nach dem Siege bei Kappel war Zwinglis Sinnen und Trachten mehr als je dahin gerichtet, nicht nur den reformirten Kantonen das Uebergewicht über die kathol. Orte zu verschaffen,

---

¹) „Der Mistel gleich, die unter Schnee und Eis ihre Blüthe treibt", sagt Th. v. Liebenau: — „Reform. und Gegenref. in Hitzkirch". S. 5. Luzern bei Gebr. Räber.

sondern die Reformationslehre in der ganzen Schweiz durchzuführen. Zunächst forderte man von den kathol. Orten unbedingt freie Verkündigung derselben, ja im Rheinthal überfiel man (1530) Griesern und Oberried, die sich den Neuerungen abgeneigt zeigten, gewaltthätig und räumte ihre Kirchen. Ernstlich klagten die kathol. Orte gegen Zürich über unverantwortliche Verletzung des Landfriedens, namentlich über dessen Willkür im Thurgau und Rheinthal — wegen Weigerung, in den gemeinsamen Herrschaften das Mehr gelten zu lassen. Hinwiederum führte Zürich gegen die Katholischen Klage über Umtriebe zu Augsburg gegen die Reformirten, so wie über pöbelhafte Lästerungen und Verletzungen derselben. Da wurden Tagsatzungen über Tagsatzungen zur Ausgleichung der streitenden Parteien gehalten. Zürich mit Zwingli fanden sich nicht befriedigt, so wenig als die kathol. Orte. Mit der Glaubenstrennung trennten sich auch die Herzen, verschwanden auch die alte Liebe und das gegenseitige Vertrauen. Schon sprach man in Zürich wieder von Krieg. Schon im April 1531 rief Zürich die Städte des evangelischen Bürgerrechts zusammen, klagte über kathol. Schmähsucht und ließ den Plan — zu dessen Ziel und End Zwingli bereits ausführliche Vorschläge entworfen — merken, „man sollte dem Uebergewicht der Länder mit Einmal ein Ende machen". [1] Allein wie Bern nicht zum Mithalten an einem Kriege sich entschließen konnte, so riethen auch jene Städte davon ab und schlugen dagegen eine Absperrung der Lebensmittel vor, um die fünf Orte zum Nachgeben zu stimmen. Nach einigem Bedenken entschloß sich Zürich zu diesem Mittelweg, und so vereinigten sich die Städte den 16. Mai dahin: den kathol. 5 Orten von allen Seiten aus die Zufuhr an Korn, Salz, Wein, Eisen u. s. w. abzuschneiden.

Mit welchem Unwillen, mit welchen Empfindungen und

---

[1] Hott. Z. d. K. II. 333—338, Not. 218.

Vorstellungen die Einwohner der 5 Orte die Anzeige der Absperrung der ihnen so nothwendigen Lebensmittel vernahmen, läßt sich denken. Bitter klagend wandten sie sich (27.) an Bern: Vergebens. Inzwischen wurden Zwinglis Predigten immer blitzvoller und kriegerischer. Zu Pfingsten am 28. Mai rief er ab der Kanzel: „Schlägt ihr nicht, so werdet ihr geschlagen werden. Habt ihr Recht, die 5 Orte auszuhungern, so habt ihr auch das Recht, sie anzugreifen." [1]) So „stund er an d'sach die zyt har für und für, an kanzeln, in örten in gstenden uff der gassen, im roth — allenthalben lärmet und krieget stätz." [2]) Allerdings fehlte es nicht an Auftritten, um dem lange verhaltenen Groll gegen Zwingli Luft zu machen, ihm die Schuld so großer Bedrängniß zuzuschreiben, ihn als Zwingherrn und Geßler zu schildern. Unter diesen Umständen verlangte Zwingli seine Entlassung. Allein dem Rathe war klar, daß mit seinem Rücktritt im gegenwärtigen Augenblick alles verloren sei; war er ja die Seele aller derzeitigen Verhandlungen. Daher an ihn die Aufforderung, auszuharren und — er gab sein Wort — „auszuharren bis in den Tod". [3])

Unterdessen vereinigten sich mehrere Stände zur Vermittelung, die zu Bremgarten den 14. Juni statt fand. In dieser verlangten die 5 Orte vor Allem Aufhebung der Sperre, ehe sie zu irgend etwas einwilligen, oder auch nur Antwort geben können. Umsonst erschöpften mit Bitten und Vorschlägen sich die Vermittler. Unerbittlich blieben in diesem und noch vier folgenden ebenfalls zu Bremgarten abgehaltenen Tagen die 5 Orte. — Endlich schieden sie mit der Drohung: was man wider alles Recht und alle Bünde schon so lange ihnen vorenthalten, mit bewaffneter Hand zu holen.

Hierauf große Bewegung — wie in Zürich, so in Bern. —

---

[1]) Hott. Z. d. Krt. II. S. 345. — [2]) Salat. Ar. f. R. S. 299. —
[3]) Hott. ebend. II. 354.

Unentschiedenheit und Befürchtung, hervorgerufen durch seltene Naturereignisse, deren sich nach einer geheimen Zusammenkunft mit den Gesandten von Bern selbst Zwingli bei seinem Abschied von Bullinger nicht zu erwehren vermochte.¹) Weit entschiedener war die Stimmung der 5 Orte. Vertrauen auf Gott und eine gerechte Sache flößte Allen Muth ein.

Auf beiden Seiten ward gerüstet; ungleich lebhafter und vollkommen einträchtig auf Seite der Katholischen. An einem zu Brunnen 9. Okt. abgehaltenen Tag erklärten diese Zürich den Krieg in einem kräftigen und würdigen Manifest, wodurch sie vor Gott und den Menschen ihren Entschluß rechtfertigen.²)

Gegenseitig bricht man auf; Zwingli³), zu Pferd mit Hellebarde bewaffnet, begleitet die ausziehende Mannschaft der Zürcher. Vom 9. auf den 10. treffen die vereinzelten Haufen in der Gegend von Kappel zusammen — der Katholischen waren bei 6000⁴) Mann. Gegen 11 Uhr Vormittags bringt ein Trompeter von Luzern den Zürchern den Absagebrief. Man ist unentschieden, was zu thun — ohne Begeisterung — Viele wollen zurück in bessere Stellung, Mehrere rufen vorwärts. — „Auf, vorwärts, ruft Zwingli, in Gottes Namen, zu diesen biedern Leuten hin; mit ihnen zu sterben, oder sie zu retten." Nicht lange, so rückten die Katholischen vor; das Treffen begann; von 1 bis 3 Uhr wurde so stark geschossen, „daß man es zu Zürich hörte"; gegen 4 Uhr begann man handgemein zu werden; mit Erbitterung wurde nun gekämpft, bis die Tapfersten der Zürcher gesunken und Verwirrung unter ihnen eintrat; immer dichter wurden die Massen der Einhauenden, und ihre Waffen so gewuchtig, daß

---

¹) Hott. ebend. II. 348. — Vergl. Hott. Helv. Krchg. III. 580. 582.

²) Salat. Ar. f. Rfg. 301. — ³) Zwingli inter postremos secutus est pro more nostro eques et armatus. Micon. Vita Zw. Hott. H. K. ibid. Nota.

⁴) Wovon nur zirka ½ zum Angriff kam. Der Zürcher waren zirka 2500. — Hott. Z. b. Krt. png. 392. Nota 145 — pag. 380. — Hott. Helv. Krch. III. 582.

die Zürcher entsetzt gegen den Albis flohen und die Nacht dem Kampfe ein Ende machte. Da lagen Zwingli, 25 Prädikanten und der greise Vater unsers Pfarrers, Bernhard Weiß unter 512 Zürchern erschlagen. Am Morgen (13. Okt.) sammelten sich die Zürcher auf dem Albis — Hülfe und Zuzug aus Bern erwartend; am 15. trafen sie dort zusammen; endlich am 23. zogen sie vereint unter Hauptmann Frei in großer Zahl (4—8000)[1]) über Kappel an den Gubel. Tags darauf in der Früh wurden sie von den Katholischen — die viel geringer an Zahl — überfallen „mit einem geschrey grimmiglich mit heldischer Hand, als die löwen, denen man die jungen nemen will, schlugend und stachend so unmäßig daryn, daß's an den Wänden widerhallete. — — Da tretend si — die Reformirten — mit grusem Schrecken um und suchtend hilf ihrs Lebens allein durch flucht und entrinnen."[2])

Die Kunde dieser blutigen Niederlagen erfüllte Zürich mit Schrecken und Wehklagen; die kathol. Orte jubelten und dankten Gott für den Erfolg. In Zürich — gebeugt und müde solchen Krieges, erhob sich eine Friedenspartei. Dem daherigen Antrage kamen die V Orte entgegen, indem sie zu Besprechung und Festsetzung der Friedensbedingungen eine gegenseitige Zusammenkunft auf den 15. Nov. 1531 — auf einer Matte zu Dänikon bei Baar anordneten.

Folgendes sind einige der Hauptpunkte des abgeschlossenen Friedesvertrages — aufgesetzt den 16. November:

„Zum ersten sollent und wollent wir, die von Zürich unsere l. getreuen Eidgenossen von den V Orten und ihren Mithaften, by ihrem wahren christlichen ungezwyfelten Glauben jetzt und hernach in ihren Landen und Gebiethen gänzlich ungearguirt und ungedisputirt blyben laßen. — Hinwiederum so

---

[1]) Henne „N. Schweizerchronik" III. 33. — Die Anzahl der beidseitig Streitenden wird übrigens sehr verschieden angegeben. — [2]) Salat. Ar. f. Rf. 322.

wöllent wir, von den V Orten unser Eidgenossen von Zürich und Mitverwandte by ihrem Glauben ouch blyben lassen...... Wyter so behalten wir von den V Orten uns vor, die uß den freyen Aemtern im Ergow — Bremgarten und Mellingen, so sich denen von Bern anhängig gemacht und Vorschub gethan... sie jetztmalen zu diesem Frieden nit inbegriffen zu lassen .... doch daß nach Gnaden mit ihnen gehandelt werd u. s. w. Siglet.. Zug uf St. Otmarstag (am 20. Nov.) 1531."

Rückkehr zum katholischen Glauben.
1531 auf 1532.

Wie nach dem unblutigen Sieg bei Kappel anno 1529 die Reformer sich allsogleich hervorthaten, in den gemeinen Herrschaften und sogar im Gebiete der V Orte die Katholischen bedrängten und abgeschlossene Pfarrgemeinden bildeten, so ermannten sich nun wieder die Altgläubigen, kehrten häufig Gemeindeweise zum Glauben der Väter zurück, oder nahmen — treu geblieben — nun eine erneuert festere Haltung an.

So „kamend suntags nach Otmari gen Muri für die V Ort dero von Rapperschwyl, Bremgarten und Mellingen ehrbar Botschaft ouch us den Aemptern ringsumhar mit hohem Anrufen um Verzichung und gnad, mit erbietung sich zergeben in verdiente straf, und in allweg ghorsam zuo sind, die all guedicklich empfangen wurden von den V Orten." [1]

Ebenso wollten die Prädikanten, die in den Grafschaften oder in dem Freienamte angestellt waren, die Ausweisung durch die V Orte nicht lange abwarten, sondern wanderten sofort aus [2] und zogen nach Zürich; die von Bremgarten jedoch verhofften, bei ihren Pfründen verbleiben zu können — maßen Zürich (19. Nov.) gar dringlich, sogar durch eine Abordnung für sie sich

---

[1] Salat S. 333. — Bullinger III. 226. — [2] „Lupfend den stil", sagt Salat, pag. 335.

verwendete. Allein die V Orte wollten sich nicht dazu verstehen. Da versammelte sich den 20. der Rath mit den 40 Bürgern und ließen dem Bullinger Vater und Sohn und dem Gervasio Schalern anzeigen: „sy mögen und könnend dieselben von den V Orten nit schirmen, sy wellid sie aber auch nit verkürzen, und heisend sy von Stund an von Bremgarten gen Zürich ziehen, an ir Gewarsame. — Hierauf giengen sie zum obern Thor hinaus, und ward hernach Hein. Bullinger Zürich Pfarrer anstatt des Zwinglis."[1]

„Item die Zürcher und Berner battend die V ort für Mellingen, man wett ihnen ihr Prädikant wieder lan. Ward ihnen frh abgeschlagen."[2] Da hat Mellingen unterm 20. Jänner 1532 beschlossen: „Schultheiß klein und groß Rath und eine ganz Gemeinde zu Mellingen: . . Als die Rathsboten der V Orte by uns erschienen, haben wir uf ihre Ufforderung an uns — mit einhelligem mehr uns verbunden, alles trülich zu halten — nämlich daß wir die alte christliche Ordnung wie sie von unseren Vätern uf uns kommen ist, wiederum annehmen und gebruchen wöllid nach bestem vermögen."[3]

Bezüglich Wettingen ward erkannt: Es soll der „waz evangelisch Appt H. Georg Müller, was er mit den Synen gen Zürich genommen und geflöchnet, wiederum gen Wettingen thun, und da wie von Altershar hushaben." Item „Sontag nach Konradi hat man zu Mellingen, an sant Kaharinen zu Tängen, zu Kaiserstuhl, zu Bremgarten und zu Wettingen erstmals wieder Messe gehalten. Am Katharinen Abend fieng man in Zurzach wieder an"; auch Hitzkirch ließ sich unter der Leitung seines glaubenseifrigen Leutpriesters Feer endlich zur Rückkehr bewegen.[4] So wurde der kathol. Gottesdienst, den man unlängst abgeschafft, in den Gemeinden des freien Amtes wieder eingeführt.

---

[1] Bulling. III. 267. 308. — [2] Salat 343.
[3] Bullinger III. 308—351. — [4] Vergl. Salat 339. 341. — Th. v. Liebenau, Rf. und Grgr. 24.

Welchen Eindruck all' diese wichtigen Ereignisse in Fislisbach hervorgebracht, oder was sich da zugetragen, ist speziell nicht verzeichnet. Allein unstreitig war die blutige Niederlage der Zürcher und zumal das traurige Ende des greisen Bernhard Weiß — Vaters des Pfarrers in da — für diesen wie für seine Anhänger ein gräßlicher Schlag, in Folge dessen Pfarrer Weiß wohl einer der ersten Prädikanten gewesen ist, der den Wanderstab ergriffen und wie seine Kollegen sich heim nach Zürich wandte — um nicht wieder zurückzukehren.¹) Denn daß nun auch die Altgläubigen in Fislisbach mit einem Mal wieder erwachten und auf's neue sich zu einer katholischen Gemeinde organisirten, läßt sich um so weniger bezweifeln, als die unmittelbare Nähe der Vörtlichen Tagsatzung und des glaubenstreuen Kollators nicht ohne mächtigen Einfluß hiebei gewesen sein können. Thatsache ist es, daß die Gemeinde Fislisbach zum Glauben der Väter zurückkehrte und fortan demselben treu blieb.

Indessen, wirft man einen Blick zurück in die Geschichte des Pfarrers Wyß bis zum Fortgang des letztgenannten Weiß; erwägt man, wie entschieden eine Partei für Wyß auftrat und Bürgschaft leistete; erwägt man, daß Wolfgang Weiß, sein Nachfolger, ein geheimer Anhänger Zwinglis war und zweifelsohne seine Lehren während der 6jährigen Pastoration so einzukleiden und seine Pfarrkinder so in's reformirte Lager herüber zu leiten wußte, daß sie wohl selber erstaunt darüber mögen gewesen sein, als sie 1529 (wie wir gesehen) so unangefochten zur Zertrümmerung ihrer Kirchen-Bilder kamen; faßt man dieses zusammen, so darf man kaum erwarten, daß die Kirchgemeinde Fislisbach nun mit einmal wieder eine ganz entschiedene, einige katholische Parr-

---

¹) Kurz nach seinem Wegzug erhielt er 1533 eine Anstellung als Prädikant zu Wytikon und ein Jahr später zu Dällikon. Er hinterließ mehrere Kinder, von denen die ansehnliche Familie dieses Geschlechts in Zürich herstammt. Sein Sohn Felix war Pfarrer in Gossau, Kaspar Lehrer der griechischen Sprache in Zürich, so wie des Letztern Sohn Professor der Philosophie zu Genf. Füßl. B. IV. Vorrede S. VII.

gemeinde werde geworden sein. Im Gegentheil hat die Gemeinde, wie aus einem spätern Akt hervorgeht, wenigstens in der Folge — wenn nicht schon anfangs — sich offen und entschieden in zwei Konfessionen — als in die katholische und in die sog. evangelische gespalten. Die Katholischen, weitaus in der Mehrheit, bildeten eine für sich bestehende Pfarrgemeinde, erfreuten sich wieder eines kathol. Seelsorgers, so wie sie auch unbedingt die Kirche in Anspruch nahmen. Die Evangelischen dagegen — weit geringer an Zahl — hatten keinen Pfarrer d. i. Prädikanten — waren sich selbst überlassen — eine Herde ohne Hirten. Kamen sie in Fall, sich zu verehlichen, oder war ein Kind zu taufen, so nahmen sie den kathol. Pfarrer — der, wie es scheint, sich dazu verstanden — in Anspruch. Auch giengen sie zur Predigt in die katholische Kirche, aber mehr aus Aberwitz zum Aergerniß und Verdruß der Katholischen, indem sie, wenn es zur Aufhebung oder Aussetzung des Altarssakramentes kam, ungestüm herausrannten.

Daß bei diesem konfessionellen Zwitterwesen — zumal in jener allseitig aufgereizten Zeit — sich die ganze Gemeinde bürgerlicher wie kirchlicher Seits in einem stets schwankenden, höchst gespannten und unbehaglichen Zustande müsse befunden haben, liegt in der Natur der Sache. Um so bedauerlicher war diese ihre Lage, da sie von 1523 bis 1583 — also über ein halbes Jahrhundert andauerte. Gewiß muß die Pfarrpastoration in jener Zeit eine sehr schwierige gewesen sein, indem sie einerseits große Klugheit und Mäßigung, anderseits ein entschiedenes Festhalten an der katholischen Lehre in Wort und That dem Seelsorger zur unbedingten Pflicht machte.

Zu beklagen ist, daß uns über die Pfarrverwaltung gerade aus dieser Zeit keine Notizen zu Gebote stehen, so daß wir nicht nur nicht wissen, wer unmittelbar nach der Entfernung des Wolfg. Weiß die Pfarrei besorgte, sondern sogar während einem Zeitraum von 28 Jahren d. i. bis 1560 nicht zu berichten vermögen —

durch wen und in welcher Weise etwa das wogende Schifflein die Brandung hindurch geführt worden sei. Zu vermuthen ist, daß, da in der Reformationsperiode entschieden katholische Priester sich nicht so zahlreich fanden, um die durch den Weggang der Prädikanten erledigten Pfarrstellen sogleich mit tüchtigen und glaubenstreuen Männern wieder zu besetzen; ferners die niedergestellte Pfründe Fislisbach bei ihrer Zerrissenheit nichts Anziehendes hatte — daß die Pfarrei wahrscheinlich eine Zeitlang von Baden aus nur excurrendo oder ad interim durch Verweser besorgt worden sei. Wenigstens von 1560 an, d. i. von wo an uns wieder einige Notizen über die Seelsorgeverwaltung in da zu gut kommen, finden wir mehrere Jahre nur Verweser, oder auf nur kurze Zeit funktionirende Pfarrer. Uebrigens muß hiebei vorläufig bemerkt werden, daß auch von da an bis 1644 ein ordentliches Verzeichniß der Leutpriester zu Fislisbach herzustellen kaum möglich sein wird, indem die Rathsprotokolle [1]) zu Baden aus dieser Zeit theils lückenhaft sind, theils ganz fehlen; die Einführung ordentlicher Pfarregister, trotz der so vortrefflichen Verordnung des Konziliums von Trient aber hier erst mit 1644 beginnen; endlich auch die oft nur zufällig [2]) eingestreuten Notizen im Jahrzeitbuch nicht immer sichere Anhaltspunkte gewähren.

---

[1]) Das Archiv Baden enthält — abgesehen von der Urkundensammlung — für die Periode vor dem 17. Jahrhundert einzig Fertigungs- resp. Gerichtsprotokolle, in welchen von 1555 bis 1575 nur selten Notizen anderer Art, als Kaufsfertigung, Schuldverschreibung, Testamente u. s. w., zu treffen sind. Für die Jahrgänge von 1576 bis 1609 und von 1613—1639 fehlen die Rathsprotokolle ganz und alle spätern bis 1789 sind mangelhaft.
    Baden, 1871 im Juli. — Stadtkanzlei, sig. D o r e r.

[2]) So begegnet uns gleichsam zufällig, und ist n a c h t r ä g l i c h noch ein Leutpriester Namens Heinrich G r ü n i n g e r zu verzeichnen, dessen das Jahrzeitbuch bei der Todes-Einschreibung seines Bruders erwähnt — als: «Obiit Henri Gruninger et Jos. Gruninger frater predicti, qui fuerat plebanus huius eccles.» Ohne Datum. Uebrigens dürfte nach den Schriftzügen zu schließen dessen Pastoration, gleich der des früher genannten Schibe (o) in die Mitte oder gegen das Ende des 15. Jahrhunderts zu verlegen sein. Lib. Anniv. pag. 5.

Indessen gehen wir in unserer Geschichte, so gut wie möglich, fort — von 1532 auf 1585.

Von der
Rückkehr Fislisbachs zum kathol. Glauben bis zur Trennung der zwei Konfessionen in da.
1532— resp. 1560—1585.

Wie oben bemerkt, haben wir in unserer Pfarrgeschichte von 1532 bis 1560 eine Lücke von 28 Jahren, in denen wir nichts über die Leitung der Pfarrei aufgezeichnet finden. — Die erste geschichtliche Notiz, welche wir wieder erhalten, ist:

1560 wurde dem H. Oswald Ribing die Pfarrpfründe zu Fislisbach bis auf Johann Baptist zu versehen übertragen; ferners:

1560, Freitag vor St. Johann wurde die Pfarrpfründe dem Michael Oederli von Baden geliehen. Nach kurzer Zeit, d. i. um das Jahr, oder wahrscheinlicher schon vor dem Jahr.[1)]

1564 folgte dem Oederli nach: Hans Steinbock. Dieses entnehmen wir aus einer Notiz im Jahrzeitbuch, die lautet: «10. Octobri. Gerconis et Soc. M. ist gestorben Her ehrwürdig geistlich Her Herr Hans Steinbock säligen lipriester gsin diß löblichen Gottshuß im Jahr 1564: dem Gott Gnade. Heinrich sin nach kummer."

Diese Notiz bezüglich der Pastoration Steinbock's hat unzweifelhaft ihre Richtigkeit, obgleich die jüngsten Kanzleimittheilungen ihn nicht aufführen. Anbelangend „Heinrich sin nach kummer", dessen da ebenfalls nicht erwähnt wird — so mag er unter und nach Steinbock eine kurze Zeit Aushülfe geleistet, die Todeseinzeichnung gemacht und in so weit sich als dessen

---

[1)] Mittheilungen der Kanzlei Baden pag. VIII.

Nachfolger betrachtet haben; daß er es nicht war, erhellet daraus, weil im Jahr

1564, Montag vor St. Johann, Hans Ziegler zum Pfarrer nach Fislisbach erwählt wurde. Nach Ziegler finden wir als Pfarrer genannt [1]):

1573 den Gallus Surläuli. In einer kaum noch lesbaren Randbemerkung auf letztem Folio des Jahrzeitbuches heißt es nämlich: «Gallus Surlovli erat curator ecclesiae Vislispach 1873.» — Wahrscheinlich unmittelbar folgte ihm nach um [2]):

1578 Michael Oederli. — Ob dieser mit dem oben 1560 genannten — der damals die Pfründe vielleicht nur provisorisch versah — sie jedenfalls nur kurze Zeit inne hatte, Eine Person gewesen, bleibe dahin gestellt. Entschieden ist, daß er um das Jahr 1578 hier Pfarrer war. Denn — Folio III des Jahrzeitbuches — lesen wir die ohnehin erwähnenswerthe Notiz: „Anno Dmi 1578 ist hieher in Fislispach kummen der erenfeste . . . . Herr Heinrich Bodmer d. Z. Spitalmeister zu Baden, und durch eine fründlich Bitt und ansuchen ehr verwilliget den Keller alhier zu buwen, welcher vormalin nit anders ist gsin benn wie ein käss gaben, derhalben billichen, ehr, ingedächtig aller pfarrherr zukünftiger sol in ämptern verhelgen meß gedächtig gehalten werden, damit ihm gott gebe hie gute zyt und nach diesem leben die ewig freud. fiat. Factum sub me Michaele Oederli tunc temporis existente parocho.»

Dem Michael Oederli folgte als Leutpriester in Fislisbach Johann Lang, gebürtig von Würenlos. Das Datum seiner Ernennung findet sich nicht aufgezeichnet; dagegen kennen wir Jahr und Tag seines entschieden kräftigen Auftretens — in einer der wichtigsten Angelegenheiten für die katholische Bevölkerung Fislisbach's — es ist dieses der nächste Tag nach Georgi 1583 (24. April).

---

[1]) Kzl. Baden VIII. — [2]) Libr. Anniv. VIII.

Da mit diesem Tag, oder vielmehr, da unter der Pastoration dieses Mannes eine für Fislisbach wichtige Wendung eintritt, so müssen wir den seit 50 Jahren abgebrochenen Faden in der Geschichte wieder aufnehmen.

Das zwitterartige Verhältniß, in welchem sich in kirchlicher Beziehung die Katholischen und sogenannten Evangelischen seit der Kappeler-Schlacht zu Fislisbach befanden, hatte sich um nichts besser gestaltet, vielmehr scheint selbes je länger je unordentlicher und drückender geworden zu sein. Da fügte es Gottes gnädige Vorsehung, daß der Pfarrgemeinde um das Jahr 1583 ein besonders eifriger — seiner katholischen Stellung bewußter Seelsorger gegeben wurde. Es ist dieses der obgenannte Johann Lang. Um den konfessionellen Reibungen den Faden abzuschneiden, den Gottesdienst fortan unvermischt und unbeirrt würdevoll zu pflegen — so die katholische Lehre in ihrer Reinheit zu bewahren, gab er sich alle Mühe zu bewirken, daß die zwei Konfessionen von einander kirchlich sich ausscheiden, und so jede, friedlich und unbehelligt von der andern, ihres Glaubens leben möge.

Eine am Ende des alten Jahrzeitbuches in da eingelegte, wahrscheinlich vom Pfarrer selbst geschriebene Notiz besagt, was er beßhalb gethan und ausgerichtet habe. Sie lautet:

„Auf den nächsten Tag Georgi im Jahr 1583 habe ich Johann Lang, bürtig zu Würenlos unwürdiger Seelsorger dieser pfarr allhie zu Fislispach nach viel angewandter mühe und arbeit von dem gestrengen edlen hochgeachten Herr Friblin Häse Ritter des Raths zu Glarus und der Zeit Landvogt der Grafschaft Baden der unterthanen halber, so sich Evangelisch thuend nennen und aber sonst gemelter pfarr zugehören ein solche Erkanntnuß und spruch empfangen. Das nitt allein von den 5 katholischen Orthen sonder gemeiniglich und einheiliglich von den 8 Alten Orthen gesandten als unsern G. Herrn und Obern erkannt und gesprochen in letzter Tagleistung so vor Georgi lausenden jahres gehalten worden: diewcil nämlich allhie zu Bislispach der Katholischen vielmehr als der Evangelischen, sollen sie, die Evangelischen keinen übertrang noch mühseligkt. den Katholischen in der Kilchen allhie zu Bislispach keineswegs nitt zu fügen, sondern sich des prädikanten zu Gäbenstorf behelfen — in betrachtung das sie — die Evangelischen bis har vom katholischen priester das Göttlich hl. Evangelium gehört ihre Kinder vom ihm taufen und die neuwen Ehen einsegnen lassen, bei nähen nütteftoweniger mit verachtung der fyrtägen und empfahung ihres gotstisch auch überbrängen herauslaufen, so der priester ob dem Altar das hochwürdigste Sakrament nach der predigt trahiert viel ergerniß und widerwillen gegen Katholische erweckt und hirmit erzeigt, daß sie keiner Religion albigklich anhängig. Deßhalben damit man zu beiden seiten ruwig und bestominder geärgert werde, sollen die Katholischen die Kilchen allein und one der Evangelische Zugang inn haben und ihrem Gottsdienst wie vor alter har, one der andern Religionsverwandten überläsit darinnen rüwyklich verrichten und hirmit die Evangelischen so viel den Kirchgang allhie zu Bislispach belanget aller Dingen mit wyb und kinden, knechten und mägden usgeschlossen sin, jedoch mit dem vorbehalt, wo einer oder mehr unter denselben wärend, welche sich welten zu der katholischen Religion begäben denselbigen soll es vergunt und zugelassen werden nach inhalt des Landfriedens, daß sie nemlich sölliches one alle entgeltnus und one minderung ihrer ehren, wol, und sicherlichen mögen thun. —

Diesen Spruch haben by und nähen mir, obgesagten Sehlsorger gehört und verstanden von wolernannten Her Landvogt Häse Cunrad Clauser der Zeit prädikant zu Gäbenstorf Klein Hans peter, Heini sin Bruder, Heini schiblin und Hans Wettstein, alle vier seßhaft zu Bislispach." [1])

---

[1]) Der Akt findet sich nicht im eidg. Archiv, weder in Zürich noch Frauenfeld.

Die Erkanntniß kam zur Ausführung, so daß Fislisbach in Kurzem wieder eine einige, ungetheilte katholische Kirchgemeinde ausmachte, indem die ansäßigen Evangelischen entweder wieder zum katholischen Glauben sich bekannten, oder dann — da deren nur wenige gewesen sein mögen — anderswo sich einbürgerten. Auf diese Weise hat Fislisbach aufgehört, eine paritätische Gemeinde zu sein. Mögen nun, wie die Väter aus den gefahrvollen Stürmen des 16. Jahrhunderts glücklich sich retteten, ihre gegenwärtigen und nachkommenden Kinder durch Glaubenstreue und gottseligen Wandel sich würdig machen, in den Stürmen, die noch immer und mehr, als je, über die Kirche ergehen, ebenso fortan im Kampfe bewährt erfunden zu werden!

Pfarrer und Ereignisse
bis zur
Einführung der Pfarrbücher in Fislisbach.
1585—1644.

Dem Johann Lang folgte in der Pastoration Fislisbach's, laut einer Notiz der Kanzlei Baden, im Jahr 1585 nach: Hans Suter.[1]

Nach diesem finden wir 1587 als Pfarrer verzeichnet: Christoph ab Aegri von Baden. Das Jahrzeitbuch hat auf dem letzten Folio in sehr netter Schrift folgende dahin bezügliche Notiz:

«Anno Dmi 1587 erat curator hujus Ecclesiae in Vislispach Christophorus ab Aegry ex Baden. Ora pro eo quilibet successor.»

Nach ihm kommt 1589 Johann Meyer von Baden. Das gleiche Blatt bringt hierüber folgendes:

---

[1] Kanzlei Bab. pag. 111.

«Anno Dmi 1589 erat curator hujus Eulesiae in Vislispach Johannes Meyer ex Baden. Unusquisque successor oret pro eo Dmn omnipotentem.»

Ohne Zweifel unmittelbar nach ihm wurde Anno 1600 zum Pfarrer dahier erwählt: Franz Elsesser von Baden, der Zeit Coadjutor in da. [1]) Später kam er als Pfarrer nach Rohrdorf und ward Sextar des Kapitels Rapperswil — zur Zeit der Reformation Ruralkapitel Zürich genannt. [2])

Anno 1606 folgte dem Hrn. Elsesser in der Pastoration nach Jakob Riggenschwyler. Er war von Wil. In Folge seiner Ernennung als Pfarrer forderte der Kollator von ihm als übliche Wahltaxe 1 Krone für jeden Rathsherrn. Er aber verweigerte die Bezahlung, um sich nicht der Simonie schuldig zu machen. Diese Notiz der Stadtkanzlei Baden ist begleitet mit: „ohne Datum, wahrscheinlich anno 1610." — Letzteres mag richtig, und in Folge der Forderung, oder deren Nichtbezahlung die Pfarrstelle von 1610 auf 1611 vakant worden sein. [3]) Denn

1611 „war, laut einer Notiz der Kanzlei Baden, Hans Huber Pfarrer in Vislisbach." Auch das Jahrzeitbuch gedenkt seiner, indem es unterm 19. April 1613 sein Hinscheiden

---

[1]) Trüb. pag. 6.

[2]) Demzufolge blieben, da Rapperswil der katholischen Kirche erhalten wurde, die ebenfalls treugebliebenen katholischen Pfarreien im Freienamt mit dem genannten Dekanat wie früher in Verbindung, bis sie 1649 den 31. März laut bischöflichem Akt von Konstanz davon abgelöst und dem Kapitel Regensberg einverleibt worden. Somit gehört von da an Fislisbach, mit Rohrdorf, Birmenstorf, Dietikon u. s. w. zum genannten Kapitel Regensberg, mit Ausnahme der Stift und Pfarrei Baden, welche von da an ein für sich bestehendes Kapitel bildet. (Altes Kapitels-Protokoll Regensberg.)

Demzufolge ist bezüglich der eilfjährigen Pastoration Riggenschwylers das M. S. im Irrthum. Siehe Trüb pag. 6, soll heißen „4jährigen".

[3]) Kanzlei Bab. III.

meldet: «Vitam deseruit D. Johannes Huber parochus in Vislispach Anno Dm 1613.»

Nach dem Tode Hubers folgte, aller Wahrscheinlichkeit nach, ein Provisorium bis zum Jahr 1617, während welchem laut dem Pfarr=M. S.

Jakob Walther und noch im nämlichen Jahr

Wilhelm Dannemann, endlich Jakob Dreier die Pfarrei versahen.¹) Daß Letzterer eine Zeitlang vor 1617 provisorisch angestellt gewesen, erhellet aus folgender Notiz der Kanzlei-Baden:

1617 „lebenslängliche Bestätigung des Hrn. Johann Jakob Dreiers auf die Pfarrei Wislisbach."²) Allein sei es, daß er nicht lange lebte, oder sonst abtrat, schon anno 1620 erhielt er einen Nachfolger in der Person des Hrn. Heinrich Meyer als erwählten Pfarrer in Fislisbach.³)

Unter diesem Pfarrer, meldet das Jahrzeitbuch, wurden den 22. April 1621 durch den Suffraganbischof von Konstanz in der Kirche zur hl. Agatha in Fislispach zwei Altäre konsekrirt, der eine linker Hand beim Taufstein zu Ehren der hl. Jungfrau Maria, des hl. Carolus Borromäus, des hl. Franziskus und des hl. Heinrikus Kaiser, der andere rechts beim Nebeneingang der Kirche zu Ehren des hl. Michael, des hl. Mauritius und seiner Gefährten, sowie der hl. Jungfrau und M. Verena. Aus dieser vereinzelten Altarkonsekration — d. h. ohne daß gleichzeitig die Kirche oder der Hochaltar geweiht wurden, schließen wir, daß die Kirche früher entweder Nebenaltäre nicht besessen habe, oder, was wahrscheinlicher, daß dieselben mit dem Altarstocke bei der stattgefundenen Zerstörung der Bilder am 24. August 1529 seien destruirt worden, so daß dieselben auf's Neue

---

¹) Unser Protokolls=Auszug von Baden nennt weder den Walther, noch den Dannemann; Trüb hingegen den J. J. Dreier nicht. Siehe M. S. pag. 6.

²) Kanzlei Baden III. — ³) Lib. Anniv. pag. 13.

hergestellt und konsekrirt werden mußten, was denn auch unter gen. Datum vom 22. April 1621 geschehen ist.

1631 folgte dem Heinrich Meyer in dem Pfarramte nach: Johann Jakob Blunschli.¹) Nachdem er dasselbe 11 Jahre verwaltet, wurde

1642 den 16. Mai „das Beneficium zu Vislispach dem Heinrich Diebold²), des Schulmeisters Sohn zu Baden konferirt." Indessen schon zu Anfang Dezember des folgenden Jahrs „mußte er dasselbe wegen leidiger Leibeszustände aufgeben".³) Mit ihm schließen wir die Perioden vor Einführung der Pfarrbücher.

Von der Einführung der Pfarrbücher bis zur Zeit des neuen Kirchenbaues.
1644—1830.

Im Jahr 1643 den 23. Dezember wurde die Pfarre in Fislisbach dem Fridolin Surläuli von Baden übertragen.⁴) Er begann seine Amtsverwaltung damit, daß er die bisanhin vernachläßigte Führung der Pfarrbücher, als: der Ehe-, Tauf- und Sterberegister anordnete. Ebenso erhalten wir durch ihn auch die erste Einzeichnung der hier stattgehabten Firmung, welche der Fürstbischof L. Ganottus, apostolischer Legat, im Jahr 1646 den zirka 13 Knaben und 6 Mädchen von Fislisbach ertheilt hat.

Nun — hat diese Anordnung, wie das Pfarrmanuskript⁵) richtig bemerkt, auch nicht die gewünschte Vollständigkeit erreicht — so war doch Fr. Surläuli es, der die Bahn gebrochen und dadurch einiges Licht über den Zustand der Gemeinde und deren

---

¹) Trüb 7.
²) Am Rand des Lib. Anniv. Fol. VIII findet, ohne Zweifel, derselbe sich eingezeichnet mit: Johann Heinrich Theobald (bold?).
³) ⁴) Mittheilungen der Kanzlei Baden S. III. u. IV. — Diese liegen im Pfarrarchiv.
⁵) Trüb M. S. S. 7.

Bevölkerung gebracht und darum unsern Dank verdient hat. Nachdem er 7 Jahre in würdiger Weise der Pfarrei vorgestanden, kam er im August 1650 als Chorherr nach Baden.

Unter Surläuli fand die obenerwähnte Umgestaltung des Ruralkapitels Zürich 1649 und die daherige Einverleibung Fislisbachs ins Kapitel Regensberg statt. Unmittelbar nach ihm wurde

1650, 17. August dem Kaspar Schmid von Zug die Pastoration übertragen.[1)]

Unter diesem Pfarrer ertheilte am Frohnleichnamstag 1654 im Kloster Wettingen Fr. Johannes, Bischof von Konstanz, die hl. Firmung den Kindern aus 13 Häusern von Fislisbach, als: 18 Knaben und 9 Mädchen, und aus 3 Häusern im Rütihof, 3 Knaben und 1 Mädchen. Bemerkt wird hiebei, daß der Bischof die Firmung vorgenommen, indem er auf dem Weg nach Unterwalden war, um daselbst ein kirchliches Geschäft — in Betreff des Eremiten Niklausen von der Flüh — zu besorgen.[2)]

„1657 den 27. Jänner, resp. 2. März. Verleihung der Pfarrei Bislisbach an Hrn. Magister Bernard Dorer von Baden." Nach Verlauf von kaum 2 Jahren kam er als Chorherr nach Baden.

1659 den 22. April wurde dem Franz Wyß, Schulmeister in Baden, die Pfarrei Fislisbach übertragen, von der er jedoch schon nach kaum 10 Monaten wieder abtrat, weil als Helfer nach Baden gewählt.[3)]

1661 den 1. Juni ist Christoffel Surläuli zum Pfarrer nach Fislisbach ernannt worden.[4)]

1661 wird im Rathsprotokoll bemerkt, daß die Gemeinde Fislisbach laut Jahrzeitbuch schuldig sei, einem Pfarrer daselbst

---

[1)] Kanzlei Baden IV.
[2)] Dum episcopus in sacro negotio beati Nicolai ex rupe apud subsilvanos Eremitæ in Subsilvaniam tenderet. Pfarrarchiv.
[3)] Kanzlei Baden IV. — [4)] Ebend.

jährlich 14 Klafter Holz zu geben. „Das was er hievon erübrigt soll er verkaufen dürfen, was er aber mehr braucht, zu kaufen haben, und die Gemeinde nicht schuldig sein ein Mehreres zu leisten." [1])

1663 wurde in Verständigung mit Hrn. Dekan Furrer von Rohrdorf dem Pfarrer in Fislisbach eine Mahnung zu besserer Pflichterfüllung erkennt mit Androhung der Enthebung resp. Kündung der Pfründe. Im gleichen Jahr wiederholte Erkanntniß [2]).

1670 wurde auf inständiges Bitten obgenannten Pfarrers und besonders auf Betrieb des Stadtammann Dorer durch den Rath in Baden die Herstellung zwei neuer Altäre um den Preis von 155 fl. verakkordirt; in Folge dessen sogleich Hand angelegt und der Rosenkranzaltar, sowie im Chor der Altar der Mrt. Agatha gebaut worden ist. Ebenfalls wurde unter Christian Surläuli 5 Jahre später d. i. 1675 der Kreuzaltar erstellt (ohne Zweifel) linker Hand, wie er gegenwärtig ist. [3])

Nun aber muß bemerkt werden, dieser Altar (Altarstock) linker Hand ist, wie Seite 121 zu ersehen, anno 1621 in honorem St. Michaelis, Mauritii et Soc. et Verenæ V. M. geweiht worden; demnach kann die Umänderung in einen Kreuzaltar nur das Altarblatt betreffen, da von einer Consecration in honorem St. Crucis weder jetzt 1675 noch früher 1621 die Rede ist.

Bei Anlaß dieser Altarbauten wird nachträglich bemerkt, daß ehemals die Kirchweihe in Fislisbach jedesmal den ersten Sonntag nach St. Mauriz Mart. gefeiert wurde. — Ferners: „soll ein Lüpriester mit zwei priestern begon das Jahrzit uf Montag nach der Herbst Kilchwihung . . . . gmacht uf Geburt

---

[1]) Ebend. — [2]) Hinwiederum spricht dessen 23jährige Pastoration, so wie die Beförderung zur Würde des Dekans und auf die Pfarre Gözlikon zu seinen Gunsten. — [3]) Kanzlei Baden V.

Christi tusend fünf Hundert und eilisten Jahr." (Altes Jahrzb. Septbr. und Fol. III.)

1679 mußte Hr. Pfarrer Surläuli für seine Redemtion 18 fl. der Spitalverwaltung zahlen.[1]

Unter Pfarrer Surläuli wurde ferners die hl. Firmung ertheilt 1669, wo? — — — 15 Knaben und 19 Mädchen aus 16 Familien; 1669 zu Mellingen 22 Knaben und 18 Mädchen, wobei die von Rüttihof[2] inbegriffen.

1684 den 14. April ist Hr. Dekan Christian Surläuli zum Pfarrer nach Göslikon ernannt worden.

1684 den 22. April kam Jakob Hertle von Baden an des obigen Stelle als Pfarrer nach Fislisbach.[3]

Unter ihm wurden gefirmt:

1693 zu Mellingen 18 Knaben und 25 Mädchen, inbegriffen die von Rüttihof.

1707 zu Baden 19 Knaben und 13 Mädchen;

1710 zu Baden 25 Knaben und 23 Mädchen.

1686 wurde dem Hrn. Pfarrer Hertle auf sein billiges Gesuch das Pfrundeinkommen an Wein von 6 Saum auf 10 verbessert — jedoch nur als freiwillige Zulage ohne Consequenz — so daß der Pfarrer dafür als sogenannten Gnadenwein jedesmal bittweise einkommen mußte.[4]

In der Folge wurde dann diese Zugabe je nach Umständen und Weinernten entweder ganz, oder nur zum Theil, oder gar nicht bewilliget. Nachdem später der Spital dem Pfarrer in Fislisbach ein besonderes Rebstück erstellt hatte, erhielt der Pfarrer nur noch die ordentliche Weinkompetenz mit 6 Saum. Letzlich wurden in Folge Zehntenloskauf auch diese 6 Saum nicht mehr in Natura, sondern in Geld pr. Fr. 35 bezahlt.

Bei Erwähnung der Wein= und Holzkompetenz führen wir

---

[1] Ebend. — [2] Pfarrrchv. Vergleiche oben Seite 54. — [3] Kanzlei Baden V. — [4] Ebend.

die Notizen des Jahrzeitb. S. 11 an, die uns über das Pfrund=
Einkommen, wie solches in der frühesten Zeit (ab antiquo.
wie die Randbemerkung sagt) gewesen, einigen Aufschluß geben.
Hiernach gehörten zu den Pfrundgefällen:

„Die **Bannales** ¹) — diese sind 3 Schilling, welche die
Kirchhörigen geben, und die Sühne= oder Bußgelder, 1 Pfund
und 2 Schl., von welchem der Leutpriester, der Kirche 2 Schl.,
dem Rektor 1 Pfund zu bezahlen hat." — Ferners „hat der
Leutpriester von der Kirche als Einkommen zu beziehen: 24
Mütt Roggen, 14 Mütt Waizen, 6 Viertel Erbsen, 6 Viertel
. . . . 6 Viertel Gersten." ²) -- Weiter gehen die ältesten
Notizen nicht.

Ferners enthaltet das alte Jzb. Seite 38 die „Nota: daz
Gras und obs uf dem Kilchhof ghört dem sigristen und ein
matt plätzli gelegen im Wiger und ein Acker ob dem Holz stoßt
ein halb die langi an die ros matten. — item uf rori ein pletz
bi dem bach.

1689 Ist dem Hrn. Pfarrer Jakob Hertle in Beisein des
Hrn. Dekan über verschiedene von seinen Pfarrkindern einge=
reichte Klagen -— namentlich wegen „seinem ungeberbigen oft
in Thätlichkeiten übergehendem Benehmen", wodurch er sich bei
Alt und Jung mißbeliebig gemacht haben soll — „ein Verhalt
gemacht und eine väterliche Mahnung ertheilt worden, worauf
derselbe ein besseres Benehmen versprochen hat." ³)

---

¹) Vergl. S. 39. Note 1.
²) Lib. Anniv. April 2. Die Notiz lautet wörtlich: „Nota. Bannales
huius eccle sunt tres solidi et subditi dant et consolaciones sunt una
lib. den 2 sol. de quibus solvit plebanus hj. (huic?) ecclesie ab antiqua
consuetudine 2 β dn; rectori 1 lib. dn. — Nota: plebanus huj eccle
habet ab eccla hanc in red-dibus 24 Mod. siliginis et 14 Mod. tri-
tici et 6 quartalia in pisis et sex in . . . et 6 in ordeis." — Nach
einer Abschrift der oft schwer zu entziffernden Notizen des Jahrzeit=
buches, die wir der zuvorkommenden Güte des Hrn. Chorherrn J. Aebi
hiemit bestens verdanken.
³) Kanzlei Baden V.

Das bessere Einverständniß mit den Pfarrkindern scheint nicht entschieden nachhaltig gewesen zu sein, in dem er 1718 in Folge wiederholt gegen ihn von der Bauersame geführten Beschwerden auf die Pfarre resignirte.

Indessen muß sein Verhältniß zur Gemeinde ein so ganz unleidliches nicht gewesen sein, da er länger als alle seine Vorgänger — d. i. 36 Jahre bei derselben aushielt; ebenso ist es ein Zeugniß seiner anderseits guten Eigenschaften und Verdienste, daß das löbliche Kapitel Regensberg ihn zum Sextar ernannte. Ferners zeugt von dessen Pflichttreue und pastoralen Thätigkeit der häufigere Zutritt zu den hl. Sakramenten — maaßen die Zahl der Kommunikanten unter ihm auf 180 stieg; so wie das, daß die Rosenkranzbruderschaft unter ihm oder durch ihn den 5. Juli 1705 erneuert d. i. aus der Erschlaffung zur neuer Bethätigung erweckt worden ist.[1] — Indessen, wie gemeldet, resignirte er, und wurde an dessen Stelle

1718 den 29. Okt. zum Pfarrer gewählt: Franz Keller — d. Z. Coadjutor in Baden.

1724 wurde dieser auf den Fall, daß ein Kanonikat an der Stift Baden erlebigt werde, zum voraus als Chorherr designirt, was ihm faktisch 1733 zu Theil wurde.[2]

1732 resp. 1733 ist in Folge obgenannter Beförderung die Pfarre Fislisbach dem Heinrich Surläuli, Kaplan in Rohrdorf, übertragen worden.[3]

1748 den 4. April starb Hr. Surläuli. Da er die sog. Redemtion nicht geleistet hatte, machte die Spitalverwaltung Mine, das Jus spolii auf dessen Hinterlassenschaften anzuwenden.[4]

1748 den 5. April wurde an des obigen Statt zum Pfarrer erwählt: Coadjutor Joseph Anton Wüst. Er verwaltete das Amt nicht volle 4 Jahre, als er am 4. Jänner 1752 — und

---

[1] Siehe: Titelblatt des alten Bruderschaftsrodels im Pf.-Arch. — [2] Kanzlei Baden VI. — [3] Ebend. — [4] Ebend.

zwar unter Verkündung des göttlichen Wortes — vom Tode abberufen wurde.¹) — Schon den 26. desselben

1752 schritt der Kollator zur Wiederbesetzung, und erwählte als dessen Nachfolger zum Pfarrer den Johann Baptist Müller, d. Z. Kaplan in Baden, der aber erst den 27. Februar von der Pfründe Besitz nahm. An ihm erhielt die Pfarrei einen Mann, der ihr 47 Jahre lang segensvoll vorstand.²)

Von dessen priesterlichen Thätigkeit und religiösem Eifer, so wie dem frommen Sinn der Gemeinde mögen folgende Data zeugen.

Bis dahin hatte man in Fislisbach den hl. Kreuzweg — d. i. die sog. Stationen — noch nicht. Diese nun einzuführen, wandte Pfarrer Müller sich, um die betreffende Ermächtigung zu erhalten, an die apostolische Nuntiatur in Luzern.

Unterm 21. Febr. 1757 erhielt er durch den Nuntius Bursalini die gewünschte Erlaubniß, mit der üblichen Einschränkung, daß laut den apostolischen Konstitutionen die Einführung des genannten Kreuzweges durch die Religiosen eines hiezu bevollmächtigten Ordens vorzunehmen sei. Dieses geschah den 13. März 1757 durch die ehrw. Väter «F. Erasmus Lachensis und Fr. Mauritius Tugiensis, Ordinis St. Francisci, consentiente et rogante parocho loci J. B. Müller». Somit verdankt die Pfarre Fislisbach der Vorsorge ihres Pfarrers J. B. Müller die gegenwärtig noch bestehende so schöne, erbauliche und mit Ablässen begabte Stationenandacht.³)

Ebenso ist ohne Zweifel ihm der Erlaß der Bulle zuzuschreiben, womit Papst Klemens XII. unterm 5. April 1764 die Pfarrkirche von Fislisbach mit einem vollkommenen Ablaß auf die Dauer von 7 Jahren (ad Septeni:) begabt — kraft dessen er allen Christgläubigen, welche — indem sie mit wahrer Reue das hl. Buß- und Altarssakrament empfangen —

---

¹) Trüb pag. 10. — ²) Kanzlei Baden VI. — ³) Pfarrarchiv.

die Pfarrkirche in da am Feste der hl. Agatha, ferner am unmittelbar darauf folgenden Sonntag, sowie am Feste der Himmelfahrt Mariens andächtig besuchen und um die Eintracht der Fürsten, Ausreutung der Irrlehren und Erhöhung der Kirche innig beten — an jedem dieser Tage — durch Gottes Barmherzigkeit vollkommene Nachlassung aller ihrer Sünden gewähret. — Uebrigens, schließt die Bulle, "wollen wir, daß, sollten der genannten Kirche, Kapell oder Altar noch andere Ablässe — sei's für immer oder auf unbestimmte Zeit — verliehen sein — oder für deren Ertheilung, Ausspendung oder Publizirung irgend eine wenn noch so kleine Bezahlung gefordert, oder ein freiwilliges Opfer aufgenommen werden — daß dieselben null und nichtig seien." [1]) Gegeben zu Rom — Card. Antonellus. «Gratis pro Deo & Sts.»

Es ist nicht ersichtlich, daß die Ablaß-Bulle nach Ablauf der 7 Jahre erneuert wurde.

Da die Kirche zu Ehren der hl. Jgf. und Mrt. Agatha geweiht und sonach diese hier als Kirchenpatronin verehrt ist, so war es gewiß der sehnlichste Wunsch der ganzen Gemeinde, wie des Pfarrers, eine Partikel ihres hl. Leibes zu besitzen. Endlich hatten sie die Freude, durch Vermittelung eines Hrn. Uhr von Glarus — eine solche unterm 30. März 1779 zu erhalten. Wie die Sendung selbst, so ehrt nicht minder das Begleitschreiben den großmüthigen Erwerber und Uebersender. Es lautet:

"Hochw. Hr. Pfarrer! Endlich nach vieler und langer Mühe habe den erwünschten Partikel der hl. Agatha durch einen Emin. Cardinal in Rom bekommen und durch Lieutenant Stelli von Glarus an meinen Hrn. Vater abgeschickt. Ich hoffe, Euer Ehrwürden werden selben mit derjenigen Freude und inbrünstiger Andacht empfangen, als ich mich ihn zu bekommen

---

[1]) "Volumus autem ut si pro impetr — administrand. etc. etc. (indulgent.) pretium vel minimum detur, aut sponte ablata recipiatur, penitus nullae sint."

bemüht habe, nicht zweifelnd, diese große Heilige werde Ihnen und Ihren Pfarrangehörigen, wie bishin durch mächtige Fürbitt beistehen und in allen Anliegen wahre Trösterin sein — ich aber bitte Ew. Hochw. bei dem hl. Meßopfer meiner eingedenk zu sein, der ich das Vergnügen habe mich zu nennen: Neapel, 30. März 1779 Jos. Ambros Uhr."

Der Partikel war die Authentik — d. i. die Bescheinigung von deren Aechtheit beigelegt. Sie lautet wörtlich übersetzt:

Wir N. Landini-Vorstand der apostolischen Heiligthümer, Assistent beim päpstlichen Throne, urkunden, daß wir zum Geschenk gegeben eine Partikul von den Gebeinen der hl. Agatha Jgf. und Martyrin, die wir an authentischer Stelle erhoben, in ein ovales silbernes Gefäßchen gelegt, mit einem Glas verwahrt, und dieses mit einem rothen Seidenfaden umbunden, mit unserm kleinen Petschaft haben besiegeln lassen, mit der Erlaubniß, dieselbe bei sich zu halten, zu verschenken und in der Kirche zur öffentlichen Verehrung auszustellen.

Siegel. Rom, den 10. Jänner 1779.
Jos. Ducid, Sec.

Wohl war die Kirche schon um das Jahr 1766 im Besitz von gewissen Reliquien, indem den 3. Dezember 1766 Pfarrer Müller von Seite des Vicarius Generalis durch Pfr. Frey in Schneisingen die Anzeige erhielt, daß, ehe die von Rom erhaltenen Reliquien der öffentlichen Verehrung ausgesetzt werden können, es nöthig sei, dieselben nach Konstanz zu senden, um zu untersuchen, ob sie ächt seien oder nicht. Allein was für Reliquien dieses gewesen — ob sie nach Konstanz kamen — und die Genehmigung ausgesprochen wurde, oder nicht, ist nicht zu ermitteln. Immerhin war jene Aufforderung beim Pfr. Müller hinreichend, um die nun jüngst erhaltenen Reliquien der hl. Agatha zur Feststellung ihrer Aechtheit dem General-Vicar zu übermitteln; wornach auf der Rückseite der Authentik die Anerkennung und kirchliche Erlaubniß zur Verehrung ausgesprochen wurde, wie folgt:

«Retroscriptas Reliquias a nobis revisas atque recognitas publice Di. fidelium venerationi exponendo licentiam in Do impertimur. — Const. 21. Nov. 1779. Bissigen. Genr. Vic.»

Einige Jahre später erhielt die Kirche ein noch vorzüglicheres Reliquiar — eine Partikel vom wahren Kreuze unsers Erlösers J. Christi. Die betreffenden Akten bestehen in der Authentik und in zwei Notizen.

Die Authentik lautet: «F. R. Nicolaus Landini Sacrarii Apostolici Præf. ac Pontif. Solii Assistens testamur qualiter nos dono dedimus Particulam de ligno Ssmo. Crucis Dni ac Salvatoris nostri Jesu Christi ex locis autenti, extract posit in Cruce crystallino filoque argenteo ornat, quam filo serico rubro circum ligatam nostro parvo sigillo obsignari mandavimus, eidemq. ut prædict St. Reliquiam — aliis donare et in quacunq. Eccl. exponere valeat, in Dno facultatem concessimus. In quorum fidem.
Romæ 9. Octobr. 1781.
L. S. Jos. Ducid, Sec.

Mit Ausnahme, daß hier die Urkunde sich auf eine Patikel vom Holze des allerheiligsten Kreuzes unseres Herren und Erlösers Jesu Christi bezieht, lautet die Uebersetzung ganz, wie die vorgehende, daher es an der Mittheilung des Originaltextes genügen mag.

Die zwei hierauf bezüglichen Notizen befinden sich auf der Rückseite der Authentik; die erste — in verschrobenen undeutlichen Zügen, mag lauten: „Deißer parebickhul gehört der ana Catharina köster (?) bescheint Sebastian Joseph Uhr groß Vaber, den 25. Wintermonat 1786."

Die zweite Notiz, enthaltend die bischöfliche Genehmigung von Konstanz, vermöge welcher die fraglichen Reliquien vom hl. Kreuz — als ächt erkannt — der öffentlichen Verehrung ausgestellt werden dürfen — lautet: «Retrosignatas Particulas de ligno Crucis D. N. J. Ch. desumtas publicæ Di fidelium Venerationi Cultuique exponendi licentiam præsentium vigore in Do impertimur. Dat. Constantiæ 27. Mai 1796. Bissingen Vicar. General. (L. S.) [1]

Aus dem Gesagten geht hervor, daß fragliche h. Kreuzpartikel den 9. Oktob. 1781 von Rom aus verabfolgt wurde, daß dieselbe, wenn nicht ursprünglich, so doch unterm 25. Wintermonat 1786 im Besitz einer Privatperson sich befand — und erst um das J. 1796 in den Besitz der Kirche zu Fislisbach gelangte.

Gegenwärtig zeigt das krystall=gläserne Kreuzchen einen (gewaltsamen) Riß — seit wie langer Zeit weiß man nicht.

Noch mag aus der Pastorationszeit J. B. Müllers Folgendes erwähnt werden.

1770 den 14. Dezember wurde derselbe, da er gefährlich erkrankte, durch das Spitalamt zur Entrichtung der Redemtion (Auskauf de Jure spolii) per fl. 100 aufgefordert. Wiedergenesen entsprach er der Anforderung anno 1777. [2]

1782 fand eine Ausmarkung des Pfrunblandes statt. —

Wie mancher kathol. Pfarrer, so befand sich auch B. Müller beim Ausbruch der französischen Revolution in einer etwas kritischen Lage. — In der Nacht vom 22. April 1798 nämlich wurde der in Fislisbach aufgestellte Freiheitsbaum, wie schon Seite 14 gemeldet, umgesägt. Dieses verursachte großen Rumor, wobei — wie es scheint — auch der Pfarrer verdächtigt wurde. Denn schon Tags darauf kam von der prov. Regierung in Baden — und zwar — wenn es nicht aus Versehen oder Nachlässigkeit von Seite der Kanzlei geschah — sonderbarer Weise, nicht etwa an die politische Gemeindebehörde, sondern direkte

---

[1] Pfarrarchiv. — [2] Kanzlei Baden VI.

an den Pfarrer ein Erlaß zur Bekanntmachung, worin einerseits die frevle That geahndet, anderseits die Wiedererrichtung eines Freiheitsbaumes anbefohlen wird — mit der Drohung: „Widrigenfalls daraus entstehende Gefahr und Schaden=Ersatz auf Sie" (sic — d. i. der Pfarrer, nicht sie — d. i. etwa die Frevler, oder die Gemeindsbehörde) „gelegt und nur einzig auf ihre — (ihre der Thäter, oder Ihre des Pfarrers?) Verantwortung gestellt werden solle".

Nun: wie immer das sonderbar adressirte und unklar gefertigte Schreiben — namentlich die zwei letzten Sätze zu verstehen sein mochten — dem Pfarrer gelang es, sich gänzlich von Schuld und Verdacht zu reinigen; indem ihm schon folgenden Tags von Baden aus das Zeugniß gegeben wurde: „Daß er weder zur Parthie derjenigen gehöre, die der neuen Konstitution Feind seien, noch Etwas unternommen habe, das gegentheilige Gesinnungen verrathe."

Als Muster des damaligen Kanzleistyls lassen wir das betreffende Zeugniß folgen:

«Liberté — Egalité.»

«La municipalité de la ville Baden certifice par le Soussigné, que Cttoyen Jean Baptiste Müller ministre a Fislisbach, etant de la Communauté de la dite ville de Baden, n'a jamais fait partie avec ceux, qui ne veulent point la nouvelle Constitution, et qu'il n'a jamais essayé aucune Chose, qui prouveroit des Sentiments contraires. Baden en Suisse ce 25 Avril 1798.» [1]) Dorer Secretaire.

Unter Pfarrer J. B. Müller, schreibt Trüb, nahm die Gemeinde sowohl an Bevölkerung als an Wohlstand ungemein zu, bis 1784 eine Feuersbrunst, 1796 eine Viehseuche und 1798 die daher brausende französische Revolution sie in frühern elen=

---

¹) Pfarrarchiv.

den Zustand zurückzuschleudern drohte. — Unter diesen Umständen, oder wohl mehr durch hohes Alter bewogen, sehnte er sich nach einer diesem entsprechenden Stelle, die ihm dann auch 1799 nach einer 47jährigen Pastoration verdientermaßen, mittelst eines Kanonikats in Baden zu Theil wurde. — Was die Gemeinde beim Verluste ihres theuren Seelsorgers tröstete, war, daß sie 1799 den 4. Febr. an Bernard Müller einen Nachfolger erhielt, der in dessen Fußstapfen wandelte, — der, zumal kundig der französischen Sprache, beim Einmarsch der Franzosen der Gemeinde wesentliche Dienste leistete, indem er — „für die sich nicht verstehenden Menschen itzt ihr Dolmetscher itzt ihr Friedens-Engel war." [1])

Als merkwürdig aus dieser Periode darf hier notirt werden die Bettags-Proklamation der helvetischen Regierung in Bern, wodurch sie auf den 12. Sept. 1802 in wohlthuender Sprache einen allgemeinen Bet-, Buß- und Danktag anordnete. [2]) — Ebenso angemessen lautet das Rundschreiben des bischöfl. Kommissars an die Geistlichkeit des „uralten kathol. Kapitels Regensberg", worin er sie anweist, das Fest auf's Feierlichste — namentlich mittelst einer passenden Rede („besondere Anzüglichkeiten, bittere Ausfälle würden die ganze Feierlichkeit entheiligen") — zu begehen. Ferners:

1803, 4. Sept. wurde im Aargau für sämmtliche Pfarreien das Institut der Sittengerichte gesetzlich eingeführt. Um deren Kompetenz und Wirksamkeit — in damaliger Zeit — Etwas anschaulich zu machen, lassen wir die erste Verordnung, die das Sittengericht von Fislisbach getroffen, im Auszuge hier folgen:

---

[1]) Trüb 11—14.
[2]) Wie ganz anders 1873, indem Aargau keine Bettags-Proklamation, Bern hingegen eine erläßt voll der gehässigsten, aufreizendsten Schmähungen der römisch-kathol. Kirche!

„Das Sittengericht der löbl. Pfarrei Fislisbach an alle Pfarrei-Angehörige."

„Seitdem die Aufsicht über die Handhabung guter Sitten uns anvertraut ist worden, überzeugten wir uns nicht ohne Bedauern von dem in unserer Gemeinde immer mehr um sich greifenden Sittenverderbnisse, vorzüglich bemerkten wir daß die Gott geheiligte Sonn- und Feiertage durch knechtliche Arbeiten, Tänze und andere Gattungen der Ausschweifungen entstellt, von Vielen der Pfarrgottesdienst und der damit verbundene Religionsunterricht ausgewichen und vernachläßiget werde.

Um diesen verderblichen Mißbräuchen zu steuren, glauben wir uns von Amtswegen aufgefordert, Folgendes zur allgemeinen Befolgung festsetzen zu müssen:

1. Werden alle Pfarrangehörigen so viel es immer sein kann an Sonn- und Feiertagen mit Andacht dem Pfarr-Gottesdienst beiwohnen. . . . Den Eltern jedoch wird untersagt, unmündige Kinder mit sich in die Kirche zu schleppen.

2. Ist allen Mitgenossen unserer Pfarrei verboten, während des vormittägigen Gottesdienstes, Christenlehre und Abendrosenkranzes Schenkhäuser zu betreten. . . . .

3. Da die Heiligung der Sonn- und Feiertage alle knechtliche Arbeiten sowohl, als allen öffentliche Gewerb von selbst ausschließt, wird aller öffentliche Kauf und Verkauf an diesen Tagen eingestellt. Vieh schlachten, auswägen, zur Zeit des Pfarr-Gottesdienstes auf die Weide treiben, Wäsche einlegen und aufhängen, Sechten, Grasen, wie auch alles Fuhrwerken der Müller, alles Jagen und dergleichen soll vermieden werden. In außerordentlichen Fällen aber, wo z. B. Witterung u. s. w. die Arbeit nothwendig machen, wird hiezu die Erlaubniß des Hochw. Pfarrers eingeholt werden.

4. Alles Spielen und Kegeln soll an Sonn- und Feiertagen bis nach geendigter Christenlehre — auch unter dem Abend-

Rosenkranz — unterbleiben, und nur zum Zeitvertreib und Erholung, nicht auf Gewinn und Gewerb erlaubt seien.

5. Alle Wirthshäuser sollen ohne Ausnahme der Jahreszeit Abends um 9 Uhr geschlossen und Niemanden, außer fremden Reisenden, längern Aufenthalt gestattet werden.

6. Alles nächtliche Schwärmen auf den Straßen wird auf das Schärffte untersagt und verboten.

7. Das Tanzen an allen Sonn- und Feiertagen in und außer der Pfarrei, die Kirchweihe, Fastnacht- und Erntesonntag ausgenommen, ist gänzlich untersagt.

8. Werden alle Hausväter und Hausmütter ernstlich aufgefordert, ihre Kinder sowohl, als die erwachsenen ledigen Söhne und Töchter, wie auch ihre Dienstboten dem christlichen Unterricht fleißig zuzuschicken.

9. Um die in der Gemeinde bestehende Schulordnung zu handhaben, vermöge derer die Eltern verpflichtet sind, alle ihre vom Herrn Pfarrer als schulfähig erklärte Kinder so lange in die Schule zu schicken, bis sie zur hl. Kommunion zugelassen werden, sollen die hierin nachläßigen Eltern auch in Zukunft mit der im vorigen Jahre bestimmten Geldbuße belegt werden. Das Sittengericht erwartet . . . . . u. s. w.

Vorstehende Verordnung soll in der Pfarrei Fislisbach pünktlich befolgt werden und dem dasigen löbl. Sittengericht die kräftigste Unterstützung zugesichert sein.

Baden, den 15. Nov. 1803 — Der Bezirksamtmann
          Baldinger."

In Folge angegriffener Gesundheit, ja gleichsam seinen nahen Tod ahnend, sah B. Müller — in der Blüthe des Lebens stehend — sich genöthiget, um eine leichtere Stelle sich umzusehen. Seinem Wunsche wurde 1804 durch ein Kanonikat in Baden entsprochen.

1805 folgte ihm in der Pastoration nach Franz Xaver

Surläuli d. J. Schulherr und Coadjutor zu Baden, der den 25. Oktober von der Pfründe Besitz nahm.

Bisanhin wurde zu Pfingsten **gleichzeitig von acht Pfarreien** ein Bittgang nach Baden abgehalten. Da kam, um Unordnungen vorzubeugen, unterm 26. Mai 1810 vom bischöfl. Ordinariat in Konstanz an die betreffenden Pfarrämter folgender Erlaß:

„Anmit treffen wir nach dem uns vorgelegten Gutachten in Ansehung des zur Pfingstzeit üblichen Bittgangs nach Baden folgende Verfügung:

1. Von den Gemeinden Ehrendingen, Längnau und Kirchdorf ist der Bittgang künftig am Pfingstdienstag abzuhalten;

2. Am Mittwoch nach Pfingsten halten ihren Bittgang die Gemeinden Rohrdorf, Fislisbach und Birmensdorf;

3. Die Gemeinden Wettingen und Würrenlos unterlassen den Bittgang völlig, wie sie sich selbst geneigt dazu gezeigt haben, und halten statt desselben eine Andacht in der Pfarrkirche.

4. Sollte eine oder die andere der obgen. Gemeinden dahin vermocht werden können, dem Beispiel Wettingens und Würrenlos zu folgen, so geben wir dazu mit vollem Beifall unsere Genehmigung. . . . Dieser Beschluß ist von uns der hohen Kantons-Regierung mitgetheilt worden mit dem Ersuchen, die betreffende Amtsbehörde gehörig anzuweisen."

sig. Wessenberg. [1]

Bei den Nachwehen der französischen Revolution und den Umgestaltungen der Schweiz, dem wieder ausbrechenden großen europäischen Kriege von 1812 auf 1814 und dem ihn begleitenden bösartigen Nervenfieber, das zumal in Fislisbach verheerend auftrat, war die Stelle des gegenwärtigen Pfarrers so wenig zu beneiden, als die des Vorgängers. — Nach einer

---

[1] Einige Jahre später folgte Fislisbach dem vorgenannten Beispiel und hält statt des Bittgangs eine entsprechende Andacht in seiner Kirche.

10jährigen vielseitig in Anspruch genommenen Pastoration wurde er zum Chorherr nach Baden befördert.

Unter seiner Pastoration ertheilte 1808 den 25. Juli de Bissingen, Suffragen-Bischof von Konstanz, in Baden die hl. Firmung 67 Knaben und 46 Mädchen aus Fislisbach.

Ob dieser, hierorts der letzte Firmakt von Seite des seiner Auflösung entgegengehenden uralten Bisthums Konstanz gewesen? ist nicht ersichtlich — wahrscheinlich [1]).

Als kirchengeschichtlich merkwürdig ist aus der Napoleonischen Periode hier Folgendes einzuschalten: Denn was bei all den harten Bedrängnissen jener Zeit in Besondern das katholische Volk mit Bangigkeit und Betrübniß erfüllte, dann aber am Schlusse des Dramas dasselbe wiederum auf's Neue zum Vertrauen auf den Stifter seiner Kirche stärkend erhob — kann auch das kleinste katholische Dörflein und seinen Seelenhirten nicht unberührt gelassen haben — es ist dieses die Okkupation Roms im Jahre 1798, die Gefangennahme und Wegführung des hl. Vaters Pius des VI., der am 29. August 1799 zu Valence in der Gefangenschaft starb; sowie die Gefangenhaltung Pius des VII. von 1809 bis 1814; ferners — die von Pius — dem Gefangenen über den mächtigen Kaiser den 10. Juni 1809 ausgesprochene Exkommunikation — endlich der Triumph, unter dem Pius VII. 1814 den apostolischen Stuhl wieder bestieg, während Napoleon, der Dränger, entthront auf der öden Insel St. Helena in der Gefangenschaft starb. [2])

1814 den 28. März wurde an die Stelle des Hrn. Surläuli gewählt

---

[1]) Wenigstens findet sich keine Notiz eines spätern Firmakts von Seite des Bischofs von Konstanz.

[2]) Vierundvierzigmal sind die Päpste aus Rom vertrieben worden, aber Alle, die an ihrer Statt dort eingezogen sind, mußten wieder ausziehen; die vertriebenen Päpste dagegen sind dort wieder eingezogen. (Kath. Beweg. 1872, pag. 120.)

Karl Trüb

r. Z. Schullehrer in Baden, gebürtig von Arbon, Kt. Thurgau. Herr Karl Trüb war ein gesellschaftlicher, ein gebildeter und einsichtsvoller Mann, ein ehrwürdiger glaubenstreuer Priester, dem als Pfarrer besonders die Schule und die Erziehung der Jugend am Herzen lag. Eine deßfalls im Pfarrarchiv liegende Zuschrift, von ihm entworfen, an den Bezirksschulrath unterm 29. September 1851, zeigt uns, wie richtig er das Verhältniß der Schule zum Pfarramte erfaßte, und wie ernst er die Rechte und Pflichten desselben zu wahren und zu erfüllen bestrebt war. Nicht uninteressant für unsere Zeit, schreibt er dießfalls: "Der Elementarunterricht, den der Lehrer in der Schule ertheilt, und das, was er zur Erziehung beizutragen hat, hängt mit dem moralischen und religiösen Unterricht, der dem Seelsorger obliegt, auf's innigste zusammen. Seelsorger und Schullehrer stehen also in Ansehung dieses ihres gemeinschaftlichen Wirkungskreises im nächsten Verhältniß zu einander. Auch zeigt die Geschichte, daß die Errichtung der Kinderschulen ursprünglich eine geistliche Anstalt war, und daß die Leitung derselben immer als ein Geschäft des Seelsorgers angesehen wurde. In den Dekretalen cap. 3 de vit. et honest. Cler. kommt ein Kanon aus dem Konzil von Nantes vor, wodurch jeder Pfarrer angewiesen wird, einen Kleriker (Gehülfen) bei sich zu haben, qui possit scholas tenere, der Schule halten könne."

"Auch nachdem der Staat sich des Schulwesens angenommen, nach den wirklich bestehenden Gesetzen im Aargau, ist der Seelsorger nicht nur erster Aufseher seiner Schule und hat somit (nicht nur als solcher) "sondern auch als Mitglied des Sittengerichts Antheil an dem Rechte bei Anstellung des Schullehrers, so daß es für ihn eine Gewissenssache ist, sich durch keine persönliche Rücksichten leiten zu lassen, sondern die genaueste Sorgfalt zu tragen, daß die Schule einen rechtschaffenen, eifrigen und in jeder Rücksicht brauchbaren (unklagbaren) Mann erhalte."

Ferners hat Fislisbach der Thätigkeit des Hrn. Trüb sowie seinem Sinn für Geschichte mehrere die Gemeinde betreffende Notizen zu verdanken.

Nachdem er sich während einer 4jährigen Pfarrführung bereits mit den Verhältnissen seiner Gemeinde allseitig vertraut gemacht hatte, verfaßte und hinterließ er eine „kurze Darstellung des ehemaligen und itzigen (1814) Zustandes der Gemeinde Fislisbach in historischer und landwirthschaftlicher Hinsicht. Eine Sammlung für das Pfarrarchiv [1]) daselbst". Es ist dieses das in vorliegender Schrift oft benutzte Pfarrmanuskript. Diese Arbeit ist als erster Versuch einer geschichtlichen Darstellung Fislisbachs um so verdankenswerther, als das Pfarrarchiv, wie wir bisher gesehen haben, nicht nur keine Urkunden besitzt, sondern überhaupt arm an geschichtlichen Aufzeichnungen ist, anderweitige Quellen aber damals entweder schwer zugänglich, oder zu wenig erforscht waren und daher unbenutzt blieben.

In die Pastorationszeit Trübs fallen zwei wichtige Ereignisse — die Auflösung des Bisthums Konstanz und die Neukonstituirung desjenigen von Basel in Solothurn; anderseits der Abbruch der alten Kirche und der Bau einer neuen zu Fislisbach.

Wie dem Sturze Napoleons große politische Umgestaltungen folgten, so fällt in diese Zeit d. i. v. 1814 auf 1830 auch eine der folgereichsten kirchlichen Begebenheiten für mehrere Kantone der Schweiz — namentlich für den katholischen Theil des Aargaus. Es ist dieses die Umgestaltung des uralten aus dem Aargau — von Vindonissa nach Konstanz verlegten Bisthums, ein Ereigniß, wodurch das Band, welches den Aargau, sowie andere katholische Gebiete der Schweiz an dasselbe zwölfhundert

---

[1]) Das Manuskript findet sich in Doppel von seiner Hand, das eine zu 9 Seiten, das andere — bei welchem der Schluß fehlt — zu 8 Seiten, sowie in einer lesbaren Kopia von anderer Hand zu 20 Seiten — und auf welche unsere Zitate sich beziehen.

Jahre lang geknüpft hatte, den 12. Oktober 1827 ¹) aufgelöst wurde — in Folge dessen die Pfarrei Fislisbach resp. der Aargau provisorisch anfänglich unter das Provikariat Göldlin's, Propsten in Bero-Münster, später aber unter die Bisthums-Verwaltung von Chur kam, bis er endlich, nach vielen Verhandlungen, den 29. Mai 1830 mit dem aus den übrigen abgelösten Theilen neu gegründeten Bisthume Basel ebenfalls, mittelst Zustimmung des Großen Rathes, förmlichst vereiniget wurde. Der erste Bischof der neu umschriebenen Diözese Basel, wohnend in Solothurn, war Jos. Anton Salzmann von Luzern, Propst und Professor in da, geb. den 25. April 1780 — zum Bischof ernannt den 10. Dezember 1828.

Eine andere speziell für Fislisbach wichtige Angelegenheit, die noch in die Pastorationszeit Trüb's fällt, und die ihn gegen das Ende seines Lebens zumeist in Anspruch nahm, ist die Erbauung einer neuen Pfarrkirche. Bevor wir jedoch das Nähere hierüber sprechen, wollen wir zur Erinnerung für spätere Zeiten hier einige Notizen — den alten Bau betreffend — zusammenstellen, wie sie von noch lebenden Augenzeugen uns überliefert werden.

Alte Kirche.

Wann diese gebaut und als Templum St. Agathæ V. et M. eingeweiht worden ist, finden wir nicht aufgezeichnet. Wohl erwähnt das Staatsarchiv zu Aarau eines „Steuerbriefs denen zu Fislisbach zur Erbauung einer Kirche de 1520". Allein, ob — wie bereits früher bemerkt wurde — dieser Bau zur Ausführung gekommen und ob diese Notiz sich auf die fragliche alte Kirche wirklich beziehe, wissen wir nicht.

Genannte alte Kirche ²) befand sich, umgeben vom Begräbniß-

---

¹) Laut einer Kundmachung des Bisthumsverwesers Wessenberg.
²) Nach einer Mittheilung des Hrn. Pfarrer Widmer.

platze, auf der abschüssigen Stelle, ja innert dem Fundamente der gegenwärtigen neuen Kirche.

Sie hielt in der Länge beiläufig 50 Fuß, in der Breite 28 Fuß; die zwei Seiten waren versehen mit je drei Fenstern, deren Scheiben sechseckicht. Der Länge nach hatte sie Mitte durch einen Gang von 4 Schuh Breite, neben an 2 Reihen Stühl, in denen je 6 Personen Platz fanden; der Chor war klein, aber fest gebaut mit einem Fenster, und hatte rechts eine kleine außerhalb angebaute Sakristei mit 2 kleinen Fenstern. Unter der Sakristei befand sich ein Gewölbe für Todtengebeine, später für Grabwerkzeug, in welches man, da der Boden unter demselben sehr abschüssig — bequem von außen her gelangte. Die Altäre betreffend, so hatte die Kirche, wenn nicht von Anfang — doch von 1621 an ¹) drei Altäre mit gemalten Altarblättern, als: das der hl. Agatha im Chor mit deren Bild; das Muttergottes=Altar mit dem Rosenkranzbild, endlich rechts — das 1621 dem hl. Erzengel Michael, hl. Mauritius, Verena und Heinrich geweihte — später zu Ehren des hl. Kreuzes errichtete nun genannte hl. Kreuzaltar. ²) Der Taufstein stund neben dem Muttergottesaltar. Ferners hatte die Kirche zwei Eingänge, als: rechts vornen beim Kreuzaltar den einen, den andern hinten unterm Gibel, so wie innerhalb eine Emporkirche; der Plafond des Gebäudes war eine flache Gypsdecke. ³) Der Thurm befand sich auf dem Chor, hatte eine Uhr und 3 Glocken. Zwei davon, die größere und kleinste, sind noch vorhanden, die dritte — mittlere — jedoch erlitt 1808 einen Umguß. ⁴)

---

¹) Vergleiche hiemit das oben Seite 121 Gesagte.
²) Siehe ebenfalls oben Seite 124.
³) Gyps statt Holz=Deck, eckichte Scheiben statt runde, weisen der Kirche ein nicht gar hohes Alter an, kaum ist sie die uranfängliche gewesen.
⁴) Nach einer Mittheilung des Hrn. Ammann Anton Heimgartner 1872.

Inschriften und Bilder an den 3 gen. Glocken.

Größere Glocke,

Am untern Rande steht: «S. S. Trinitas pelle bellum pestem cum fame per me.» In der Mitte befinden sich 3 Bilder: die hl. Dreifaltigkeit, das Bild einer hl. Jungfrau (Agatha), ein Schild außerhalb dessen 2 Löwen, innerhalb 2 Wappen mit einem doppelten Kreuze, endlich ein zweiter Schild mit der Inschrift: Johann Jakob Grieshaber in Waldshuth anno 1710.

Kleinste Glocke.

Am untern Rande heißt es: «Domine per intercessionem St. Agathæ a flama ignis libera nos.» In der Mitte befindet sich das Bild der hl. Agatha; ferners Jesus am Kreuze mit einem Todtenkopf unter demselben; endlich steht ebenfalls in einem Schild die Inschrift: Johann Jakob Grieshaber in Waldshuth 1710.

Mittlere Glocke.

Am untern Rande heißt es: Joseph Anton Brandenberg in Zug . . . . Aus dem . . . Das Uebrige unleserlich. In der Mitte die Bilder: Jesus am Kreuze — neben an: Maria und Johannes; dann Paulus und das Bild einer Jungfrau; ferners ein Schild mit zwei Löwen, am obern Rande: — — Omne bonum et pacem per Mariam concedat (Dominus) anno 1808. Das Uebrige unleserlich. [1])

Neuer Kirchenbau.

Da die Kirche bei der von Jahrzehnd zu Jahrzehnd zunehmenden Bevölkerung offenbar zu klein war, und beinebens in einem nicht sonderlich sehenswerthen Zustande sich befunden haben soll, redete man schon früher davon, daß hier beim Be=

---

[1]) Mittheilung von Hrn. Pfarrer Widmer.

dürfnisse abgeholfen werden müsse. Allein der Versuch scheiterte
bisanhin, weil man mit dem Kollator — bezüglich seiner Mit=
hilfe, nicht einig werden konnte. Wahrscheinlich um dieser mög=
lichst auszuweichen, reichte derselbe schon 1807 einen Bauplan
ein, dahin gehend, das Langhaus durch einen Anbau zu ver=
grössern, wobei dann das Chor unverändert geblieben. Die Ge=
meinde konnte jedoch zu einem solchen Machwerk sich nicht ver=
stehen. Sie wollte einen den Bedürfnissen für längere Zeit
entsprechenden Neubau. Fast 20 Jahre blieb die Sache liegen.
Endlich, auf Anregung und besondere Bethätigung des Herrn
Pfarrers Trüb und des damaligen Gemeinderaths [1]), ward das
Bauprojekt lebhaft auf's Neue zur Sprache gebracht. Vor der
Hand liessen sie 3 Baupläne sammt betreffender Devise durch
F. Obrist, Baumeister von Rheinfelden, anfertigen. Nachdem
sie sich hierüber besprochen und zu Nr. 1 verständigt hatten,
ward am 6. Oktober 1826 in fraglicher Angelegenheit eine Ge=
meindeversammlung abgehalten. Hr. Pfarrer Trüb berichtete
über die gepflogenen Unterhandlungen, eröffnete das Gutachten
und zeigte, dass — wenn der Kollator, wie zu erwarten, den
Chor mit Sakristei baue, die Gemeinde für den übrigen Bau,
Langhaus und Thurm, beiläufig 15,000 Fr. an Geld zu leisten
haben würde; wogegen aus dem Kirchenvermögen 10,000 Fr.
enthoben werden dürften. Hierauf ward von der Burgerschaft
einstimmig erkennt: Es soll nach vorgelegtem Plan eine neue
Kirche, und zwar sobald wie möglich, erbaut werden.

Unverweilt wandte sich nun der Gemeinderath an die hohe
Regierung um Genehmigung des Kirchenbaues und des vorge=
legten Planes, sowie um die Bewilligung, zum Behuf dessen
aus dem Kirchenvermögen 10,000 Fr. zu verwenden. Die Re=
gierung entsprach.

---

[1]) Im Gd.=R. befanden sich Jak. Schibli Ammann, Jakob Lz. Heim=
gartner und Jos. Schibli.

Mittlerweile wendete sich der Gemeinderath auch an den Kollator — resp. das Spitalamt Baden, um zu vernehmen, was dieses als Zehntherr und Kollator an den beabsichtigten Bau beizutragen gedächte. Allein man konnte sich mit demselben nicht verständigen.

Auf diese Weigerung des Kollators brachte der Gemeinderath die Angelegenheit in zwei Zuschriften dem Kl. Rathe zur Kenntniß, und bat um einen Entscheid. Unterm 19. Juli 1827 erließ dieser sodann folgende Erkanntniß:

„1. Der Kollator von Baden soll vom dortigen Pfrundlande gegen Entschädigung soviel abtreten, als zum Bau der Kirche nöthig sein wird.

2. Der Kirchenchor, so wie die einte Sakristei, als zum Kirchenchor gehörend, soll auf Kosten des Kollators nach dem genehmigten hier zurückfolgenden Plane Nr. 1 erbaut werden."

Später wurde, wie wir sehen werden, dießfalls eine gütliche Vereinbarung getroffen.

Nun schritt man zur Verakkordirung. Außer Hrn. Obrist hatte sich auch Baumeister Lang zur Uebernahme des Baues angemeldet. Beider anfängliche Forderung lautete auf 15,500 Fr.

Nachdem sich den 17. August die zwei Bewerber um 50 Fr. und dem Anerbieten, die Nebenstühle zu machen, heruntergesteigert hatten, ward in der Gemeindeversammlung vom 26. desselben der Kirchenbau mit 62 Stimmen gegen 1 dem Hrn. Lang zugeschlagen.[1] Zur nähern Beschreibung der Akkorde und Ausführung des Baues ward eine Kommission bestellt, bestehend aus dem Gemeinderath, ferners dem Jakob Heimgartner, Joslis, Jakob Wetzstein, Wagner Heimgartner, Wagner Schibli und Jos. Heimgartner Dorfmeiers.

---

[1] Herr Obrist wurde für die von ihm eingereichten Baupläne mit Fr. 80 bedacht.

Akkord.

Im Wesentlichen verpflichtet sich Herr Lang, das Langhaus und den Thurm der Kirche laut Plan zu bauen, als namentlich:

Das Fundament mit 8—10 Fuß Tiefe [1]), das Langhaus in der Länge 98 Fuß, in der Breite 58 Fuß, in der Höhe bis zur Decke 33 Fuß, außerhalb ringsum mit vorstehenden Sockeln und 12 Fensterlichtern, eine Emporkirche auf 2 Säulen mit Brustung, Boden, Bestuhlung und eichenen Treppen sammt Geländer, sowie einen Gyps- oder gelatteten Plafond; 2 Neben- und 1 Hauptporte von Stein mit gestempten eichenen Thüren, den Dachstuhl mit 2 Schuh Vorschuß zu bauen und doppelt mit Ziegeln zu decken; item im Innern der Kirche die zwei Neben-Altäre — jedes mit einem großen und kleinen Oehlgemälde nach Begehren, eine Kanzel wie die zu Baden und den Taufstein sammt Bedeckung aus Gypsmarmor dem Plane gemäß verfertigen zu lassen; die Röst zum Boden mit den Haupt-, Neben- und Beichtstühlen herzurichten und die Gänge mit steinernen Platten und benöthigten Tritten bis zum Chor zu belegen; ferners den Kirchthurm nach Plan aufzuführen — d. i. oberhalb des Fundaments bündig 16 Fuß breit, von da an in der Höhe bis zur First des Gebäudes 65 Fuß, von da bis zu oberst dem Helm 12 Fuß (also mit Fundament zirka 87 Fuß hoch), nebst Glockenstuhl, Lichtern, Böden und Stiegen; item die alte Kirche abzubrechen, die Glocken herunter zu lassen, diese im neuen Thurme aufzuhängen; endlich macht sich Lang nachträglich noch verbindlich, bei einer Zulage von 50 Fr. den Thurm um 10 Fuß — also — in's Aug bis auf 87 Fuß zu erhöhen, den Helm — (auf welchen das renovirte Kreuz des alten Thurms zu stehen kömmt) sechseckicht mit 4 Windbergen zu bauen, so wie schließ-

---

[1]) Die tiefe Fundamentirung war nöthig wegen der großen abschüssigen Lage des Bauplatzes.

lich den Bau außerhalb mit einem Besenwurf zu überziehen und die Gesimse von Holz mit Oehlfarbe anzustreichen.

Dagegen verpflichtet sich die Pfarrgemeinde:

Das Fundament zu graben und den Bauplatz zu räumen, Stein und Sand, Kalk und Wasser zuzuführen, drei Männer in den Steinbruch zu verordnen, während Lang nur zwei zu stellen hat; weiters: alle Fuhren auf 2 Stund Entfernung auf ihre Kosten zu leisten, sowie alles benöthigte Eichen= und Tannenholz [1]) — Laden und Fleckling, nebst dem Gerüstholz anzuschaffen, endlich für die Höherbaute des Thurms um 10 Fuß — nebst nöthigem Holz und Schindeln eine Zulage von Fr. 50 zu bezahlen und schließlich das Aufrichtemahl zu bestreiten.

Dieses ist der gegenseitige Vertrag, unter welchem Baumeister Lang den 11. September 1827 den Kirchenbau — Langhaus und Thurm (von der gen. Höherbaute wurde abstrahirt) übernahm, und die Gemeinde sich gegen ihn zur Bezahlung von Fr. 15,450 verpflichtete. [2])

Noch in gleichem Monat gieng man, obgleich die Unterhandlungen mit dem Kollator noch nicht formell zum Abschluß gekommen waren, an das Ausgraben des Fundaments. Wahrscheinlich eilte man, um die kalte Jahreszeit zu benutzen. Denn da man bei diesem Ausgraben, welches um die alte Kirche herum statt fand, gerade den Begräbnißplatz traf, so kam es, daß man auf viele Gräber stieß, und im Falle war, bei 20 Särge mit Leichnamen zu erheben und diese anderwärts in einem besondern Grabe beizusetzen.

---

[1]) Das Holz zum Dachstuhl, wovon im Akkord zwar nichts gemeldet ist, soll Lang in Bünzen gekauft und es bis Fischbach auf eigene Kosten, dann von da an die Gemeinde dasselbe bis auf den Bauplatz geführt haben.

[2]) Wir brachten den Bauakkord etwas ausführlich, um die Preisverhältnisse früherer und späterer Zeiten zu vergleichen. Ein solcher großer Bau, wie fraglicher — wie viel höher würde er nun heute (1875) kommen?

Indessen, ehe man weiters — d. i. zur Ausführung des Baues schreiten konnte, mußte mit dem Kollator rücksichtlich der Chorbaute, sowie der Pfarrscheune, die unterhalb der Kirche und des Pfarrhauses stand — und theils in aesthetischer Beziehung, theils zur Erweiterung und Planirung des Friedhofes wegzuräumen war, eine Uebereinkunft getroffen werden.

Nun war gerade um diese Zeit die Gemeinde mit Baden, als Zehndherrn, in einen wichtigen Prozeß verwickelt, indem sie diesen wegen ihm zuviel bezahlten Zehnden-Loskaufs im Betrag von Kapital Fr. 3685. 50 nebst Zins für 22 Jahre, betragend Fr. 4054. 05, in Summa um Rückvergütung von Fr. 7739. 55 belangte.

Bezüglich dieser dreifachen Begehren schlug Baden unterm 8. März 1828 folgenden Vergleich vor, der Kollator verspricht:

1. Das Chor der Pfarrkirche Fislisbach nach vorliegendem Plane zu bauen.

2. Die Pfrundscheune abzubrechen und in die Pfrundmatte zu stellen; wogegen Fislisbach das Fundament graben und den Platz anweisen soll, wo er zum Bedarf des Chorbaues unentgeltlich Steine brechen [1]) und Sand graben darf. Endlich anerbietet er

3. die Summe von Fr. 4000 (der Brab. Thlr. zu 39 Bz. 2 Rp.) als Rückzahlung des zu viel bezogenen Zehnden-Kapitals der Gemeinde Fislisbach zu vergüten; womit der Prozeß aufgehoben und die quästl. Summe von Fr. 7739. 5. 5. bezahlt sein solle.

Um zwischen der Stadtgemeinde Baden und der Gemeinde Fislisbach die freundschaftlichen nachbarlichen Verhältnisse beizu-

---

[1]) Die Steingrube bei Fislisbach besteht in einer abwechselnden Ablagerung übergehend vom Sand- in den Mägenwiler Muschel-Stein, ist jedoch von geringer Qualität. 1866 fand sich darin ein kleiner versteinerter Baumstrunk, — gegenwärtig in Aarau — von Professor Mühberg als Palme erklärt.

behalten u. s. w. — wurde obige Uebereinkunft von der Orts=
bürger=Gemeinde Baden, und eben so von der Gemeinde Fis=
lisbach genehmigt den 14. April 1828.

Den 22. Juni wurde mit 30 Stimmen von der Gemeinde
Fislisbach beschlossen, obige 4000 Fr. für den Kirchenbau zu
verwenden — 9 Stimmen verlangten, „daß dieses Geld solle ver=
theilt werden."

Weiters verpflichtet sich die Gemeinde, als Entschädigung
wegen Beschädigung des Pfarrgutes Fr. 40, und für das zum
Kirchhof abgetretene Pfrundland Fr. 340 zu bezahlen.

Endlich, nachdem die Pfarrgemeinde mit dem Kollator in
obgenannter freundschaftlicher Weise sich verständigt hatte, säumte
man nicht länger, den ganzen Bau allen Ernstes zu betreiben,
und den 10. März zum Abbruch der alten Kirche zu schreiten.
Ehe dieses aber geschah, „wurde Tags vorher, Abends 4 Uhr
das Hochwürdigste Gut, wo unser Heiland Jesus Christus ge=
genwärtig ist, mit einer feierlichen Prozession aller Pfarrange=
hörigen durch den Hrn. Dekan Pfarrer Surer von Rohrdorf
und unsern Hrn. Pfarrer in den Saal des der Kirche gegen=
über gelegenen Pfarrhofes begleitet (wo ein Altar errichtet war)
und wo die aus den Altarsteinen (der alten Kirche) herausge=
nommenen Reliquien gut aufbewahrt wurden." [1] Am folgen=
den Tage — den 11. — wurde die erste hl. Messe im Saale ge=
lesen, während die Gläubigen außerhalb, auf dem zwischen der
Kirche und dem Pfarrhause gelegenen Platze, derselben bei=
wohnten. In dieser Weise ist der Gottesdienst von da an bis
zum 23. Wintermonat (über 8 Monate) abgehalten worden.

Den 21. April 1828 ist durch Hrn. Surer, Dekan des Ka=
pitels Regensberg und Pfarrer von Rohrdorf, unter Theilnahme
mehrer Priester, sowie des Pfarrvolkes, Nachmittags 2 Uhr der
Eck= oder Grundstein mit aller Feierlichkeit gelegt worden. Nach

---

[1] Gemeinde=Protokoll.

Uebung wurden in denselben einige Notizen und Münzen eingelegt, wovon das Gemeindeprotokoll eine Abschrift enthält.

Daß nun auch der Kollator in Baden, nachdem unterm 14. April 1828 eine gegenseitige Vereinigung mit Fislisbach stattgefunden hatte, zur Ausführung des Chorbaues schritt, bedarf keiner weitern Erwähnung, als etwa der: daß derselbe hiebei in möglichst einfacher und sparsamer Weise zu Werke gegangen, so daß man später rücksichtlich des Choraltars, Plafonds und der Krebenztische sich zu Reklamationen veranlaßt fand. In so weit gieng der Gesammtbau im Rohen rasch vorwärts, so daß er im Herbst 1828 unter Dach gebracht war. Sogleich errichtete man einen Nothaltar, schloß für den Winter Fenster und Pforten so gut als möglich mit Laden und begann nun, d. i. den ganzen Winter von 1828 auf 1829, den Gottesdienst hier zu halten. Das Hochw. Gut jedoch blieb noch, bis der Tabernakel in der Kirche errichtet war, im Pfarrhofe aufbewahrt.

Mittlerweilen stellte Ammann Jak. Schibli bei der Gemeinde-Versammlung am 30. November 1828 den Antrag, daß, da das alte Geläute fortan nicht genüge, man noch eine vierte größere Glocke anschaffen möchte. Bereits habe man sich mit dem Glockengießer Rüetschi von Suhr besprochen und derselbe — nachdem er die alten Glocken besichtiget — gefunden, daß, wenn man eine Glocke haben wolle, die mit jenen harmonire, selbe 16 Ztr. schwer sein müßte, der Ztr. à 115 Fr., der Schwengel zu 40 Pfd. à 4 Btz.; demnach dieselbe mit Inbegriff der Schmiedearbeit ungefähr 2000 Fr. kosten würde. Hierauf wurde erkannt, daß, wenn etwa 1000 Fr. freiwillige Beisteuer zu erhalten wäre, man zur Verakkordirung schreite.

Das Ergebniß der Kollekte, deren Geber genannt zu werden verdienen, ist folgendes:

Es steuerten: Fislisbach Fr. 634. 05, O. u. N. Rohrdorf Fr. 40. 01, Dättwil 14. 95, Mellingen Fr. 92, Richter Iten in da Fr. 12 mit dem Wunsch, daß ihm mit der Glocke das Endzeichen geläutet werde (was auch geschehen sei), Baden Fr. 123. 09, die Juden Max Braunschweig und Isaak Meier Fr. 20, Birmensdorf Fr. 15. 05, Rüttihof Fr. 30, Stetten Fr. 24, Neuenhof Fr. 43. 04, in Summa Fr. 1038. 35.

Auf dieses Resultat hin wurde den 26. Jänner 1829 der Vertrag mit Hrn. Rüetschi, betreffend eine neue Glocke, dahin abgeschlossen: daß dieselbe mit dem übrigen Geläute harmoniren, 16 Ztr. schwer sei, der Ztr. à 115 Fr., der Schwengel das Pfd. 4 Btz. — daß sie auf einer Seite die Bilder Peter und Paul, auf der andern Mariens nebst einer Korn= und Roggen= Aehre erhalte.

Dem Pfarrer Trüb war es noch vergönnt, in dem neuen Bau die hl. Messe zu feiern, noch etwa zweimal das Wort Gottes da zu verkünden und wohl auch zu Anschaffung der großen Glocke das Seinige beizutragen; allein den Bau, für den er so thätig gewirkt, in seiner Vollendung zu schauen und der neuen Glocke Klang zu hören, ward ihm nicht mehr zu Theil. Den 13. März 1829 ist er, nach einer fast 15jährigen Pastoration, 66 Jahre alt, vom Herrn zu seinem Dienst in den jenseitigen Tempel berufen worden.[1]

Den 15. Heumonat 1829 gieng der Guß der neuen Glocke vor sich; den 7. August wurde sie mit 3 Pferden abgeholt und am 6. Herbstmonat mit Lorbeern bekränzt in Mitte der neuen Kirche aufgerichtet, und unter dem Namen „Anna Maria" ge= tauft. Die Taufzeremonie verrichtete unter Assistenz zweier Le=

---

[1] Eine Schwester von ihm war mit einem Heimgartner von Fislisbach verehelicht; der (oben Seite 20) genannte Lehrer Anton Heimgartner war ihr Sohn; ferner hinterließ sie zwei talentvolle Töchter, von denen die ältere unter dem Namen Bernarda — die erste Oberin des von P. Theo= dosius in Menzingen gegründeten Töchtern=Instituts war; die jüngere unter dem Namen Agnes, etwas später eintretend, bis heute als Lehr= schwester mit Auszeichnung wirkt.

viten (Moor und Welti) Herr Dekan Surer. Als Pathen waren erbeten: Herr **Heinrich Dorrer**, Bärenwirths Sohn von Baden, und Jgfr. **Anna Maria Vogler**, Bezirksrichters von Rohrdorf; jener schenkte Fr. 32, diese Fr. 40. Den 7. desselben wurde die Glocke in den Thurm aufgehängt und Tags darauf — am Feste Maria Geburt — zugleich eidgenössischen Bettag, das erstemal geläutet.

Mit Anfang des Jahres 1831 rückte Langhaus und Thurm mit Kanzel und Altaren u. s. w. dem Ausbau entgegen, so daß die Pfarrgemeinde in dieser Voraussicht bereits den 26. Mai 1831 dem Baumeister Lang ein Trinkgeld von Fr. 330 zuerkannte und ihm unterm 8. Juli daraufhin ein Zeugniß ausstellen ließ, worin demselben die vollste Zufriedenheit und der aufrichtigste Dank der gesammten Bürgerschaft ausgesprochen wurde.

Folgendes ist ein gedrängter Auszug der betreffenden Rechnung, wie sie den 31. Dezember 1831 von der Gemeinde genehmigt worden ist.

Die Gesammtkosten — für Langhaus und Thurm — mit Inbegriff der Auslagen für die Glocke, Landentschädigungen, Sagerlohn, Steinsprengen, Spengler, Aufrichtung, Kirchhofmauer und vieler andern Conti beliefen sich auf Fr. 24,033. 04
daran gibt der Kirchenfond „ 10,000. —

Rest Fr. 14,033. 04

und hat auch die Gemd. bereits bezahlt Fr. 4623,
von Gutthätern erhalten „ 1000. „ 5,623. —

Bleibt zu zahlen schuldig Fr. 8,410. 04

Dato hat die Kirche noch reines Vermögen 13,300 Fr. [1])

---

[1]) Ueber den Kirchenbau findet sich ein vollständiges Gemeindeprotokoll, dessen gefälliger Abschrift durch den Hochw. Pfarrer Widmer die obigen Notizen a u s z ü g l i ch entnommen sind.

Obgleich die gesammten Kirchenbauten und die Rechnung darüber erst unter dem Nachfolger des Hrn. Trüb stattfanden, haben wir — um die Baugeschichte nicht zu unterbrechen — in der Zeit Etwas vorgreifend, den Abschluß derselben schon hier eingerückt.

Schließen wir das Ganze mit der wohlthuenden Anmerkung, womit das in der Bauangelegenheit gut geführte Protokoll, unterm 10. März 1828 das für eine so kleine Gemeinde vorhabende große Werk begleitet, indem es sagt:

„Auch mußten die Bürger unserer Gemeinde schwere und viele Frohndienste thun, welche aber mit aller Zufriedenheit gethan wurden."

„Und endlich — wolle Gott denen, welche den Antrag zur neuen Kirche gemacht haben, Glück, Heil und Segen verleihen, und endlich dann dort im Ewigen die ewige Glückseligkeit geben und so Allen."

sig. Gemeindammann Schibli.
sig. Gemeindeschreiber Heimgartner.

Periode von 1830 bis zur Abtretung der Pfarrkollatur an die Gemeinde.

Da die Epoche von 1829 an, zumal für die Katholiken des Aargaus, eine gar verhängnißvolle ist, und die politischen wie kirchlichen Elemente und Bewegungen in und durch einander sich drängen, so werden wir von nun an diese beidseitigen Ereignisse nicht mehr, wie bisanhin, gesöndert, sondern — sei's auch daß wir hiebei mitunter über die Grenzen Fislisbach's hinaus gerathen — dieselben in ihrer wechselweisen Beziehung fortlaufend darzustellen suchen.

Dem Pfarrer Trüb folgte in der Pastoration nach:

Rohner Johann Kaspar

von Hausen, Pfarrei Längnau, geboren 1798, zum Priester geweiht im Jahr 1825.

Er war Koadjutor an der Stifts= und Pfarrkirche in Baden, als er vom Stadtrathe in da den 1. Mai 1829 zum

Pfarrer nach Fislisbach ernannt wurde [1]), die feierliche Installation in da fand statt den 17. desselben Monats.

Gehört die Pfarre Fislisbach auch nicht zu den größern Pfarreien, so war die dem neuen Pfarrer gewordene Aufgabe unter den vorhandenen Verhältnissen und Zeitumständen in materieller und moralischer Beziehung keineswegs eine geringe.

Wohl war die neue Kirche gebaut, auch die Kanzel stund vollendet da und wurde den 26. Juli b. J. vom neuen Pfarrer zum erstenmal betreten, um von da herab Gottes Wort zu verkünden; allein noch war gar Manches, wobei der Pfarrer sich bethätigen mußte — beim Bau nachzuholen und zur würdigen Begehung des Gottesdienstes anzuordnen.

So war der für den neuen Pfarrer gewiß sehr unangenehme Span zwischen seinem Kollator und der Gemeinde, rücksichtlich des gar nicht befriedigenden Choraltars noch immer hängend. Erst unterm 15. Dezember 1829 kam es zu einem Vergleich, wornach der Kollator sich verpflichtete — insofern die Gemeinde 46 Fr. beitrage — über den Choraltar einen Baldachin, am Tabernackel, wo der Monstranz zu stehen komme, einen „Schein", unter dem Tabernackel ein Postament, und unter den Chorfenstern zwei Kredenztische anzubringen, sowie namentlich ein zweckmäßigeres Altarblatt herzustellen — was auch in so weit geschah.

Nicht weniger befand sich in einem gar üblen Zustande der um die Kirche und den Bauplatz herum liegende Friedhof. Um ihn gehörig zu reguliren, reichte Pfarrer Rohner der Gemeinde einen umfassenden Plan ein, den diese d. 14. März 1830 dahin genehmigte: „Daß die Kirchhofmauer nach dem vorgelegten Plane in Stand gestellt, nach dem alten Weg 8 Schuh abgenommen und der Eingang gegen das Portal zu gehe". —

Wahrscheinlich bei dieser Planirung des Kirchhofes, der

---

[1]) Hr. R. hatte einen Kanon von Fr. 96 zu bezahlen. Mithl. d. Knzl. Bab. VII.

sehr abschüssig war, daher einerseits Grund ab-, anderseits aufgeführt werden mußte, geschah es, daß man auf den Sarg des vor einem Jahr verstorbenen Hrn. Pfarrer Trüb sig, der beim Haupteingange zur Kirche, wo die erste Steinplatte gelegt werden sollte, begraben war — stieß, so, daß er seiner bisherigen Ruhestätte enthoben und in Folge dessen im Eck des (nun hoch aufgeführten) alten Kirchhofes gegen das Dorf zu wieder beigesetzt wurde.

Den 30. Herbstm. 1830 wurden Kirche und Altäre durch Sr. Gnaden Josef Anton Salzmann, Bischof von Basel, feierlich eingeweiht. Gefirmt wurde nicht, sondern es giengen die Firmlinge von Fislisbach gleichen Tags Nachmittag nach Baden, um gleichzeitig mit denjenigen anderer Pfarreien dort gefirmt zu werden.

Den 2. November 1830 fand die Einweihung des neuen Kirchhofes durch den Hochw. Hrn. Dekan Rohner, Pfarrer in Kirchdorf, statt.[1]

Wie es in baulicher, materieller Beziehung für den Pfarrer in Fislisbach Manches zu ordnen gab; so nahm noch mehr, als dieses, der geistige Aufbau der Gemeinde, die Schule und die eigentliche Pastoration den angehenden Pfarrer in Anspruch.

So fehlte es damals noch theils an Lehrern, theils an einer durchgreifenden Leitung des Schulwesens und Förderung des Schulbesuches. Ferners machten die Nachwehen der Revolutionsperioden und der staatlichen Verhältnisse in sittlicher und häuslicher Beziehung — wie anderwärts, so auch hier — sich noch immer fühlbar, und erschwerten — zumal hier der kirchliche Unterricht während der Bauzeit verkümmert war — nicht wenig die Aufgabe des Pfarramtes.

---

[1] Datum der Kirchweihe und des Begräbnißplatzes laut mündlicher Mittheilung des Hrn. Anton Heimgartner, Ammann 1872 — da die Pfarrbücher darüber keine Notiz enthalten.

Wir wollen nun nicht lange darauf hinweisen, mit welchem Eifer und welcher Glaubenstreue der neue Pfarrer an diese seine Aufgabe herantrat — es genüge zu bemerken, daß er nicht nur mit Energie das Schulwesen leitete und bethätigte, sondern sogar längere Zeit den Unterricht an der obern Schule ertheilte; sodann, in Bezug auf die eigentliche Pastoration, daß er die Gottesdienstordnung auf feierliche Weise regulirte, Beicht- und Kommuniontage einführte [1]), an den Sonntagen — mit höchst seltener Ausnahme — stets 2 Vorträge, Predigt und Christenlehre, hielt — überhaupt in Ertheilung des Unterrichts unermüdlich war, und hiedurch, wie überhaupt durch seine pastoralen Bemühungen für öffentliche und häusliche Zucht [2]) und Ordnung, das bürgerliche Wohl, wie das religiöse sittliche Leben seiner Gemeinde befördern half.

Namentlich verstand Hr. Rohner es, durch eine würdevolle Feier des äußern Gottesdienstes den religiösen Sinn aufzufrischen und dadurch den innern Gottesdienst zu beleben. Dahin gehört der von ihm in bescheidenem Maaße [3]) eingeführte und gut produzirte Volksgesang bei dem Vor- und Nachmittagsgottesdienste und den Stationen. Wir sagen in bescheidenem Maaße, weil er **abwechselnd mit Chorgesang,** dann im Advent und in der Fastenzeit, ebenfalls **abwechselnd** mit dem Rosenkranzgebete, oder dieses mit einem kräftigen Volkslied **unterbrechend** — stattfand.

---

[1]) Bisanhin war man — außer Ostern — gewohnt, seine Andacht nach Belieben in Baden zu machen.

[2]) Siehe Protokolle der Schulpflege und des Sittengerichts 1830—50

[3]) Viele wollen, daß beim Hochamte der Volksgesang vorzugsweise statt habe; Andere hingegen wollen gar keinen Volksgesang. Verfasser kann nicht umhin zu sagen, daß der fragl. Gesang ihn sehr angesprochen und er ihn in der genannten bescheidenen Weise — die religiöse Stimmung fördernd gefunden habe.

Nach Erbauung der Orgel — hat sich der kirchliche Volksgesang nach und nach bis auf wenige Lieder verloren.

Dahin gehört ferners die sinnvolle Erneuerung der Rosen=
kranzbruderschaft, wodurch diese an den Hauptfesten Mariens
mit einer feierlichen Nachmittagsandacht verbunden wurde, be=
stehend in einem Vortrage, Opfergange und Opferlied, insbe=
sondere in Gebeten — nachgebildet in Inhalt und Form jenen
so herrlichen Gebeten der Kirche am Charfreitage, und beschlossen
mit dem schönen Liede: „O! du Heilige". Daß diese Bruder=
schaft (deren Statuten, Gebete und Lieder gedruckt sind) geeignet ist,
den religiösen Sinn zu wecken und gute Früchte zu bringen,
zeigen der zahlreiche Besuch dieser Nachmittags=Andacht, der ver=
mehrte Empfang der hl. Sakramente, sowie die dadurch erzielten
schönen Kirchenparamente, unter denen wir nur die große
Muttergottes=Statue und die großen Kerzenstöcke von getriebener
Arbeit nennen wollen.

Was aber insbesondere die Pastoration Rohners erschwerte
und ihre Zeit für uns geschichtlich merkwürdig macht, so daß
wir über diese nicht flüchtig hinweggehen können, sind die kirch=
lich=politischen Stürme — ist die Periode von 1830 auf 1850,
in welche sie fiel und — die gleich anfangs den jungen Steuer=
mann auf's Verdeck rief, seine Richtung zeigte, seinen Muth
und Eifer für die Kirche Gottes erprobte.

Schon lange vor 1830 lag in der Furche der fatale Keim
jener traurigen Zerwürfnisse, die dem Aargau — zumal der glau=
benstreuen katholischen Bevölkerung desselben, den innern Frieden
(und — wer mochte sich's denken auf wie viele Jahre hin [1])
in bitterster Weise rauben sollte. Allein erst gegen 1830 schlug
der lang genährte Keim hier recht aus, und entfaltete sich so
schnell, wie mächtig thatsächlich als jene Staatsomnipo=
tenz [2]), die es sich zur Aufgabe macht, entgegen der prokla=
mirten Glaubens= und Gewissensfreiheit, entgegen dem tausend=

---

[1]) 1872 und 75? — [2]) Als sei der Staat Alles in Allem — allein
Gesetzgeber!

jährigen Rechte der katholischen Bevölkerung — den Szepter auch hier — in den katholisch-kirchlichen Angelegenheiten zu führen — die katholische Kirche zu bekämpfen — sie zu unterjochen.

Einen Vorläufer zu dieser traurigen Zeit bildet der sog. Freienämterputsch und die darauf erfolgte Verfassungsänderung im Aargau von 1830.

Die erste faktische Anregung dazu geschah den 12. September 1830 durch 36 Männer von Lenzburg aus mittelst einer Petition — (verfaßt von Obergerichts-Präsident Tanner) — um Erweiterung der Volksrechte — namentlich um einen Revisionsmodus. Am 7. November desselben machte eine große Volksversammlung von 3—4000 Köpfen zu Wohlenschwil diese Lenzburger-Begehren zu den ihrigen. Schnell nun verbreitete sich die Aufregung. Schon den 4. Dezember Nachts geschahen von Wohlen aus Aufgebote an den Landsturm. Am 6. Morgens wird zwischen Wohlen und Vilmergen große Heerschau gehalten.[1] Vormittags 11 Uhr bricht die Armee auf und rückt 3600 Mann stark — nach einem kurzen Zusammenstoß mit den Regierungstruppen Abends 5 Uhr siegreich in Aarau ein. Die Regierung blieb. Am 8. Dezember reicht Lz. Bruggisser Namens der Führer die Begehren um einen Verfassungsrath ein. Ohne Anstand wird entsprochen, den 6. Mai der Verfassungsentwurf dem Volke vorgelegt und von einer scheinbar großen Mehrheit angenommen. Zu den Verwerfenden gehörten die katholischen Kreise; indem die kirchlichen Verhältnisse nicht, wie sie, zufolge ihrer Mitwirkung, erwarten zu dürfen glaubten, gewürdiget fanden, und so auf's Neue Besorgnisse erweckten für die Rechte ihrer Kirche.

---

[1] Oberkommandant war Schwanenwirth Fischer von Meerschwand, die übrigen Mitglieder waren zwei Bruggisser und Geißmann von Wohlen und Weibel von Muri. — Siehe Baumgartner „die Schweiz in ihren Kämpfen von 1830—1850". I. S. 28 flg.

Kurz nach der Verfassungs-Annahme sollten leider die Katholiken des Aargaus erfahren, daß ihre Besorgnisse nicht unbegründet seien.

Im Jänner 1832 verlangten zwei mit einander sich verlobende Geschwisterkinder zu Wohlenschwil — ohne andere Dispens als die vom großen Rath benöthigte einzuholen und vorzuweisen — von ihrem Pfarrer Josef Stockmann Verkündung und Einsegnung ihrer Ehe. Dieser, seiner Pflicht getreu, verweigerte beides. Die Regierung entsetzte den Pfarrer und übertrug ohne weiters von sich aus einem Herrn Borner, Frühmesser in da, die einstweilige Pfarrverwaltung. Dieser that, was der Pfarrer weder thun durfte, noch wollte — er verkündete und kopulirte die in Frage stehenden Brautleute. Nun entsetzte — resp. suspendirte der Bischof seiner Seits den Frühmesser mit Akt von 6. März. Dadurch gelangte der ärgerliche Konflikt unter das Volk, das voll Abscheu's den Gottesdienst am einfallenden Sonntag den 11. März — nicht von einem suspendirten Priester abgehalten wissen wollte. Was geschieht? Am genannten Sonntag erscheint der Bezirksamtmann von Baden mit 4 Polizisten, um den aufgedrungenen Priester bei Abhaltung des Gottesdienstes gegen den Unmuth des Volkes zu schützen. [1]

Ueber diesen förmlichen Eingriff in die rein kirchlichen Rechte, über diese Mißachtung des kirchlichen Ansehens entstund im Freienamt großer Unwille. Von 35 Gemeinden, worunter Fislisbach, wurde in Zuschriften an die Regierung ihren Gefühlen und Wünschen Ausdruck gegeben. [2]

Was den Regenten vereinzelt nicht gelungen, glaubte man

---

[1] Schweizer. Kirchztg. 1832. S. 71.

[2] Erst in Folge gegenseitiger Kompromissen endigte sich im Oktober 1833 der Handel, indem er unfruchtbar für die Regierung im Sand verlief, beim Volke aber Erbitterung zurückließ. — Herr B. söhnte sich reuig und glaubenstreu mit der Kirche wieder aus.

durch vereinte Kräfte zu erreichen. In dieser Absicht versammelten sich den 20. Jänner 1834 Abgeordnete von sieben Ständen — worunter, auf Anregung von Eduard Dorer, auch der Aargau — zu Baden, um sich gegenüber der katholischen Kirche[1]) zu gemeinsamen Maaßnahmen in Bezug auf gemischte Ehe, Verminderung der Feier- und Fasttage, Plazet u. s. w. zu verständigen und sich gegenseitig Hand zu bieten. Das ist die vielbesprochene sogen. Badener-Konferenz, deren Tragweite den Einen viele Befürchtungen, den Andern große Hoffnungen machte.

Schon den 14. Mai 1834 erhob eine zahlreiche Volksversammlung zu Aristau Einsprache gegen die genannten Badener Artikel mittelst einer ausführlichen Vorstellungsschrift an den großen Rath. Allein ohne Erfolg; vielmehr wurde den 6. Juni darauf deren förmliche Annahme und in Folge dessen ein weit gehaltenes Plazetgesetz beschlossen. Hiedurch, sowie durch das, was seit 3 Jahren geschehen und planirt ward, wurden die Bedenken und Klagen des Volkes immer größer und lauter, so daß der Bezirksamtmann in Baden, sonderbarer Weise — sich bewogen glaubte, die Geistlichkeit des Kreises um sich zu versammeln mit dem Ansinnen: das Volk durch „richtigere Begriffe über die so verschrienen Badener Artikel aufzuklären und zu beruhigen."

Unter diesen Umständen trat, wie das Kapitel Mellingen, so auch dasjenige von Regensberg den 8. Juli 1834 in Wislikofen zu einer Berathung zusammen. Allgemein ward erkannt, daß die Badener Artikel ihrem Sinne und ihrer Tendenz nach, den Lehren Grundsätzen und Rechten der katholischen Kirche

---

[1]) Oder wie der Abgeordnete Aargaus an der Konferenz sich ausdrückte: „Um dem machthaberischen Rom Entschlossenheit entgegen zu stellen und die Anmaßungen der Klerisei mit Kraft zurückzuweisen." Hurter „Befeindung der kathol. Kirche". S. 269 und 605—612.

— zumal dem freien Verkehr zwischen Haupt und Gliedern — zuwider seien, und demnach einmüthig beschlossen: „Es sei die ehrerbietige Bitte an die Regierung zu stellen: Es möchten die genannten Konferenzbeschlüsse nicht zu Gesetzen erhoben, und namentlich das Plazetgesetz nicht in Vollziehung gebracht werden."

Zur Entwerfung der betreffenden Zuschrift wurde eine Kommission bestellt und Pfarrer Rohner in Fislisbach — Mitglied dieser, mit deren Abfassung betraut. Er entledigte sich der Aufgabe in der Weise, daß das von ihm verfaßte Schreiben unter wenigen Modifikationen von der General-Konferenz des genannten Kapitels den 30. Juli 1834 genehmigt und bestens verdankt wurde.[1]) Den 31. gieng das Petitum — ebenfalls unterzeichnet von Seite der Kapitel Mellingen und Bremgarten — an die hohe Regierung zu Handen des großen Raths ab.

Bis dahin hatte der Bischof geschwiegen. Als man aber dieses Schweigen so deutete, als billige er die Badener-Artikel — sowie den Artikel im neuen Schulgesetz — betreffend die einseitige Einführung der Lehrbücher für den Religionsunterricht in der Schule, erließ er den 10. April 1835 an den Rath in Aarau ein ernstes Schreiben, worin er entschieden seine Mißbilligung der Badener- und des genannten Schul-Artikels ausspricht, und die Rechte des bischöflichen Stuhls und der hl. Kirche förmlich verwahrt.[2])

Mittlerweilen — den 17. Mai — erließ auch der Papst ein Rundschreiben an die Bischöfe und die Geistlichkeit der Schweiz, worin er die Badener-Artikel mit all' ihren Schlüssen verwirft und verurtheilt.

Auf das obige Schreiben des Bischofs vom 10. April entgegnete die Regierung, daß sein Inhalt in hohem Maaße gegen die Würde der Landeshoheit, wie gegen die Rechte des Staates

---

[1]) Kapit.-Protok. Regensb. 1834.
[2]) Hurter, „Befeindung". S. 281.

sich verstoße, und beschloß den 5. Mai: „Dem Bischof Salzmann sei das fragliche Schreiben mit Hinweisung auf seine beschwornen Pflichten zurückzustellen und das hohe Mißfallen der obersten Landesbehörde darüber auszusprechen." Ferners wurde die Abfassung einer Proklamation beschlossen, worin die Badener-Artikel nicht nur neuerdings gerechtfertigt werden, sondern gesagt wird: „**Irrthum und Lüge**" behaupteten, daß das Plazetgesetz und die Badener-Artikel den Glauben und die Rechte der Kirche untergraben, ja, worin der Bischof an den Eid erinnert wird, den er 26. Juli 1829 den Diözesanständen geschworen habe. Endlich wurde verfügt, daß die Proklamation Sonntags den 17. Mai¹) während des Gottesdienstes von den Kanzeln verlesen werden solle.

Allein so Etwas, worin die pflichtgemäße Behauptung des Bischofs als „Irrthum oder Bosheit und Lüge" — ja gleichsam als Mißachtung seines Eides dargestellt ist — dem katholischen Volke von der Kanzel herab zu verkünden — das war für wohlgesinnte Priester eine zu arge Zumuthung und zu überraschend, als daß sie, ohne gemeinsame Berathung — wozu jedoch eine Zeitfrist von kaum 5 Tagen allzu kurz war — oder, ohne darüber mit dem Bischof in Rücksprache getreten zu sein, der Anforderung ohne Weiters hätte Folge leisten können. Es eilten daher die Dekane der Kapitel Mellingen und Regensberg — Groth und Rohner nach Solothurn, um die Weisung des Bischofs einzuholen. Diese bestand nun in der Erklärung: „Er wolle das Lesen der Proklamation weder gebieten, noch verbieten."²)

Es war schon Freitag Abends, als diese Erklärung der Pfarrgeistlichkeit, soweit möglich, zur Kenntniß gebracht wurde. Der größere Theil derselben betrachtete sie als wohlgemeinten

---

¹) Von Baden aus am 12. versendet.
²) Schweizer. Kirchenzeitg. 1835, pag. 431.

Rath des Bischofs und — verkündete. Dreizehn Geistliche verkündeten einstweilen nicht. Unter diesen nennen wir nur die Pfarrer in Kirchdorf, in Fislisbach und in Rohrdorf — Wettingen und Würrenlos. Diese verkündeten nicht, weil ihnen die Erklärung des Bischofs der Tragweite der Proklamation nicht zutreffend schien, und sie erwarten zu dürfen glaubten, der Bischof werde bei gehöriger Darlegung des so wichtigen Gegenstandes eine entschiedene offizielle Stellung einnehmen, d. i. die Pfarrer entweder mit Ablesung der Proklamation, unter Wahrung der Rechte der Kirche, beauftragen, oder dann in aller Form ihnen die Ablesung untersagen. In diesem Sinne wurde nachträglich von Dekan Rohner ein Schreiben an den Bischof abgefaßt. Schon war der Expresse zur Ueberbringung nach Solothurn da, als die Hrn. Pfarrer Mäder von Rohrdorf und K. Rohner von Fislisbach, voll Besorgniß, für gut fanden, genannte Zuschrift in aller Eile persönlich dem Hrn. Bischof zu überreichen. Den 22. auf den Abend brachen sie auf und waren Morgens um 6 Uhr in Solothurn. Um 7 Uhr vorgelassen überreichten sie dem Bischof das Schreiben. Er las es und las es wieder — las es zum 3. mal — nicht ohne sichtliche Erregung. „Ich kann, sprach er, nicht die Verlesung befehlen, sonst anerkenne ich die Proklamation; ich kann die Unterlassung nicht gebieten, sonst qualifizirt der . . . . . Staat mein Gebot als Stimme zum Aufruhr gegen seine Beschlüsse. Die Gewalt macht als Recht geltend, was mein unbewaffnetes Wort nicht schützen kann, denn die Zeit und ihre Absichten sind schlimm. — Auflösung des Bisthums wäre vielleicht erwünscht." [1]

Die Ueberbringer stellten die Sache in mildern Lichte dar, setzten dem Befehlen ein durch Gründe motivirtes Erlauben gegenüber; — sprachen ihre unmaßgebliche Ansicht in der Bitte

---

[1] Aus dem schriftlichen Bericht des Pfarrers Rohner an Dekan Rohner. Datum Fislisbach den 23. Mai 1835. Nachts 1 Uhr. Kapitels-Archiv Regensberg. Akten-Missive.

aus, es möchte der Bischof sich bewogen finden, der Proklamation gegenüber die Rechte der Kirche zu verwahren; denn, wenn auch jene ihm nicht offiziell oder direkte zugekommen, so sei dieses doch geschehen an seine Geistlichkeit, deren Oberhaupt er sei, so daß selbe nicht ignorirt werden könne, die Geistlichkeit aber — weil vereinzelt — nur in der Vereinigung mit ihm und durch ihn einen förmlichen Protest aussprechen könne. „Man hat uns vom Bischof trennen wollen", sprachen sie — (die Proklamation sollte der Keil dazu sein), „allein das Volk soll sehen, daß der Bischof zu uns und wir zu ihm stehen. Deßwegen flehen wir, daß der Bischof spreche, sonst können wir unserer Ueberzeugung getreu von uns aus nicht verkünden. — Also Verbot, oder Befehl oder förmliche Erlaubniß zu verkünden. Wir sind die jüngsten Pfarrgeistlichen unsers Kapitels und stehen fest auf diesem Entschluß."

Auf diese lebhafte Vorstellung hin entsprach der Bischof insoweit, daß er den zwei Pfarrherrn eine Schrift übergab, worin er — jedoch nur in konfidentieller Weise — der Geistlichkeit im Aargau — in Berücksichtigung wichtiger und schwieriger Verhältnisse zur Verkündung fraglicher Proklamation die Erlaubniß ertheilt, dabei aber die Rechte der Kirche verwahrt wissen will.

Da das genannte Schreiben später am Gerichte vorgelegt wurde und durch die Presse zur Oeffentlichkeit gelangte, darf es auch hier stehen. Es ist datirt vom 23. Mai zu Handen des Dekanats und lautet:

Tit.!

„Auf Ihr und Ihrer Kapitelsbrüder vom 22. Mai an mich erlassenes Schreiben habe ich die Ehre in aller Eile zu eröffnen, daß ich Ihnen zwar nicht befehlen kann, die Proklamation, welche am 17. Mai hätte verkündet werden sollen, zu promulgiren, weil ein solcher Befehl eine bischöfliche Genehmigung wäre, und ich als Bischof weder genehmigen kann, noch will;

allein nachdem sie einmal die Verkündigung unterlassen haben, und nun in Gefahr stehen von der Staatsgewalt kriminell behandelt zu werden, will ich Ihnen und Ihren Kapitelsbrüdern mit Vorbehalt aller kirchlichen Rechte und blos zur Abwendung der traurigen Folgen für Sie, Ihre Pfarrkinder, den Staat und die Kirche in dem gebietenden Zwang der Umstände erlaubt haben, der Gewalt zu weichen und die Proklamation zu verkünden. Der Allerhöchste nehme seine Kirche in seine allmögende Obhut.

Mit ausgezeichneter Hochachtung
Ihro Hochw. treu ergebenster Freund
sig. † **Jos. Anton Salzmann**, Ep. B.

P. S. Dieser Brief diene einzig zu Ihrer und Ihrer Hrn. H. Kapitelsbrüder Kenntniß und Beruhigung als eine ganz konfidentielle Akte."

Von diesem Akte wurden den übrigen Nicht=Verkündern Abschriften gegeben und die Verlesung auf morgen — d. i. den 24. Mai mit folgender Einleitung angeordnet:

„Zufolge einer Aufforderung der hohen Regierung sollten wir Euch am letzten Sonntag eine Proklamation derselben verkünden. Es konnte nicht geschehen, weil wir als Diener der Kirche zuerst die Stimme unseres Bischofs vernehmen mußten, was bis dahin unmöglich war. Sie ist nun erschienen, darum verlesen wir."

Allein, obgleich nun die Vorlesung allseitig — allerdings acht Tage später — und überall ruhig vor sich ging — obgleich die Pfarrherrn von Kirchdorf, Rohrdorf und Fislisbach, Wettingen und Würrenlos alsbald (den 20. Mai) in einer Zuschrift an die Regierung wegen der einsweiligen Nichtverkündung sich entschuldigten, indem sie auf das Abnorme der Verfügung — daß sie — die Hirten des Volkes, den Oberhirten vor dem Volke gleichsam der Lüge beschuldigen sollten — hindeuteten, daher „vernunft= und pflichtgemäß glaubten eine solche öffentliche und feierliche Anschuldigung so lange unter=

lassen zu dürfen, bis die zwei in Widerspruch stehenden Gewalten die Sache unter sich, gleichviel wie, ausgemacht oder ausgekämpft haben möchten — obgleich sie schließlich feierlich erklärten, „einzig aus diesem Grunde und keineswegs aus böswilligem Ungehorsam gegen das Staatsgebot die Verkündung unterlassen zu haben", kurz: Alles dessen ungeachtet wurden die betreffenden Pfarrer wegen Ungehorsam den 28. Mai dem Strafrichter überwiesen.

In Folge dessen erschienen den 29. Mai auf erhaltene Vorladung vor den Schranken des Bezirksgerichtes Baden die Pfarrherren:

Rohner von Kirchdorf, Rohner von Fislisbach,
Mäder von Rohrdorf, Oswald von Wettingen,
Schmid von Würrenlos und Mohr von Birmensdorf.

Nachdem sich sämmtliche Angeschuldigte zur Thatsache den 17. Mai die Proklamation nicht, wie geboten, verlesen zu haben, bekennt hatten, wurde mit ihnen in geschlossener Sitzung ein Separatverhör vorgenommen.

Speziell den Herrn Pfarrer von Fislisbach betreffend, dauerte das Verhör von $\frac{1}{4}$ nach 2 bis Abends 6 Uhr. — Führen wir aus dem betreffenden Verhör einige Fragen und Antworten an.

Frag.: Warum er, Herr Pfarrer Rohner, die Verlesung der bewußten Proklamation unterlassen habe?

Antw.: Voraus erkläre er, daß die Verlesung keineswegs aus Ungehorsam gegen die hohe Regierung unterblieben sei; hiezu hätten ihn folgende Gründe bestimmt:

1. Habe er wollen und erwartet, daß der Tit. Bischof sich ausspreche — die Verlesung entweder gebiete oder verbiete, da dieses nicht geschehen, so habe er geglaubt, nicht verlesen zu dürfen, weil er in einer untergeordneten Stellung (vorher) von ihm Weisung zu verlangen gehabt habe.

2. Fernere Gründe anbelangend, verweise er auf die (oben

berührte) an die Regierung gerichtete Zuschrift vom 20. Mai, worin er sich beßfalls bestimmt ausgesprochen.

Frag.: Welchen Inhalts die vom Bischofe erhaltene Weisung gewesen?

Antw.: Die bischöfliche Weisung sei so gewesen, daß er daraufhin verkünden zu können, glaubte. Uebrigens sei das Schreiben ein rein konfidentielles, an das Dekanat gerichtetes gewesen.

Frag.: Ob er die Folgen bedacht, die aus der Nichtverlesung hervor gehen könnten?

Antw.: Ja, er habe viererlei Wirkungen gesehen:

1. In Bezug auf den Staat: da habe er vorausgesehen, daß man ihn des Ungehorsames verdächtigen, aber nicht beschuldigen und überweisen werde, weil die Nichtverlesung nur begründete Verschiebung, nicht Unterlassung gewesen.

2. In Bezug auf die Kirche, indem er der Hoffnung gewesen, der Vorsteher der Kirche werde seine prätendirten Rechte behaupten, oder die des Staates anerkennen.

3. In Bezug auf das Volk habe er gesehen, daß dasselbe in Spannung und Erwartung gewesen, was er thun werde. — Ruhig sei es geblieben, er habe ihm nicht den geringsten Anlaß zum Gegentheil gegeben.

4. Endlich in Bezug auf ihn selbst habe er sich auf jeden Fall preisgestellt gesehen der Lüge, der Verläumbung u. s. w., was er immer thun würde. Er habe den geraden Weg seines Gewissens gewählt und sich beruhigt.

In dieser Weise ging das Verhör auch mit den übrigen Angeschuldigten vor sich.

Am 6. Juni versammelte sich das Bezirksgericht und schritt, nachdem die Untersuchungsakten für vollständig erklärt waren, zur Fällung des Urtheils. Es wurde „Einstimmig erkannt":

Es seien die Eingangs genannten Pfarrherren des Ungehorsams gegen die Landesobrigkeit überwiesen und nach Maßgabe der mehr oder minder stattgefundenen Ueberraschung und der später an den Tag gelegten Reue zu bestrafen.

Demnach sei im Allgemeinen über die Handlungsweise der Benannten das ernste Mißfallen auszusprechen und insbesondere

1. Sei Pfarrer in Kirchdorf in seinen Amtsfunktionen ohne Ausnahme eingestellt und vor Ablauf von zwei Jahren auf keine andere Stelle wählbar — — — —

2. Haben die übrigen Schuldigen eine Geldbuße und zwar:

a) Pfarrherr Rohner zu Fislisbach von 200 Fr.,
b)   „   Mäder zu Rohrdorf   „   80   „ ,
c)   „   Oswald zu Wettingen   „   80   „ ,
d)   „   Schmid zu Würrenlos   „   80   „ ,
e)   „   Mohr zu Birmensdorf   „   40   „ ,

zu Handen des Kantonalarmenfonds zu entrichten.

Wie es scheint würden Mehrere der Betroffenen theils schriftlich theils stillschweigend dem Urtheil sich unterzogen haben. Allein die Regierung enthob sie eines allfällig längern Bedenkens, indem sie den 17. Juni den Beschluß faßte, den Rekurs (einfach) anzumelden.

So gelangte die Sache an das Obergericht, das den 8. Juli in Abänderung des bezirksgerichtlichen Urtheils zu Recht gesprochen und erkannt:

1. Pfarrer Rohner in Kirchdorf sei der Stelle als Dekan entsetzt, als Pfarrer auf zwei Jahre eingestellt. — — — —

2. Pfarrer Rohner in Fislisbach sei zu einer Buße von 300 Fr., Mäder in Rohrdorf zu einer solchen von 200 Fr., Mohr in Birmensdorf, Schmid in Würrenlos und Oswald in Wettingen jeder zu einer solchen von 100 Fr. zu Handen des Kantonsarmenfonds verfällt. — — — —

3. Soll den Genannten vor den Schranken des Bezirksgerichtes Baden ein Zuspruch hinsichtlich der Pflichtverletzung ertheilt werden.

4. Betreffend die Kosten, habe Rohner von Kirchdorf daran ⅓, die Uebrigen ⅔ zu bezahlen, jeder Einzelne aber für den ganzen Betrag zu haften.

Unterm 10. Juli wurde von der Regierung die Vollziehung des Urtheils beschlossen.[1])

In ähnlicher Weise wurden die Dekane und übrigen nicht-verkündenden Pfarrer der Kapitel Bremgarten und Mellingen bestraft.

Nicht lange, so kam die kath. Geistlichkeit des Aargau's wieder in große Verlegenheit. Das geschah durch das Dekret des Großen Raths, zu Folge dessen den Geistlichen der Staatseid auf den 24. Nov. 1835 zu schwören auferlegt wurde — eine Angelegenheit, die abermals den Pfarrer von Fislisbach ernstlich in Anspruch nahm. Er ist es nämlich, der im Einvernehmen mit mehreren Amtsbrüdern des Kapitels Mellingen und Regensberg [2]) die einläßliche Zuschrift an den Bischof — datirt den 5. Nov. 1835, abfaßte, worin demselben das fragliche Eidesdekret zur Kenntniß gebracht, auf die Tragweite eines Staatseides — in kirchlicher Beziehung hingewiesen und die Bedenken, Ansichten und Wünsche seiner Geistlichkeit: „daß dem wörtlich zu leistenden Staatseid die Klausel beigefügt werde": „mit Vorbehalt aller von der Einen katholischen und apostolischen Kirche im Auftrag der ökumenischen Konzilien auszuübenden Rechte" seiner vollen Aufmerksamkeit zur Würdigung unterbreitet wurde. In Folge dessen ließ der Bischof schon unterm 12. November jedem einzelnen Benefiziaten folgende Weisung zukommen: „Laut 1832 erhaltenem Apostolischen Ausspruch über die nämliche Eidesformel,

---

[1]) Siehe: Schweiz. Kirchenzeitung und Aarg. Kantonsblatt, Juni und Juli 1835. — Hurter: „Befeindung der kathol. K." S. 282 und folg. — „Unfug mehrerer Pfarrgeistlichen im Bezirk Baden 1835", eine Sammlung der Regierungs-, der bischöflichen, der Verhör- und Gerichts-Akten; Anonim. S. 17—59. — Bericht des kl. Raths Aargau vom 28. August 1835.

[2]) Staatlich war der Dekan d. K. Regensberg außer Funktion.

darf der fragliche Eid nicht anders beschworen werden als mit dem Beisatz: „Ich schwöre diesen Eid in Allem, was der katholischen Religion und den kirchlichen Gesetzen nicht zuwider ist." [1])

Zur Erzielung des gedachten Vorbehalts hatte gleichzeitig die Geistlichkeit der Bezirke Bremgarten und Muri an den Gr. Rath sich mittelst einer sehr gründlichen und weislich gehaltenen Zuschrift gewandt — mit der Bitte: es ihr „auf irgend eine Art möglich zu machen, ihre der Kirche sowohl als dem Staate schuldige Pflicht zu erfüllen". [2]) Allein die Regierung blieb beim Beschlusse und ließ dem bischöflichen Erlasse vom 12. gegenüber den betreffenden Geistlichen durch den Bezirksamtmann von Baden anzeigen, daß sie den Eid ohne Vorbehalt zu schwören haben.

Am 24. als am Schwurtag erschienen die Geistlichen vor Behörde. Wenige von ihnen — in Summa 18 — leisteten den Eid unbedingt; 112 dagegen verweigerten standhaft — unter Angabe der Gründe, denselben. Daß unter den Eidverweigernden der Pfarrer von Fislisbach sich befunden, bedarf hier kaum der Erwähnung.

Diese Eidgeschichte erweckte wiederum bei der katholischen Bevölkerung großen Unwillen und vielseitig Erbitterung, so daß die Regierung sich veranlaßt glaubte, Truppen aufzubieten, und die Nachbarkantone zu eidgenössischem Aufsehen anzurufen. Da versammelte sich, während das Freienamt bereits von Truppen überschwemmt war [3]) — der Große Rath und gab am 27. November eine Erklärung, die, 8 Tage früher gegeben, alles beruhigt hätte — dahin gehend: „Daß aus fraglicher Eidesforderung nie Etwas gefolgert werden solle, was der katholischen Religion oder den kirchlichen Rechten zuwiderliefe." Auf diese Erklärung hin erklärte auch der Bi-

---

[1]) Kirchztg. 1835, pag. 839.
[2]) Ebend. S. 843.
[3]) Hurt. Beid. S. 630.

schof die Eidesleistung als zuläßig, worauf die gesammte Geistlichkeit am 30. November schwur und die Regierung die Truppen zurückzog.

Gerade in Mitte dieses allgemeinen kirchlichen Konflikts sah Hr. Rohner speziell als Pfarrer zu Fislisbach in einen solchen sich verwickelt.

Im Anfange des Jahres 1835 nämlich wandte sich Jakob Eglof, heimathrechtig in Fislisbach, an ihn mit der Anzeige, daß er entschlossen sei, sich mit Elis. Huber, einer geschiedenen Bühler (deren Ehemann noch am Leben), zu verehelichen, er daher ihn als Pfarrer seines Heimathorts um die gesetzlichen Einleitungen und Weisungen (Sponsalien, Verkündungen, Kopulation) ersuchen möchte. Der Hr. Pfarrer erklärte ihm, daß die vorhabende Verbindung eine durchaus unerlaubte — mit einem Worte keine Ehe sei — er daher in keiner Weise dazu Hand biete. Da Eglof auf seinem Gesuche beharrte, indem er zu diesem Ende mehrere dahin bezügliche Akten deponirte, machte Hr. Pfarrer mittelst des betreff. Dekanats [1]) dem Tit. Bischof über fraglichen Fall Anzeige mit der Bitte um gefällige Weisung. Unterm 28. Jänner 1835 erfolgte die Erklärung von Seite des Bischofs: „Weil das Band der Ehe unauflöslich ist nach katholischen Grundsätzen, so kann der Katholik eine solche geschiedene Person nicht heurathen, und eben so wenig kann ein katholischer Pfarrer in einem solchen Falle kopuliren."

Auf diese dem Eglof mitgetheilte Erklärung hin, wandte er sich an die hohe Regierung, worauf diese unterm 4. März beschlossen: „Es soll dem Jak. Eglof von Fislispach gestattet sein,

---

[1]) Die ganze Korrespondenz zwischen Pfarramt und Ordinariat geschah mittelbar durch den Dekan des Kap. Regensberg — der wohl staatlich nicht aber kirchlich suspendirt war. Alle die fragl. Ehe betreffenden Akten — 38 Stück — liegen gesammelt im Pfarrarchiv.

die Ehe mit seiner Verlobten El. Bühler geb. Huber öffentlich verkündigen und dieselbe, nachdem er die übrigen gesetzlichen Bedingungen erfüllt — — — kirchlich einsegnen zu lassen."

Unterm 7. März erschien nun Eglof vor dem Pfarramt Fislisbach und ersuchte dasselbe um Abhaltung der quäst. Sponsalien. Wie vorauszusehen, erhielt er unter gl. D. einen mit Bezug auf das bischöfliche Schreiben motivirten schriftlichen Abschlag vom Pfarramte.

Da das bischöfliche Schreiben vom 28. Jänner wörtlich nur die Kopulation berührt und untersagt, so sah sich Hr. Pfr. Rohner im Falle, beim Tit. Bischof des Nähern anzufragen: wie es bezüglich der geforderten Verkündigung fraglicher Verlobten sich verhalte? Worauf unterm 10. März von Solothurn die Antwort kam: "So lange die Elisabeth Bühler geb. Huber nicht den Todesschein ihres geschiedenen Ehemannes vorweiset, darf weder verkündet noch kopulirt werden."

Das Bezirksamt, von dieser bischöflichen Weisung in Kenntniß gesetzt [1]), machte hievon der h. Regierung unverweilt Anzeige, worauf diese schon unterm 11. März Folgendes zur Mittheilung an das Pfarramt Fislisbach erwiederte:

"Daß die (fragl.) Verkündung in bürgerlicher Beziehung als ein zur Ausmittlung allfälliger Einsprachen und rechtlicher Anstände nothwendiger Akt von dem Hrn. Pfarrer in Fislisbach in seiner Eigenschaft als bürgerlicher vom Staat angestellter Beamte vorzunehmen sei, und daß derselbe hiezu ernstlich und mit dem Bemerken angehalten werde, daß nach unsern Gesetzen nur der Pfarrer als Staatsbeamter und kein anderer Angestellter oder Beamte in sich ergebenden Fällen das „Recht und die Pflicht" habe, Ehen zu proklamiren."

Unterm 15. März kam obiges Reskript durch das Bezirks-Amt dem Hrn. Pfarrer Rohner zu mit der Bemerkung: „Von

---

[1]) Durch wen ist nicht gesagt.

der daherigen Vollziehung innert 8 Tagen zu Handen der hohen Behörde schriftlichen Bericht zu geben."

Am 16. März übersandte Hr. Pfarrer Rohner sowohl das Schreiben des Bezirksamtmanns, als das der h. Regierung an das Dekanat zur Uebermittlung an den Tit. Bischof mit der Bitte: „Es möchte derselbe hierüber bestimmt sich aussprechen", indem Hr. Rohner hinzufügt: „Gibt derselbe diese (obengenannte) Doppelstellung eines katholischen Pfarrers zu, so werde ich hiernach verkünden; widerspricht er aber der Behauptung und Zumuthung der h. Regierung, so werde ich mich gegen die Zumuthung, zu verkünden, so lange verwahren, bis die duo liligantes (Bischof und Regierung) den Streit miteinander ausgemacht haben."

Die Antwort des Hrn. Bischofs, durch den Hrn. Kanzler unterzeichnet, auf obige Schreiben lautet:

„Um in vorliegendem Falle — — den höchst übeln und nachtheiligen Folgen, die aus der Weigerung des Verkündens für Hrn. Pfarrer Rohner zu Fislisbach ganz wahrscheinlich hervorgehen würden, vorzubeugen, und in Erwägung, daß selbst die Regierung Aargaus diese befohlene Verkündung nicht kirchlicher, sondern einzig in bürgerlicher Beziehung verlangt, kann das Einschlagen des Mittelweges unter solchen Umständen nicht anders, als höchst wohlthätig für die Kirche sein. Hr. Pfarrer mag demnach die fragl. Ehe ohngefähr (jedoch ohne Stola) unter beiläufig modifizirter Form verkünden: Laut erhaltenem Auftrage der h. Regierung habe ich in bürgerlicher Beziehung zur Ausmittlung allfälliger Einsprachen und rechtlicher Anstände euch zu verkünden, daß Hr. Eglof sich mit der Elis. Bühler von Kirchberg zu verehelichen gedenke. Wenn Jemand ein Hinderniß weiß, der ist gehalten es anzuzeigen. Diese Verkündungsform ist um so eher zulässig, da das Verkünden an und für sich keine dogmatische Sache ist, sondern nur eine Nachfrage, um allfällige Einsprachen, und selbst von der Regierung nicht als ein kirchlicher Akt betrachtet wird. Ganz anders verhaltet es sich mit den Sponsalien und Kopulationen, die in solchen Fällen dem kathol. Pfarrer ganz verboten sind. — — Zu bemerken, daß Eglof vom Augenblick der Kopulation an aufhört, Katholik zu sein! — — — «Inter duo mala minus est eligendum.» Sig. H. Stadlin, Kanzler.

Entsprechend dieser bischöfl. Erklärung schritt Pfarrer R. gleich am folgenden Sonntag den 22. März zur fragl. Eheverkündung. Bevor er jedoch diese vornahm, las er eine schriftlich kurz abgefaßte Darstellung des (übrigens bereits bekannten) — Ehefalls mit Anführung der von Seite der Regierung und des Bischofs ihm zugekommenen Weisungen (wie oben dargestellt) von der Kanzel der Gemeinde vor. Sodann las er (nach abgelegter Stola) wörtlich:

„Gemäß dieser letzten bischöfl. Weisung im Sinne des erhaltenen Auftrages unserer hohen Regierung verkünde ich euch also:

„Es steht eine Ehe bevor zwischen dem hiesigen Gemeinds-Angehörigen Jakob Eglof und der von ihrem noch lebenden Ehemann protestantischer Seits geschiedenen Elisabeth Bühler geborne Huber von Kirchberg, Kanton Zürich — Beide wohnhaft in Zürich. Jedermann, dem in bürgerlicher Beziehung ein Hinderniß bekannt ist, hat es betreffenden Orts anzuzeigen — vor Pfarrer Rohner."

Bis dahin lagen 22 Akten-Stücke in fraglicher Sache vor — also möchte man denken, es sei dieselbe nun in Ordnung. Allein es spinnt sich das Ding noch bis auf 38 Akten. So — um noch einiges anzuführen — stellt das Pfarramt Kirchberg den 18. März das Verlangen, daß ihm der Verkündschein von Fislisbach vor Ende März — (also ohne die in da gesetzliche 2. und 3. Verkündung abzuwarten) möchte zugestellt werden, damit am 30. kopulirt werden könne.

Nun: Einfrage des Pfarramts Fislisbach an das Bezirks=
Amt, ob Disspens für Nicht=Verkündung vorliege, oder ob, ohne
fragl. Disspens, der Verkündschein schon nach einmaliger Aus=
rufung und ferners, ohne daß bezüglich der entrichteten Militär=
Taxe ein Zeugniß beigebracht sei, aushingegeben werden dürfe.

Auf alle 3 Punkte gibt das Bezirksamt verneinende Ant=
wort mit Datum vom 24. März.

Anzeige dieser Erklärung vom Pfarrer in Fislisbach am
25. an das Pfarramt Kirchberg nebst Ersuchen um einen förm=
lichen Eheeinwilligungs= (Sponsalien=) Schein.

Neue Verkettungen! — —

a) Eglof erkärt unterm 28. März schriftlich und vor
Zeugen, daß er von der vorhabenden Ehe mit der geschiedenen
Bühler abstehe.

b) Schreiben des Pfarr=Amts Kirchberg vom 2. April, worin
berichtet wird, daß Eglof vor ihm und dem Gerichtspräsidenten
den unterm 28. in Fislisbach zugesagten Rücktritt von der quäst.
Ehe widerrufen und als null und nichtig erklärt habe. Ferners:

c) Da nun die gesetzliche Verkündung im Kanton Zürich
den 30. März und den 22. in Fislisbach geschehen sei und die
Bewilligung des Kantons Aargau zur Kopulation vorliege u. s. w.,
so habe er diese unterm 1. April vorgenommen und lege den
betreffenden Kopulationsschein hie bei.

Dieses unerwartete Vorgehen in der vorwürfigen Ehesache
wollte der Hr. Pfarrer in Fislisbach um der Sache und all=
fälligen Folgen willen nicht hingehen lassen, ohne das Ungesetz=
liche in jenem Verfahren nachzuweisen. Zu diesem Ende erließ
er unterm 3. und 14. April an das Bezirksamt zu Handen der
hohen Regierung ein motivirtes Schreiben, worin deutlich nach=
gewiesen wird, daß die quäst. Ehe

1. weder verkündet, noch

2. kopulirt worden sei, unter Beachtung der im Aar=
gau vorgeschriebenen Bedingungen. Daher er —

Pfarrer in Fislisbach — "zur Wahrung seiner amtlichen Stellung gegen allfällig nachtheilige Folgen sich verpflichtet gefunden habe, den Thatbestand der hohen Regierung zur Kenntniß zu bringen." Auf dieses kam vom Bezirksamt Baden den 22. April die Anzeige, "die hohe Regierung habe auf Obiges erwidert, daß, wenn auch Unregelmäßigkeiten [1]) bei jener Kopulation statt gefunden, Hochdieselbe sich dennoch als regierend von Staatswegen nicht veranlaßt finden könne, die in Kirchberg Kanton Zürich geschlossene Ehe nicht anzuerkennen, sondern vielmehr dieselbe als gültig erklären müsse". — So der 38. Akt.

Nach diesem Intermezzo kehren wir zur Zeitgeschichte zurück.

In Folge Nichtverlesung der Proklamation, wovon oben gesprochen, wurden mehrere Geistliche durch richterliche Sprüche zeitweise oder gänzlich ihrer Beamtungen verlustig erklärt — so die drei Dekane ihrer Dekanatsstellen u. s. w. Hierüber machte die Regierung unterm 10. Juli 1835 dem Bischofe Anzeige, begleitet mit der Aufforderung: die Ernennung neuer Dekane zu veranstalten.

Allein schon unterm 14. desselben erklärte der Bischof in einem Schreiben an dieselbe auf's feierlichste, daß er — da durchaus kein Vergehen auf den Dekanen laste — den Herrn Rohner immer noch als Dekan und Pfarrer in Kirchdorf, sowie den Herrn Dosenbach als Dekan und Pfarrer in Bremgarten anerkenne [2]), daß weder diese Dekanats- noch Pfarrstellen erlediget seien und er somit jeden allfällig in diese Stellen Eintretenden vom Augenblick der ersten Funktion an suspendiren würde. Auf dieses hin blieben die Dekanatsstellen — wenn

---

[1]) Aber wenn der kath. Pfarrer dabei Unregelmäßigkeiten sich hätte beigehen lassen — ?!

[2]) Der gleiche Protest gilt auch bezüglich Groth's, Dekans des Mellinger Kapitels; daher Kammerer Ganginer um 50 Fr. gebüßt wurde, weil er die vom Bischof untersagte Dekanatswahl nicht vornehmen wollte.

auch von der Regierung nicht anerkannt — als solche kirchlich in ihrem Bestande. Damit jedoch die Kapitels-Geschäfte unbehindert fortgeführt wurden, besorgten im Einverständniß mit dem Bischof und laut Kapitelstatuten «Decano impedito» die Kammerer als einsweilige Kapitelsvorstände deren Obliegenheiten.

So entließ den 25. März 1836 der Bischof den Herrn Rohner in Kirchdorf für einsweilen der Dekanatsstelle und übergab dem damaligen Kammerer Heer das Kapitelspräsidium.

Als Herr Heer die Stelle als Kammerer und damit die des Kapitelspräsidiums abgab, wurde an dessen Statt am 20. August 1839 bei der Kapitelsversammlung zu Fislisbach zum Kammerer des Kapitels Regensberg gewählt: J. Kp. Rohner, Pfarrer in Fislisbach, und am 28. gleichen Monats vom Ordinariate bestätigt. Gleichfalls wurde er von da an — Decano legitime impedito — von Seite des Kapitels als vollberechtigter Stellvertreter des Hr. Dekan Rohner betrachtet, und so auch unterm 9. September 1839 vom Ordinariate speziell mit der Führung des Dekanats beauftragt.

Der kathol. Kirchenrath in Aarau hingegen, den Akt dieser Stellvertretung vor sein Forum ziehend, beschuldigte unterm 4. Oktober den Hr. Kammerer Rohner wegen Mangel staatshoheitlicher Bestätigung des Eingriffs in die Dekanatsrechte, und untersagte ihm jede weitere deßfallsige Verrichtung. Unter dem 10. Oktober erklärte Kammerer Rohner dem Kirchenrathe in einer motivirten Zuschrift: er könne sich nicht verpflichtet halten, der kirchenräthlichen Weisung Folge zu leisten. Diese Zuschrift war von der Art, daß nicht nur der Bischof — „die ausgezeichnete Gewandtheit in Behandlung der betreffenden Angelegenheit bewundernd belobte" [1]), sondern auch die hohe Regierung den 14. Oktober unbeanstandet die Wahl Rohners bestätigte. Von da an besorgte er dann auch fortan unbehelligt die De-

---

[1]) Kapit.-Archiv Regensberg.

kanatsgeschäfte bis 1848 — d. i. bis zum Uebergang in ein anderes Kapitel.

Von 1830 an wurden im Aargau von Zeit zu Zeit die Klöster in bedrohlicher Weise besprochen; 1833 wurde deren Inventarisirung beantragt; 1834 rückten sechs Kommissarien von Aarau aus, um in allen Klöstern die Inventarisirung vorzunehmen; 1835 wurden, ohngeachtet alle gesetzlichen Vorschriften befolgt waren — und entgegen den besten Zeugnissen, die Klosterschulen geschlossen und 1837 unter dem Vorwande übler Haushaltung die Bevogtigung sämmtlicher Klöster — obgleich mehrere Protestanten, wie Feer, Rauchenstein, Vertschinger und selbst Zschokke gegen das Unrecht in dieser Allgemeinheit sich ausgesprochen — vom Großen Rath dekretirt.

Den 24. Mai 1835 beantragte Hr. Aug. Keller im Großen Rathe: „Es sei in der obersten Bundesbehörde das Begehren zu stellen, daß der Jesuitenorden in der Schweiz von Bundeswegen ausgewiesen werde." [1]

1839 im September erhob sich merkwürdiger Weise im Kanton Zürich in Folge Berufung des Professors Strauß, der offen die Gottheit Christi läugnete, das Volk in Masse gegen die Regierung, indem es Garantie der Landesreligion, eine christliche Richtung im Erziehungswesen u. s. w. verlangte. Nach blutigem Scharmützel gab die Regierung ab.

Da vieles, was man seit Jahren im Aargau staatlicherseits planirte und that, nicht blos den Klöstern, sondern im Grunde

---

[1] Baumgartner, „Die Schweiz von 1830—1850," III. 159. Daß dieses Auftreten gegen die Gesellschaft Jesu — „der Vormauer des Papstthums" dem Hrn. Keller nicht erst von Ld. Snell (vergl. Baumgartner, ebend.) insinuirt worden ist, sondern aus dessen innerstem Wesen hervorgegangen, kann wissen, wer auch nur seine Ansprache am Gedächtnißtage des Hrn. Dombekans Bock slg. in Sarmensdorf 1857, worin er zum Kampfe nicht etwa „gegen den Papst, sondern gegen das Papstthum" aufforderte, gehört hat. Bekanntlich schrieb Bock „Der Kampf zwischen Papstthum und Katholizismus" — was er jedoch später retraktirte.

der katholischen Kirche galt, und man den wiederholten Bittgesuchen der katholischen Bevölkerung in Bezug auf Schule und Kirche nicht von ferne entgegen kam, vereinigten sich 1839 mehrere achtbare Männer des Freienamts zu einem Komite — dem später sogen. Bünzer-Komite — um zu berathen, was bei der 1840 bevorstehenden Verfassungsrevision zu thun sein, damit man endlich ihren Begehren, namentlich in kirchlicher Beziehung, gerecht werden möchte. [1]

Daher, als man im Anfang des Jahrs 1840 wieder zur Verfassungs-Revision schritt und die Regierung unterm 15. Jän. das Volk amtlich zur Eingabe seiner Wünsche eingeladen, floßen diese katholischer Seits reichlich — vorab von einer den 2. Feb. durch Mitglieder des Bünzer-Komite's geleiteten großen Volks-Versammlung (von 5000 Mann) zu Mellingen; dann im besondern vom Kreis Muri aus. Die hier in 18 Punkten ausgesprochenen Wünsche giengen der Hauptsache nach auf freiere Bewegung des Volkes in bürgerlichen Verhältnissen, sodann auf Parität — Trennung und Garantie der katholischen und reformirten Konfession mittelst Aufstellung zweier Großrathskollegien, kirchlich freien Verkehr, Wahrung der Rechte der Kirche in Bezug auf Schule und religiöse Anstalten u. s. w. In dieser letzten, ausschließlich kirchlichen, Beziehung gab auch gleichen Monats die katholische Geistlichkeit mit 105 Unterzeichneten gegen 26 Ablehnende mittelst einer trefflichen Vorstellungsschrift in 10 Artikeln ihre bestimmt gefaßten Wünsche ein. [2] Daß gleichzeitig die bedrängten Klöster mit Bitten einrückten, war zu erwarten. Ebenso läßt sich aus der bisherigen Stellung Fislisbachs und ihres würdigen Pfarrers entnehmen, daß auch sie an dieser Angelegenheit thätigen Antheil genommen. Reformirter Seits war die Stimmung — zumal in der Versammlung zu Entfelden

---

[1] Hurt. Besd. 657 und flgd.
[2] Hurt. Besd. S. 957 und flgd.

(13. Febr.) — der Parität und konfessionellen Trennung entgegen.

Der Verfassungsentwurf, der endlich nach ½ Jahr zur Welt kam und den 5. Oktober dem Volke vorgelegt wurde, befriedigte weder die ein' noch die andere Konfession und wurde mit 23,095 gegen 3,171 verworfen. Die Reformirten verwarfen, weil sie — etwas stärker an der Kopfzahl, als die Katholiken — durch die vorgeschlagene Parität sich verkürzt glaubten; die Katholiken weil sie kein einziges ihrer Beschwernisse dem wahren Wesen nach beseitigt, somit die Kirche neuerdings der Willkühr preisgegeben sahen.

Da bei dieser Lage der Dinge die Wiederaufnahme der Revision in Aussicht stund, wandte sich unterm 27. Oktober der Bischof nochmal, in einem wahrhaft väterlichen Schreiben, an die hohe Regierung: — — „Der sechszigjährige Bischof, schon mit einem Fuße im Grabe, schreibt er — hat bei dieser Sache kein persönliches Interesse, sondern will nur von der schweren Verantwortlichkeit vor dem Thron des Allerhöchsten sich sicher stellen, die Ruhe und den Frieden im Vaterland erhalten und bekräftigen, und des Himmels Segensfülle auf uns herab rufen, und hinwirken, daß den beängstigten Gemüthern die ersehnte Ruhe und Sicherheit und der katholischen Kirche — der Braut Christi — das ihr von Gott verliehene Lehr-, Gesetzgebungs-, Untersuchungs- und Vollziehungsamt im Kirchlichen und Religiösen gewährt werde."

Durch dieses Schreiben des Bischofs ermuthigt, erneuerte auch seine Geistlichkeit im Aargau den 24. November ihre im Februar eingegebenen Wünsche, indem sie wiederum ebenso „klar als unumwunden Garantie für die Rechte und den Organismus der Kirche", namentlich in Bezug auf kirchlich freien Verkehr, auf Schule und geistliche Stiftungen u. s. w. forderte.

Auch das Volk ruhete nicht, in einer der wichtigsten Angelegenheiten des Lebens sich Recht zu verschaffen. Am 29. Nov.

kamen einige Tausend (man sagt bei 8000) der ihrer Kirche wegen mit Bekümmerniß erfüllten Katholiken in Baden zusammen und beschlossen eine neue Adresse, in welcher in erster Linie das Begehren gestellt wurde:

Daß die Verfassung den Grundsatz enthalte: „Jede Religionspartei verwaltet ihre kirchlichen Angelegenheiten im Geiste ihrer Kirche gesöndert. Die Verfassung stellt hiefür die nöthigen Behörden auf."

Nun giengs mit dem Revisionswerk zwar schneller als früher, indem schon den 5. Jänner 1840 der Verfassungsentwurf dem Volke zur Abstimmung vorgelegt wurde. Allein, hatte der frühere den Erwartungen der Katholiken nicht entsprochen, so war nun in dem Vorgelegten von Parität und konfessioneller Trennung, oder auch nur einiger Würdigung der katholischen Begehren vollends gar nicht mehr die Rede. Daher kam es, daß er dem protestantischen Theile um so besser entsprach, und mit 15,636 gegen 11,454 als angenommen erklärt wurde.

Von da an trübt sich die Aussicht für das katholische Volk — zumal im freien Amt, wieder auf's Neue.[1]

Gleich nach Annahme der Verfassung tauchten nämlich vage Gerüchte auf, die sich bald zu Anschuldigungen gestalteten, als habe das Bünzerkomite revolutionären Treibens sich schuldig gemacht. Auf dieses hin schritt ohne weiters die Regierung ein und ließ, fataler Weise, mehrere Männer des genannten Komite's in Bremgarten und Muri den 10. Jänner verhaften. — Wie ein Lauffeuer verbreitete die Nachricht sich unter das Volk. — — Tumultuirend rottet es sich zusammen, ertrotzt nicht nur die Befreiung der Gefangenen (wobei Bezirksamtmann Wei, während er das Volk zur Ruhe aufforderte, einen Streiffschuß erhielt), sondern machte in seiner Wuth die Regierungsabgeordneten — und zwar in bedrohender Weise zu Gefangenen. Nun

---

[1] Baumgart. II. 436 — folgd.

war das Schlimmste geschehen und — unaufgeboten der Landsturm da.

Frühe von Allem in Kenntniß gesetzt, steht die Regierung gerüstet da, ja bereits erhält sie (weil vorgesorgt) militärischen Zuzug von Bern. — Unter Frei-Herose rückten die Regierungs-Truppen schon am 11. in Wohlen und Villmergen ein. . Nach einem Scharmützel, wobei 17 Mann aus'm Freienamt getödtet und 13 verwundet, löst sich der Landsturm in voller Flucht auf. — Ihre Führer verlassen das Land, die katholischen Bezirke werden entwaffnet, durch eine gierig entfaltete Uebermacht von Berner- und reform. Aargauer-Truppen in bedrückendster Weise bis Ende Februar okkupirt, viele harte Verhaftungen vorgenommen und in Contumaciam Todes-Urtheile gefällt. So büßte das Freienamt seine leider nicht zu rechtfertigende — wenn auch heraufbeschworene Empörung.

Und — nun wurde auch ins Werk gesetzt, was längstens planirt war — die Aufhebung der Klöster.

Am 13. Jänner brachte Augustin Keller im Großen Rath hinweisend auf die stattgefundene Empörung und die Schuld davon nicht wenig auf die Klöster — besonders Muri — wälzend — den Antrag, sämmtliche Klöster sofort aufzuheben. Im Sturm folgte die Beschlußnahme, ebenso die Durchführung — die Ausweisung sämmtlicher Manneskonvente und Beschlagnahme ihres Vermögens.

1841 den 1. und 2. April erklärt zwar die Tagsatzung, daß die Aufhebung der Klöster dem Bundesvertrag Art XII entgegen und demnach die Liquidation einzustellen sei, allein schon

1842 den 29. Juli — dieser Schlußnahme entgegen sanktionirt sie mit 12 und 2 halben Stimmen die Aufhebung und damit die Liquidation der Klöster.

Während so die Klöster dem Sturm erliegen, sehen wir anderwärts, wie ein kathol. Ordensmann ein klösterliches Institut hervorruft, das in kurzer Zeit und großartiger Weise, weit herum sich entfaltet — ein Institut, das in unsrer Geschichte um so weniger unberührt bleiben darf, als auch Fislisbach zu dessen Eröffnung nach Kräften mitgewirkt hat. Allbekannt ist der Name dieses ehrwürdigen Paters — des Theodosius; ebenso bekannt das große von ihm erstellte Werk — das Lehrschwestern-Institut zu Menzingen, Kantons Zug, sowie das später aus jenem sich entwickelnde Institut der barmherzigen Schwestern zu Ingenbohl, Kantons Schwyz. Die Ausführung des Planes begann Theodosius damit, daß er sich um entsprechende Lehrkräfte umsah. Mittelst seiner Freunde — namentlich des Pfarrers in Fislisbach gelang es ihm 1840 drei sehr talentvolle Töchter zu finden, die seinem Rufe zu folgen sich bereit erklärten; sie heißen: Maria Heimgartner von Fislisbach — die schon oben genannte Schwester-Tochter des verstorbenen Pfarrers Trüb; Johanna Mäder von Baden und Maria Kramer von Wettingen. Nachdem diese im Verlauf von 4 Jahren eine ihrer Bestimmung, sowie den Zeitbedürfnissen entsprechende Ausbildung erhalten, sich inzwischen noch zwei ebenso begabte Töchter — Aloisia Winiger und Theresia Scherrer ihnen angeschlossen hatten — die Genehmigungen Seitens der Bischöfe von Basel und Chur zur Errichtung des projektirten Instituts als einer kirchlichen Genossenschaft im Juli 1845 ertheilt — diese und andere wichtige Vorkehrungen getroffen waren, führte Pater Theodosius die genannten fünf Töchter den 27. Oktober 1845 nach Wurmsbach, wo sie unter Assistenz des Herrn Dekan von Haller ihre heilige Profession ablegten, und das Ordenskleid der Schwestern vom hl. Kreuz erhielten. Als Oberin wurde bezeichnet M. Bernarda Heimgartner. So ward das kleine Fislisbach gewürdigt, zu dem großen weltbekannten Bau den ersten — gleichsam den Eckstein zu liefern. Kaum gegründet füllten Zöglinge die Schullokale, ersuchten da und dort Gemeinden um Schulschwestern, meldeten sich, wie gewünscht, wieder Andere zur Aufnahme als Lehramtskandidatinnen

— zum förmlichen Eintritt in die klösterliche Genossenschaft. So traten frühe schon wieder von Fislisbach drei sehr fähige Töchter ein, als: Agnes Heimgartner, eine Schwester der Oberin, Klara Schibli und Magdalena Heimgartner; ja nach einigen Jahren folgten ihnen nochmals drei Töchter von Fislisbach nach — die drei Schwestern: Agatha Benedikta, Jdda Lidwina und Veronika Theresia Schibli.[1])

Gegenwärtig zählt das Institut 157 Schwestern und 15 Novizinnen. — Merkwürdig! Kaum sind seit Eröffnung desselben 30 Jahre verflossen und schon steht es in voller Kraft da — und schon ist der Schwestern Tüchtigkeit im Schulfache, sowie im Kranken- und Waisen-Dienste anerkannt, so daß wir sie weit umher in Anspruch genommen sehen. So sind gegenwärtig — die Pensionate Menzingen und Rorschach mit ihren vielen Klassen und dem zahlreichen Lehrpersonal nicht gerechnet — in 65 Gemeinden verschiedener Kantone der Schweiz 97 Schulen (worunter einige mit 2—3 Lehrerinnen) der Leitung der Schwestern übertragen; ebenso finden wir sie an 18 Kranken- und Waisen-Anstalten der Kantone Aargau, Bern, St. Gallen, Schwyz, Unterwalden, Zug und im Großherzogthum Baden in opferwilligster Thätigkeit.

Um schließlich des andern Zweiges des Theodosianischen Instituts — d. i. desjenigen der barmherzigen Schwestern zu gedenken, bemerken wir kurz: diese siedelten im Jahr 1856 von Menzingen hinüber nach Ingenbohl, gründeten da unter der Lei-

---

[1]) Betreffend die sieben Lehrschwestern von Fislisbach, können wir nicht umhin, mitzutheilen: Schwester Maria Bernarda, Oberin, starb den 13. Dezember 1863. — Agnes, früher am Pensionat in Rorschach, wirkt seit 7 Jahren als Vorsteherin der Mädchen-Sekundarschule in der Stadt St. Gallen. — Klara, als Vorsteherin an der Arbeits- und Erziehungs-Anstalt in Hagendorn bei Cham. — Magdalena, als Lehrerin an der gemischten Schule am Steinberg. — Agatha Benedikta, als Gehilfin am Armenhause zu Menzingen. — Jdda Lidwina, als Vorsteherin an der Borsinger'schen Waisen-Anstalt in Baden. — Veronika Theresia an der gemischten Schule im Flüeli bei Sachseln.

tung des P. Theodosius ein eigenes Mutterhaus, dessen Einrichtung und Ausbau für die Schwestern mit vieler Müh und manchen Opfern verbunden war. Doch unter der Leitung eines Theodosius harrten sie hoffnungsvoll und getrost aus, und sie fanden sich nicht getäuscht. In großartigster Weise gedieh das Werk.

Kaum Etwas eingerichtet, vermehrten sich ihre Kräfte und wurden die Schwestern weit herum, sogar in's Ausland — z. B. nach Würtemberg, Oesterreich, Ungarn, Slavonien u. s. w. zur Besorgung der Kranken-, Waisen-, Armen- und Schulanstalten berufen, so daß wir — nach einem Bericht von 1870 — also schon nach 15 Jahren, ihrer 464 in 167 Anstalten unter liebevollster Hingebung, ihre hohe Aufgabe erfüllend, zählen.

Ein Körnlein nur war's, das ein frommer Pater in den Boden legte, und zu welch' großartigem wundervollen Fruchtbaume hat es sich entfaltet!

Vierziger Periode.

Einen der wichtigsten Abschnitte in der Schweizergeschichte bildet unstreitig die in der 40ger Periode des 19. Jahrhunderts erfolgte Umgestaltung der alten urständlichen eidgenössischen Verhältnisse. Da der **Aargau** insbesonders sich hiebei bethätigte, so können wir — sei's auch, daß Fislisbach nicht **unmittelbar** dabei betheiligt ist — (zumal, um den geschichtlichen Ueberblick ferners **innezuhalten**) nicht umhin, dies in seinen Motiven, wie in seinen Folgen so überraschende und tiefgehende Ereigniß, wenigstens den Hauptmomenten nach, mit Folgendem zu berühren.

Im Jahr 1841 schritt das Volk des Kantons Luzern unter seinem Führer dem Großrath Leu — einem einsichtsvollen und beredten, einem ebenso republikanisch als christlich gesinnten Landmann zu einer Verfassungsrevision. Das zu diesem Ende den 18. April entworfene und am 1. Mai desselben Jahres vom Volk mit überwiegend großer Mehrheit angenommene Grundgesetz enthielt als Hauptpunkte: Abschaffung aller Vorrechte, direkte Volkswahlen, Veto, Garantie der römisch-katholischen Religion, sowie der kirchlichen Rechte in Bezug auf Erziehungswesen und fromme Stiftungen, Aufhebung des Plazet's u. s. w.

In dieser Richtung hatte die Regierung sich konstituirt und seit 3 Jahren gewirkt, als im Jahr 1844 in der Stadt Luzern eine Faktion mit Gesinnungs-Verwandten aus dem Kanton Aargau, Solothurn und Baselland zum Umsturz der Regierung sich verschwor. Zur Gewaltthat war der 8. Dezember bestimmt. In der Frühe auf dem Mühleplatz zur Ausführung sich sammelnd wurden die Aufrührer jedoch von einigen Regierungstruppen überwältigt. — Das Gleiche widerfuhr beim Emmenbaum den sich daselbst voll Erwartung ansammelnden Freischaaren, worauf sämmtliche Betheiligte in eiligster Flucht sich auflösten und die Luzerner'schen auf fremden Boden sich retteten. — Von da aus organisirten sie sich auf's Neue, zumeist unter Beihilfe von Aargauern zu einem zweiten großartigen Freischaarenzug gegen die Regierung Luzern's.

Der 31. März 1845 war zum Auszug und Zofingen zum Sammelplatz verordnet. Von da aus setzte sich Morgens nach 2 Uhr die Hauptkolonne zirka 4000 Mann stark mit mehreren Geschützen in Bewegung Luzern zu, rückten unter Scharmützeln über Hellbühl, Littau und Emmenbrücke bereits bis ganz in die Nähe der Stadt. Es war Abend. Beiderseits — ermüdet oder verwirrt — unentschlossen, schien für die Nacht jede Aktion aufgegeben. — Da kam es eben in dieser Nacht — vom 31. März auf den 1. April unerwarteter Weise im Dorfe Malters zum lebhaften Kampfe. Die ganze Kolonne der Freischärler auf ihrer Linie vom Hellbühl bis zur Vorstadt Luzern ergriff Schrecken und Verwirrung — und in schleunigster Flucht rettete sich, wer sich retten konnte, so daß schon gleichen Tag Nachmittags einer der Führer — Billo — die Hiobspost auf's Rathhaus zu Aarau bringen konnte. Eine Menge Waffen, Pferde und Munition [1]) fielen in die Hände der Sieger. Dreißig Pferde lagen todt auf dem Platze. Die Freischärler hatten 26 Verwundete und 25 Todte, worunter auch Aargauer. Die Zahl der Gefangenen mit den im Laufe der nächsten Tage eingebrachten belief sich auf 1931. Sämmtlichen Betheiligten aus anderen Kantonen ertheilte Luzern vollständige Amnestie, für die Gefangenen forderte es die Auslösungssumme von 350,000 Fr. a. W., woran dem Aargau für seine Angehörigen 200,000 Fr. zu zahlen oblag. Der Große Rath beschloß, es sei diese Summe aus der Staatskassa zu entrichten; daneben sei aber auch allgemeine Amnestie gewährt allen den beim Freienämter Aufstand von 1841 Betheiligten. So kehrten auch diese Verbannten endlich an ihren Herd zurück. [2])

1844 den 22. Oktober genehmigte der Große Rath von Luzern — den mit der Gesellschaft Jesu abgeschlossenen Vertrag, zufolge welchem dieselbe mit Anfang des Schuljahrs 184$^{5}/_{6}$ die Besorgung der theologischen Lehranstalt zu Luzern übernimmt.

Unterm 10. Dezember 1845 vereinigten sich die VII katholischen Stände mit Rücksicht auf das begünstigte Freischaarenwesen, Verletzung des beschwornen Bundes in der Klosterangelegenheit u. s. w. zur Wahrung der Kantonalsouveränität, sowie der Interessen und Rechte der kathol. Kirche zu einem Schutzbündniß — später „Sonderbund" genannt.

1847 den 20. Juli wurde von der Tagsatzung in Bern

---

[1]) Die aargauische Fahne kam nach Zug, wurde auf Ansuchen 1848 aber zurückgegeben.
[2]) Nach Baumgartner: „Die Schweiz in ihren Kämpfen von 1830 bis 1850", S. 181, 225 und 263 und flg.

mit 12 und 2 halben Stimmen die Auflösung des sogenannten Sonderbundes beschlossen und gefordert.

1847 Juli kam die vom Aargau schon 1844 aufgeworfene Kapitalfrage — die Jesuiten betreffend — zur Verhandlung. Mit obgenannten 12 und 2 halben Stimmen gegen 8 und 2 halben wurde, in Betracht, daß ihr (der Jesuiten) Dasein mit der Ruhe und Ordnung in der Eidgenossenschaft unverträglich sei — beschlossen: „Luzern, Freiburg u. s. w. einzuladen, die Jesuiten zu entfernen; — endlich: jede künftige Aufnahme des Ordens sei untersagt." [1])

1847 den 29. Oktober versammelte sich abermals die Tagsatzung, um rücksichtlich der Sonderbunds- und Jesuiten-Frage zu einem endlichen Entscheid zu gelangen. Leider war keine Ausgleichung zu erzielen. Da brachte der Abgeordnete Luzern's, Brh. Meyer, Namens der VII Stände eine Schlußerklärung und sagte: „Da das bereits verordnete Aufgebot des halben Bundesheeres als eine thatsächliche Kriegserklärung zu bezeichnen ist — da somit diejenigen, die bei der Aufnahme in unsern Väter-Bund geschworen, in Glück und Unglück als Brüder und Eidgenossen mit uns zu leben, das Schwert gegen uns gezogen haben, so erübrigt uns nur — das Scheiden." Hiemit übergab er ein Manifest an das Schweizervolk für Mit- und Nachwelt und verließ den Saal, ihm folgten schweigend seine Kollegen. Unter lautloser Stille der Versammlung verhallte vor dem Bundespalast der Trommelschlag, der den Scheidenden zum letztenmal die militärischen Ehren erwies. [2])

November 1847 durch die Mehrheit der 12 und 2 halben

---

[1]) In Mitte dieser Gährungen wurde dem Aargau die Ehre und Freude zu Theil: die erste Eisenbahn in der Schweiz innert seinen Marken — von Baden nach Zürich erbaut zu sehen, indem im Frühjahr 1847 der Tunnel bei Baden durchbrochen und den 7. August desselben die Bahn eröffnet wurde.

[2]) Baumgartner, ebend. III. 554.

Stimmen an der Tagsatzung zu Bern beschlossen — beginnt der Krieg gegen die VII kathol. Stände. In wenigen Wochen (nicht ohne Blutvergießen bei der Gisliker Brücke) waren dieselben durch die Uebermacht (von 98,861 Mann mit 172 Geschützen) erdrückt, und erfuhren unter der den Krieg auch hier begleitenden Zerstörungen und einer Kontribution von 6 Millionen Fr. a. W. das Loos aller Besiegten.

Dagegen waren die Jesuiten vertrieben, hatte der Sonderbund ein Ende, erhielt der Kanton Luzern eine andere Staats-Verfassung und die Schweiz statt des 15ner Bundes eine auf die Kopfzahl besirte Konstitution, deren Entwurf unterm 12. Herbstmonat 1848 dem Volk vorgelegt mit 145,524 gegen 54,320 angenommen und mit 101 Kanonenschüssen unter unzähligen Wachtfeuern feierlich als angenommen verkündet wurde.

———

Gerade um die Zeit dieser Entzweiung und Gewaltthaten im Vaterlande, sah sich auch die Gemeinde Fislisbach nacheinander von zwei harten Schlägen getroffen — dem bösartigen Nervenfieber von 1846—47 und dem großen Brand von 1848, von denen beiden bereits früher — Seite 24 die Rede war. Diese betrübenden Ereignisse waren es, die zumal den Pfarrer von allen Seiten in Anspruch nahmen und aber auch von dessen unermüdetem seelsorglichen Eifer, wie gemeinnütziger Thätigkeit — gerade zum Schlusse seiner Pastoration — Zeugniß geben.

Leider! nämlich noch ehe das Dorf aus den Ruinen sich ganz erhoben und die Gemeinde wieder in Etwas sich erholt hatte, ward er ihr — durch Beförderung — entrissen, indem er, nach dem ebenso beklagenswerthen als unerwarteten Todesfall des Hrn. Beutler, würdigsten Pfarrers in Sarmensdorf, von der dortigen Gemeinde, welcher vom Kloster Einsiedeln (da die Regierung Aargaus diesem die Ausübung seines Kollaturrechtes versagte) die Wahl überlassen wurde, im Oktober 1848 zu ihrem Seelsorger ernannt — den 19. desselben die Resignation auf

Fislisbach dem Kollator in Baden einreichte und einen Monat später den 18. November seine bisherige Heerde verließ, um den neuen Wirkungskreis anzutreten. Da er als Pfarrer von Sarmenstorf in das Kapitel Mellingen übergieng, endete damit auch seine Stellung als Interims-Vorstand des Kapitels Regensberg, wofür ihm in Anerkennung seiner treuen Pflichterfüllung während 9jähriger Leitung desselben den 19. Jänner 1849 durch den Dekan in Auftrag des Kapitels der wohlverdiente Dank ausgesprochen wurde.[1]

Hierauf — d. i. vom 18. November 1848 blieb die Pfarrpfründe Fislisbach vakant bis zum 10. Juni 1849. Während dieser Zeit wurde sie versehen durch H. N. Schleuniger, d. Z. stationirten Hilfspriester in Wettingen.

Diese Verzögerung in Wiederbesetzung der Pfründe hatte ihren Grund in der wiederholt nothwendig gewordenen Ausschreibung und den verlängerten Anmeldungsterminen, indem H. Jos. Huber, Kaplan in Stetten, die auf ihn gefallene Wahl wieder ablehnte, dann die hierauf später erfolgte Ernennung des H. K. Mettauer, Pfarrer in Sulz (gegenwärtig Domherr in Solothurn), auf Fislisbach von der Regierung nicht plazirt wurde. Endlich erfolgte eine definitive Ernennung in der Person des

Staffelbach Ignaz.[2]

Derselbe ist gebürtig von Sursee, K t. Luzern — geboren den 1. Juli 1795; mit Altersdispens zum Priester geweiht in Freiburg i. Uechtl. den 10. Mai 1818. Von da an beginnt seine priesterliche Laufbahn wie folgt:

---

[1] Kapitels-Archiv.
[2] Da gerade mit dessen Pastoration in der Pfarrgeschichte Fislisbach's eine wichtige Periode sich schließt, so wird man es nicht unbescheiden finden, wenn derselbe die Hauptmomente seiner Personalien, wie die seiner Pastoration hier noch folgen läßt.

1818 bis 1823 war er Kaplan — Latein- und Musiklehrer in Sursee.

1823 bis 1829 Kuratkaplan in Hitzkirch und Religionslehrer an der dortigen Sekundarschule.¹)

1829 bis im Herbst 1842 Pfarrer in Sursee, wo er seine Resignation einreichte und mit Beginn der Sommersaison

1843 zur Pflege seiner Gesundheit die Kuratkaplanei zum „kalten Bad" auf der Rigi übernahm, dann in den Aargau seine Schritte wendend, ward ihm

1844 unterm 18. März durch den kathol. Kirchenrath in Aarau die Hilfspriesterstelle zu Büttikon, Kapitels Mellingen, übertragen. — Mit Anfang des folgenden Jahres

1845 übernahm er auf Anordnung des Dekanats die einsweilige Pastoration an der kathol. Kirche zu Aarau, sowie die Religionslehrerstelle an der Kantonsschule in da. Im Februar

1846 trat er, in Folge Berufung des Domherrn Sigrist, Stadtpfarrers in Luzern auf die kathol. Pfarrei zu Aarau, als Pfarrverweser ab; als Religionslehrer an der Kantonsschule dagegen verblieb er auf Ansuchen des Schulraths bis Ende des Kurses im Mai. Unmittelbar von da bis zum Schluß des Jahres besorgte er als Verweser die Pfarre Niederwil, Bezirk Bremgarten, dann kam er

1847 nach Rohrdorf, wo ihm die Kuratkaplanei durch den Dekan des Kapitels Regensberg unterm 19. Jänner zeitweilig — dann den 19. Dezember vom Stadtrath in Baden — Kollator der Pfründe, definitiv übertragen wurde.

1847 den 25. Oktober von der h. aarg. Regierung zum Feldprediger brevetirt²), machte er unter Gehret, Kommandanten

---

¹) 1825 war er Feldprediger beim Bataillon Schumacher-Uttenberg. Von daher: „Die Waffenrüstung des Schweizers. Rede, gehalten im Thuner-Lager von Jg. St." Luzern X. Meyer.

Im Jahr 1826 ward er Festredner an der Schlachtfeier bei Sempach.

²) Er hatte nicht, wie frühere Pfarrer, eine Wahltaxe zu bezahlen.

des 2. Reservebataillons, den damaligen Feldzug gegen die Sonderbundskantone mit. Nach einem zirka 12tägigen Aufenthalt bei Schöftland gieng der Marsch über Lenzburg, Seon, Aesch und Hitzkirch bis Hochdorf. Hier kam die Ordre zum Rückmarsch, da die renitenten Kantone der Waffengewalt wichen und die Eidgenossen siegreich in deren Gebiet einzogen. Diesem folgte die Entlassung der Reserven und seine Rückkehr nach Rohrdorf.

Anderthalb Jahre später, d. i. 1849 den 11. Mai sodann war es, daß er vom Stadtrath in Baden zum Pfarrer in Fislisbach ernannt, den 24. desselben von der h. Regierung als solcher bestätiget und den 10. Juni durch Dekan Huber, Pfarrer in Lengnau, feierlich in sein Amt eingeführt wurde. Bei seinem Amtsantritt fand sich die spezielle Gottesdienstordnung, wie sie der Antezessor geübt, von dessen Hand geschrieben vor. Er hielt sich fortwährend an dieselbe. Erst einige Jahre später glaubte er nicht nur bei der Eheeinsegnung — wie bis dahin üblich — sondern nach dem Beispiel der Nachbarspfarrer auch bei der Taufe und Beerdigung ein deutsches Ritual (mit Ausnahme des Hauptmoments) benützen zu sollen.

Wie im Jahr 1835 unter Pfarrer Rohner, so kam schon 1851 unter seinem Nachfolger ein ganz gleicher Ehefall zur Behandlung.

Im Mai genannten Jahres nämlich machte der (protestantische) Pfarrer von Villingen dem Pfarramt Fislisbach die förmliche Anzeige: Johann Koller von Fislisbach und die geschiedene Verena Märki haben vor Pfarramt erklärt, daß sie sich zu ehelichen entschlossen, demnach das Pfarramt der Heimatgemeinde des Bräutigams ersucht werde, die gesetzlichen Verkündungen vorzunehmen.

Der Pfarrer, dem der Aktenstoß von 1835 nicht entgangen, glaubte der damals vom Bischof gegebenen Weisung, oder vielmehr dem Rathe: „es möge der Pfarrer verkünden" [1] — ohne

---

[1] Ob korrekt?

Weiters sich richten zu dürfen. Demnach erfolgte — da Kohler von seinem Vorhaben sich nicht abwendig machen ließ, die dreimalige Verkündung, worauf hin der Verkündschein ausgestellt wurde, dahin lautend: „die Verkündung sei in üblicher Weise vor sich gegangen, es habe sich jedoch ein Hinderniß — das Ligamen — herausgestellt, zufolge welchem die Ehe für die Katholiken ungültig sei."

Nun wollte, auf dieses Zeugniß hin, der reformirte Pfarrer nicht kopuliren. Die Angelegenheit gelangte an den katholischen Kirchenrath und an die Regierung. Diese ließ dem Verkündschein sein Recht.[1]) Die Sache blieb hangen.

Nach zirka 2 Monaten erschien der Gemeindeammann von Villingen beim Pfarrer in Fislisbach mit einer schriftlichen Anzeige vom dasigen Pfarramte: 1. daß Johann Koller, nach bestandenem Unterricht, zur reformirten Konfession übergetreten sei und 2. daß er mit der geschiedenen Märki sich versprochen habe, und deßnahen um die gesetzlichen Verkündigungen in Fislisbach ersuche.

Dieser Anzeige zufolge wurden die 3 Verkündungen wiederholt und die Bescheinigung ausgefertigt in der gewöhnlichen Formel: „daß gegen die vorhabende Ehe keine Einsprache erhoben worden sei."

1849 begannen die Bedrängnisse des hl. Vaters durch die revolutionären Empörungen in Rom, so, daß er sich nach Gaeta flüchtete. Bei dieser betrübten Lage des Papstes erhoben sich die katholischen Völker von allen Seiten und bezeugten ihm in Adressen ihre innigste Theilnahme und unwandelbare Treue. Gleich beim allerersten Erlaß einer solchen, schloß sich die Pfarre Fislisbach an mit 323 Unterschriften.

Ebenso beeilte man sich auch hier mittelst des Peterspfennigs

---

[1]) Konnte die amtliche Bescheinigung des vorhandenen Hindernisses nicht rückgängig oder ungeschehen machen.

dem bedrängten Vater der Christenheit seine kindliche Liebe und Anhänglichkeit kund zu thun.

1852 am Allerseelensonntag gegen 8 Uhr Abends brach in dem neuerbauten Hause des Jakob Peterhans=Niklis, auf dessen untern Boden er selber mit Gattin, im obern Stocke dessen Sohn Andreas mit Familie, ferners in Nebenkammern Schneider Heimgartner mit Weib und Kind und Wittwe Peterhans mit 4 Kindern miethweise wohnten — Feuer aus.

Die Ursache des Brandes ist nicht ermittelt; allein nach den Umständen zu schließen, entstand er von ruchloser Hand eingelegt in der mit dem Haus verbundenen Scheune. — Weil hier nicht bemerkt, griff er da schnell um sich, drang nach oben über die Heu= und Strohbühne in den Dachstuhl, wälzte sich hinüber dem Estrich entlang gegen die Oeffnung in der First und gegen das auf diese führende offene Stiegenhaus. Daher wohl kam es, daß die auf der Straße sich Befindenden anfänglich oben in der First ein gewöhnliches Licht zu erblicken vermeinten. Allein bald wurden sie enttäuscht, schrieen „Feuer" und drangen zur Rettung in das in Flammen stehende Haus.

Andreas Peterhans und Frau (wie gesagt oben wohnend) waren, theilweise entkleidet, im Begriff zu Bett zu gehen, als sie aufgeschreckt durch den Lärm das Unglück gewahrten. Andreas öffnete die Thür, rennt, ihr einziges kl. Kind auf den Armen, durch Rauch und Dampf die Treppe hinunter, seine Gattin — Sidonia — nimmt in der Eile einige wenige Kleider und Lingen und wirft sie zum Fenster hinaus; damit verspätete sie sich — schon ist ihr jeder Ausweg versperrt; denn da die Fallthür zum Estrich offen stand, wälzte sich bereits von da herab der Rauch und Feuerqualm mit fürchterlicher Gewalt gegen die ebenfalls offen stehende Stube= und Fensteröffnung zu. In dieser schrecklichen Lage keinen andern Ausweg erblickend — erhebt sie sich schnell auf's Fenstergesims und — mit dem Rufe: „Heilige Mutter Gottes hilf!" schwingt sie sich, fast im Nachtgewande — über den unterhalb befindlichen 5 Fuß breiten Keller-Eingang hinaus und — steht ganz unversehrt vom Boden auf. Kaum 8 Minuten später traf sie der nach dem Brandplatz eilende Pfarrer und hörte aus ihrem Munde die so wunderbare Rettung.

Die Miethherin Heimgartner war mit ihren 4 Kindern bereits zu Bette gegangen. Da man Anfangs mit Flöcken sich beschäftigte und im Gedränge nicht sogleich ihrer Noth sich bewußt war, schwebten sie, indem kein Ausgang als die mit Qualm erfüllte Stiege sich fand — alle in größter Lebensgefahr. Da wagte sich der muthvolle Jüngling Jos. Heimgartner, Metzgers, den Qualm hindurch und Mutter und Kinder von ihm geleitet und getragen erreichten glücklich das Freie. Nicht so glücklich, leider! war er, der Helfer in der Noth, indem er bedeutende Brandwunden davon trug, von denen er erst nach einigen Wochen wieder genas. Außer im untern Stock und Keller wurde Alles, sogar Wagen und Faß, die sich in der Scheune befanden (Vieh war nicht da) ein Raub der Flammen. Somit sprechen innere (moralische) wie äußere Gründe, die damaligen Bewohner, zumal den Andreas (obgleich unbegreiflich eine Zeit lang inhaftirt) gewiß von Verschuldung des Brandes frei. [1])

1854 den 23. April starb Jos. Anton Salzmann, erster Bischof des neu errichteten Bisthums Basel. Zu seinem Nachfolger wurde den 4. August desselben Jahres gewählt und den 18. März 1855 als Bischof konsekrirt: Carl Arnold, Domprediger in Solothurn, geb. den 18. November 1796.

Während der langen Erledigung des bischöfl. Stuhles funktionirte als erwählter Kapitelsvikar Domherr Xaver Staffelbach, gebürtig von Sursee.

Unter ihm erschien ein Dekanatsschreiben vom Oktober 1854,

---

[1]) Auch sein Bruder Franz, der gleichen Tags bei den Eltern auf Besuch war, später aber fort ging, fand sich nach etwas längerer Haft ebenfalls wieder entlassen.

worin durch spezielle apostolische Weisung die Brautleute gemischter Ehe zu folgendem Gelöbnißackt verpflichtet werden:

1. Daß sie allfällige Kinder in der katholischen Religion erziehen wollen.
2. Daß der nicht katholische Theil den katholischen in Ausübung seines Glaubens nicht hindere, und
3. Daß der katholische den Nichtkatholischen durch gutes Beispiel für die katholische Kirche zu gewinnen suche.

1857, 14. November theilt ein Dekanatsschreiben die bischöfliche Verordnung mit, zufolge welcher sowohl die Verkündung als die Kopulation nicht dispensirter Ehen verboten werden.

1858 den 17. Februar verordnet der Regierungsrath, daß in Ermangelung disponibler Hilfspriester auch nicht=kantonsangehörige Weltgeistliche mit Bewilligung des Kirchenraths von den Pfarrämtern zur Aushülfe angesprochen werden dürfen, wofür denselben eine Tagesentschädigung von 4 Fr. zu entrichten ist.[1])

1858, 19. Mai werden durch Regierungs=Beschluß „sämmtliche katholische Pfarrämter des Kantons Aargau aufgefordert, alle in ihren Archiven und Protokollen und dgl. vorhandenen Erlasse, welche in Betreff der gemischten Ehen von einer kirchlichen Behörde ausgegangen, in Original dem Regierungsrath einzusenden, und demselben auch einen getreuen Auszug aus dem Ehebuch, sowohl über die verkündeten als kopulirten paritätischen Ehen seit 1803 beizulegen".

Der vorstehenden h. Aufforderung wurde von Seite des

---

[1]) Einige Jahre später ist oben vorbehaltene Bewilligung vom Kirchenrath ein für allemal ertheilt worden. Reg.=Beschl. vom 15. April 1867.

*) 1855 den 14. Dezember Morgens 2 Uhr brach im damaligen Zuchthaus zu Baden Feuer aus, ward aber leider zu spät, erst gegen 4 Uhr wahrgenommen. Von den inhaftirten 73 Mann konnten daher nur 58 sich retten, 15 leider verloren in schauderhafter Weise — da das Feuer die Stiege ergriffen — ihr Leben.

Pfarramts Fislisbach sofort entsprochen, und was sich in fraglicher Beziehung vorfand an die Tit. Behörde übermittelt, als:

1. Eine auszügliche Kopia des obgenannten Dekanatsschreibens vom 6. Oktober 1854.

2. Ein dito Auszug des obgenannten Dekanatsschreibens vom 14. November 1857.

3. Originalakten — 38 Stück, betreffend die früher behandelte Verehelichung des Jakob Eglof mit der geschiedenen Bühler im Jahr 1835.

4. Wurden ferners aus dem Ehe- und Verkündungsbuche erhoben und mitgetheilt:

a. die Verkündigung und Verehelichung des obgen. Eglof mit der Bühler vom Jahr 1835,

b. die Verkündung des Johann Koller und der geschiedenen Märki, wovon oben unterm Jahr 1851 die Rede gewesen.

Kurz nach der regierungsräthlichen Verordnung vom 19. Mai 1858 erließ die Regierung unterm 20. September 1858 an die katholischen Pfarrgeistlichen Folgendes:

„Mit Berufung des apostolischen Stuhles vom 11. August 1848 hat der Bischof durch Erlaß vom 26. gleichen Monats das unterm 14. November 1857 im Kt. Aargau angeordnete Verbot der Verkündung undispensirter gemischter Ehen a u f g e h o b e n und wieder g e s t a t t e t, solche Ehen nach Uebung zu v e r k ü n d e n unter der Bedingung, — — daß jeder Pfarrer verpflichtet sei, zuvor beim Bischof die Bewilligung einzuholen"; wörtlich beifügend: „Nach Mitgabe des Gesetzes vom 7. Juni 1834 §. 2 haben wir die Mittheilung dieser bischöfl. Anordnung bewilligt" . . . diese „ausgesprochene Staatsgenehmigung ist ausschließlich nur dem bischöflichen Erlasse in d e r u n s d e n 2. A u g u s t z u g e k o m m e n e n u n d o b e n w i e d e r g e g e b e n e n F a s s u n g ertheilt". Ferners: — — —

„Wir haben aus den Akten und Verhandlungen die Ueberzeugung gewonnen, daß der Hr. Bischof den Konflikt nicht hätte eintreten lassen, wenn er nicht von untern Geistlichen dazu veranlaßt worden wäre. Seine Gesinnung und oberhirtliche Tendenz ist der kirchlichen Intoleranz zu fremd, als daß er diese Veranlassung in sich selbst hätte finden können." . . . . „Diese Thatsachen veranlassen uns, die Pfarrgeistlichen auf das Gesetz vom 7. Juni 1834 hinzuweisen und aufzufordern, keinen kirchlichen Erlassen, die den oben erwähnten Charakter tragen, Folge zu geben, bevor das Visum oder Plazet ertheilt ist." Endlich „bezüglich der Dispens-Taxe von Fr. 11. 45 für kathol. Einsegnung einer gemischten Ehe . . . behalten wir uns Weisung vor." — — „Diese unsere Eröffnung . . . ist im Pfarrarchiv aufzubewahren."

1860 den 15. Jänner beschloß die Gemeinde Fislisbach die Erbauung einer Orgel, und dafür 7000 Fr. zu verwenden. — Zu diesem Ende wurde eine Kommission bestellt, die den 26. Juni 1860 mit Ludw. Scheffold von Beckenried den Bau der Orgel — bestehend in Pedal, 2 Manualen mit 19 klangvollen Registern u. s. w., um die Summe von Fr. 6,800 verakkordirte. Als der Bau vollendet war, fand den 27. November 1861 durch 2 Experten, den HH. Nägeli und Kummin, unter Theilnahme anderer Organisten, mehrerer Geistlichen und zahlreichen Publikums die Orgelprobe zur Zufriedenheit statt. Gesammte Kosten beliefen sich auf Fr. 7,474, woran Fr. 977. 50 freiwillige Beiträge. Dem Hrn. Scheffold wurde von der Gemeinde eine Gratifikation von Fr. 150 zuerkannt.

1860 den 30. August erschien eine Regierungsverordnung, wodurch die Pfarrer angewiesen werden, ohne Taufe verstorbene Kinder — auf Verlangen der Eltern — in der Reihe und Weise der Getauften zu beerdigen.

Auf hl. Ostern 1861 wurde mittelst freiwilliger Beiträge ein leicht herzurichtendes hl. Grab erbaut — das einen hohen — das Chor ausfüllenden — Felsenhügel vorstellt. In der Mitte der Felsenwand gegen das Langhaus befindet sich die tiefgehende

Grabesgrotte, gewölbt und zu farbiger Beleuchtung eingerichtet, oberhalb des Hügels seitwärts sind drei rohgearbeitete ungleiche Kreuze aufgepflanzt; der Hügel selbst ist möglichst mit Schlingpflanzen und nebenher mit Tannbäumchen geziert, sowie zirka 8 Schuh vornen außerhalb des Grabes und des darauf aufgerichteten Altartisches mit einer grünen Gartenhecke abgeschlossen. Auf den Altar werden große Kandelaber gestellt, endlich das Gärtchen mit Gesträuchern und Blumen ausgeschmückt.[1]

Zur Vollendung des Ganzen wurde ein großes Bild — der erstandene Heiland, von Bildhauer Amlehn in Sursee verfertigt, um die Auferstehung etwas sichtbar zu machen, angeschafft.

Die Gesammtkosten für hl. Grab und Bild beliefen sich[2]
a. Für das Christusbild a. W.   Fr. 75. —
b. Für alles Uebrige pro 1861 und 62   „ 94. 23

in Summa auf Fr. 169. 23

Bei Besichtigung des Thurmhelms ergab sich, daß er in einem Eck durch das Eindringen des Wassers sehr schadhaft geworden. Daher beschloß der Gemeinderath, daß die Reparatur unverweilt vorgenommen und sodann der Thurm mittelst Sturzblech gedeckt werde. Letztere Arbeit wurde dem Spengler J. — und Kupferschmid W. in Mellingen um Fr. 760, unter Garantieversprechen, verakkordirt und begonnen im Jahr 1867.

Allein die Arbeit fiel so übel aus, daß das Helm-Gerüst über vier Jahr belassen werden mußte, theils um die Bedachung wiederholt mittelst Verkittung, Zulöthung und Anlöthungen von Blechstreifen und nochmaligem Anstrich auszubessern, theils um die Arbeit durch Experten wiederholt untersuchen zu lassen. Wie zu erwarten, gieng ihr Spruch dahin, daß die Eindeckung durch-

---

[1] Nach Plan und spezieller Anleitung des derzeitigen Pfarrers.
[2] Ein spezielles Verzeichniß der Liebesgaben, wie der Auslagen liegt im Pfarrarchiv.

aus verfehlt sei, und deßhalb neu in entsprechender Weise erstellt werden müsse. Zu diesem Ende wurde die Arbeit dem Gottlieb Zulauf von Brug um Fr. 1300 — wobei er jedoch das vorhandene Blech, so gut wie möglich, brauchen und in Abrechnung zu bringen habe, — verakkordirt.

Die ersten Uebernehmer betreffend, so hatten dieselben, da ihnen die Akkord-Summe bereits ausbezahlt war — außer Ueberlassung genannten Blechs Fr. 300 zurückzuzahlen — was anno 1863 geschah.

Demnach beliefen sich die Kosten der Helmbedeckung:

dem Spengler Zulauf an Baar Fr. 937
  "   "   " an Werth
    des überl. Bleches   „ 363   1300

dem Spengler Frei und Wasser noch zu gut kommend   97

In Summa auf Fr. 1397 [1]

Während dieses Mißgeschick die Gemeinde beschäftigte, unterhandelte die Regierung mit dem Bischof um Aufhebung oder Versetzung einiger Feiertage — namentlich der Patrozinien. Betreffend letztere gab der Bischof die Erklärung, daß eine allgemeine Verlegung derselben über seine Vollmacht gehe, daß er aber, auf Ansuchen einzelner Gemeinden, spezieller Gründe halber, deren Erwägung er sich vorbehalte, zu entsprechen befugt sei.

Auf dieses hin „ließ der katholische Kirchenrath sämmtlichen „katholischen und paritätischen" Gemeinden durch die Bezirksamtmänner (für Fislisbach von Baden den 9. Dezember 1857) obige Erklärung des Bischofs zugehen, ihnen anheimstellend, was sie nach Mitgabe ihrer örtlichen Verhältnisse und Bedürfnisse in der Sache entweder jetzt oder künftig thun wollen".

Von diesem bischöflich-staatlichen Anerbieten machten jedoch

---

[1] Kirchengemeinde Protokoll.

— außer vier Gemeinden im Frickthal — im ganzen katholischen Aargau keine Gemeinde Gebrauch — also auch Fislisbach — bezüglich ihres Patroziniums, der hl. Agatha — nicht.

Ungeachtet dieser Kundgebung des kathol. Volkes drängte die Regierung ferners zur Beseitigung der Feiertage: St. Josef und Maria Verkündigung. Dem deßfalls gestellten Begehren glaubte der Bischof — wenn auch ein beengendes Gefühl [1]) kaum verhehlend — entsprechen zu sollen, indem er gemäß erhaltener Vollmacht vom Apostel. Stuhle — unterm 1. März 1858 die genannten zwei Feiertage für den Kanton Aargau auf die Dauer von 10 Jahren dispensirte, in dem Sinn, daß sie an dem nächst darauf folgenden nicht behinderten Sonntage festlich (pro foro) begangen werden.

So übel die katholische Bevölkerung die Abrufung dieser Feiertage nahm — besonders den des hl. Josefs, so stramm hielt die Regierung an der Verordnung.

Schon nach 7 Tagen — am 8. März erschien unter Anschluß des bischöflichen Dekrets mittelst öffentlichem Anschlag die genannte Verordnung, worin die Pfarrämter zur Verlesung und angemessenen Befürwortung — am Sonntag den 14. März — die Gemeinderäthe mit der polizeilichen Nachachtung und Vollziehung beauftragt wurden — und zwar in dem Sinn, daß die Verordnung sofort gleich bei der nächsten Feier des hl. Josef-tages den 19. März zur Anwendung zu bringen sei.

Aus dieser Zeit sind hier noch zwei merkwürdige Ereignisse zu erwähnen:

Seit Jahrhunderten waren im Aargau die Juden einzig in den Gemeinden Lengnau und Endigen tolerirt und in beengendster Weise auf dieses Territorium eingeschränkt, so daß im Interesse der Humanität irgend ein Auskunftsmittel geboten sein mochte. Da erließ der Große Rath des Kantons Aargau im Jahr 1860

---

[1]) Siehe Rundschreiben des Bischofs vom 24. Hornung 1859.

das Dekret ihrer Emanzipation in der Weise, daß sie in allen Gebieten desselben nicht nur als zu Tolerirende, sondern als aller politisch-bürgerlichen Rechte eines Aargauer Bürgers fähig und theilhaftig erklärt wurden.

Diese Emanzipation einerseits, sowie die Feiertagsgeschichte anderseits riefen eine solche Mißstimmung beim Volke hervor, daß man im Großen Rathe es wagte, den Antrag auf Abberufung zu stellen und diese beim Volke zur Abstimmung zu bringen. Dieses geschah, in Folge dessen unterm 2. Juli 1862 die genannte Abberufung vom Volk mit großer Mehrheit ausgesprochen wurde. Mit der Abberufung war eine Neuwahl aller politisch-bürgerlichen Stellen verbunden; — doch — das „System" blieb unverändert das gleiche.

1862 den 17. Dezember starb Karl Arnold, Bischof von Basel. An dessen Stelle wurde den 26. Hornung 1863 gewählt: Eugenius Lachat von Delemont, Kt. Bern.

Mittlerweile hatte der Pfarrer — vorgerückt in's 68ste Jahr — in Besorgniß, daß ein beginnendes Gehör- und Kehlkopfleiden nach und nach bezüglich des Beichtstuhls und der Vorträge sehr behindernd werden möchte, — sich auf Grund früherer Dienste, die er seinem Heimatkanton Luzern als Kuratkaplan, als Lehrer, Pfarrer und mehrjähriger Schulinspektor geleistet — für ein Kanonikat nach Münster der dortigen h. Regierung empfohlen. Mit Datum vom 2. Jänner 1864 erhielt er die Anzeige und den Akt, zufolge dessen er zum Chorherrn an die Kollegiatstift Bero-Münster von der Regierung des Kantons Luzern ernannt wurde.

Dem Tit. Kollator in Baden gab er von dieser seiner Beförderung sogleich Kenntniß, und reichte unter gebührender Dankesbezeugung die Resignation auf die innegehabte Pfarrpfründe von Fislisbach demselben ein — mit der Bemerkung, daß er den definitiven Tag seines förmlichen Austrittes später mittheilen werde, indem er bei dem Mangel an Hülfspriestern — auf Ansuchen hin — die Pastoration bis zur Beendigung des Fastenunterrichts — d. i. Ostern möglicher Weise bis zur Ernennung — beziehungsweise bis zum unmittelbaren Amtsantritt seines Nachfolgers fortzusetzen bereit sei. So geschah es. Unterm 27. Febr. 1864 erfolgte die Wahl des neuen Pfarrers in der Person des Herrn

Leonz Widmer

von Killwangen, geboren den 9. Febr. 1824, zum Priester geweiht in Solothurn den 21. Dezember 1852, Kuratkaplan in Stetten seit dem 5. Juli 1853.

Ebenso erfolgte nun nach gegenseitiger Uebereinkunft auf den 31. März der förmliche Austritt des gewesenen, sowie auf den 1. April 1864 der zeitweilige [1]) Eintritt zu Fislisbach von Seite des neu erwählten Pfarrers.

Mit diesem Pfarrwechsel schließt sich und beginnt eine neue wichtige Epoche in der Geschichte der Pfarreien des Aargaus, indem der Große Rath den 31. August 1864 nach Anleitung des §. 12 der Staatsverfassung vom 22. Februar 1852 ein Gesetz erließ, zufolge welchem — katholischer und evangelischer Seits — die Wahl der Seelsorger — beziehungsweise sämmtliche Kollaturrechte wie Verpflichtungen an die Pfarrgemeinden übergehen. Hr. Leonz Widmer macht demnach den Schluß der unter der Kollatur der Spitalverwaltung Baden nach Fislisbach erwählten Pfarrer.

Gesammtverzeichniß

der Leutpriester und Pfarrverweser in Fislisbach, wie sich solches von der frühesten Zeit bis auf gegenwärtige aus unsern Notizen ergibt:

Unter dem Patronat des Klosters Engelberg findet sich weder ein Leutpriester noch Pfarrverweser genannt.

---

[1]) Die feierliche Installation fand den 10. April statt.

Unter dem Patronat der **Ritter von Büttikon** finden wir nur Folgende verzeichnet:

1275 Luitolbus, Pfarr=Rektor.
1286 Hartmann, Pfarr=Rektor.
1293 Heinrich, Pfarrhelfer.
Große Lücke.

Unter dem Patronat der **Spitalverwaltung der Stadt Baden** sind zu nennen:

? —	Jof. Schibo (Schibli?) oder zirka 1450—1479, und	
? —	Heinr. Grüninger. Beide nur muthmaßlich.	
1427 —	Werner Kalkherr,	Pfarrer.
1440 —	Rudolf Zimmermann von Brug,	"
1450 —	N. N. Pfaw von Wangen,	"
1479 —	Johann Käser von Baden,	"
1483 —	Johann Wüest von Mellingen,	"
? —	Laurenz Binder — wahrscheinlich Eines mit	
1510 —	N. N. im Titel des Liber Annivers.,	Pfarrer.
— —	Lücke, wahrscheinlich.	
1520 Juli 23.,	Hans Urban Wyß von Eglisau,	"
1523 Mai 20.,	Wolfgang Weiß von Baden,	"
— —	Lücke.	
1560 —	Oswald Riding,	Verweser.
1560 Juni,	Michael Oderlin,	
1564 —	Hans Steinbock (bach?),	"
1564 Juni,	Hans Ziegler,	
1573 —	Gallus Surläuli,	"
1578 —	Michael Oederli,	
1583 —	Johann Lang von Würrenlos,	"
1585 —	Hans Suter,	"
1587 —	Christoph ab Aegri von Baden,	"
1589 —	Hans Meier von Baden,	"
1600 —	Franz Elsesser von Baden,	"

1606 —	Jakob Riggenschwiler von Wil,	Pfarrer.
1611 —	Hans Huber,	
1613 —	Jakob Walther,	Verweser.
— —	Wilhelm Danemann,	„
1617 —	Jakob Dreier,	„
1620 —	Heinrich Meier,	„
1631 —	Jakob Blunschli,	„
1642 Mai 16.,	Joh. Hein. Thiebold v. Baden,	„
1643 Dez. 23.,	Fridolin Surläuli von Baden,	„
1650 Aug. 17,	Kaspar Schmid von Zug,	„
1657 Jän. 27.,	Bernard Dorer von Baden,	„
1659 April 22.,	Franz Wiß von Baden,	Verweser.
1661 Juni 1.,	Christoph Surläuli von Baden,	„
1684 April,	Jakob Hertli von Baden,	„
1718 Okt. 29.,	Franz Keller von Baden,	„
1733 —	Heinrich Surläuli von Baden,	„
1748 April 8.,	Jos. Anton Wüst von Baden,	„
1752 Jän. 26.,	Joh. Bp. Müller v. Baden,	„
1799 Febr. 4.,	Bernhard Müller von Baden,	„
1804 Oktober 25.,	Franz Xaver Surläuli v. Baden,	„
1814 März 28.,	Karl Trub von Arbon,	„
1829 Mai 1.,	Joh. Kaspar Rohner von Hausen,	„
1848 Nov. 18.,	Np. Schleuniger von Klingnau,	Verweser.
1849 Juni 10.,	Ignaz Staffelbach von Sursee,	Pfarrer.
1864 April 1.,	Leonz Widmer von Killwangen,	„

Berichtigungen.

Seite	3	Zeile	22	statt	Cullinwarch	lies	Cullinwanch.
„	4	„	4	„	Beromünster	„	Zofingen.
„	4			Note 1, statt 1834 lies 1824.			
„	6	„	2	„	1246	lies	1264.
„	8	„	17	„	waffen		raffen.
„	10	„	2	„	2. Juli	„	27. Juni 1298 nochmals.
„	11	„	2 von unten ist das Wort „gut" zu streichen.				
„	30	„	5	„	Röttberg	„	Rettberg.
„	37	„	17	„	12¼	„	12½.
„	38	„	21	„	Lotolo	„	Lütolo.
„	51	„	21 statt 2 lies 16 — statt Metgen lies Metzen.				
„	69	—	—	— Note, statt habes lies habeo.			
„	82	—	—	— „ „ Clarona „ (Glarus).			
„	85	—	—	— unten bei (est) ist zu lesen (sic) (?)			
„	110	„	8 lies (20. Nov. bezüglich der Ausfertigung).				
„	139	„	8 statt 1851 lies 1815.				
„	181	„	10	„	1840	„	1841.

Inhaltsverzeichniß.

I. Bürgerliches.

Fislisbach. Lage und Namen: Seite 1. Aelteste Urkunden: 3. Unter Kyburg, dann Habsburg: 4. Staatlich=gerichtliche Verhältnisse: 8. Aus König Albrechts Zeit: 10.

Fislisbach resp. Baden kömmt unter einen eidgenössischen Landvogt zu stehen: 12. Umgestaltung dieses Verhältnisses; der Freiheits= baum in Fisl.: 14. Fisl. wird eine Gemeinde des neuen Kantons Aar= gau: 15.

Einzelne Zustände: Bevölkerung: 16. Schulwesen: 18. Land= wirthschaftliches: 20. Nervenfieber, Brandunglück: 22.

II. Kirchliches.

Ueber Einführung des Christenthums in den Gegenden von Fisl., der Hl. Beat: S. 29. Zur Legende des Hl. Bernardus: 31. Als ersten Kirchherrn von Fisl. finden wir das Kloster **Engelberg** genannt: 32. Um= fang der Pfarrei: 33.

Fislisbach unter dem Patronat der Ritter v. Büttikon.

Fisl. gehört zum Archidiakonat Zürichgau=Dekanat Rapperschwil: 36. Span zwischen dem Kirchherrn von Fisl. und der Gemeinde. Bannales, das Kanzelgericht: 38. Es ergibt sich urkundlich, daß gen. Patronat dem Ritterhause v. Büttikon zugehört: 40. Dieses verkauft dasselbe an den Spital der Stadt Baden: 43 — Ein Memento.

Fislisbach unter dem Patronat Baden.

Pfarrwahlen und Verhandlungen des Kollators: S. 48. Um= schreibung des alten Jahrzeitbuches: einige Auszüge: 51.

Glaubensspaltung 1520—1523.

Urban Wyß, Pfarrer in Fisl., Pfrundbrief: 58. Wyß spricht sich im Sinn der Neuerung eifrig aus: 60. Aufregung und Spaltung in der Gemeinde, worauf der Bischof klagend an die eidg. Tagsatzung sich wendet: 62. — 3 merkwürdige Schreiben — M. S. mit Glossen: 63. Verhör mit Wyß und Urtheil, in Folge dessen er nach Constanz abgeführt wird: 75. Zwingli und der Rath in Zürich nehmen sich des Gefangenen ernstlich an: 73. Die Glaubensdisputation in Zürich, in der Pfarrer Wyß den Anfang und das Ende macht: 79. — Zwingli fordert in einem Briefe den Wyß auf, ja nicht zu widerrufen: 84. Wyß widerruft und wird der Haft entlassen: 89.

Glaubens-Abfall und Rückkehr 1523—1532.

Wolfgang Weiß wird Pfarrer in Fisl.: 92. Zur Situation jener Zeit: Streiflichter: 94. „Götzen": 100. Die Neu- und Altgläubigen stehen bei Kappel bewaffnet einander gegenüber. Die kathol. Orte unterwerfen sich den gestellten Forderungen: 101. Vielseitiger Abfall: 103. Fauler Friede: 105. Die reformirten Kantone verbinden sich zu einer allgemeinen Sperre gegen die kathol. Orte: 106. Diese greifen zu den Waffen. Die Reformirten ziehen ihnen entgegen; werden geschlagen: 107. Nun vielseitige Rückkehr zum kath. Glauben: 110. Schwankender Zustand in Fisl.: 112. Fisl. wird ausschließlich wieder eine kath. Pfarrgemeinde: 116.

Von Einführung der Pfarrbücher 1644—1830.

Notizen über die Pfrundgefälle, Bannales u. s. w.: 124. Der Freiheitsbaum und J. B. Müller, Pfarrer in Fisl.: 132. Strenge Verordnung des neu konstituirten Sittengerichts; Regulirung des gemeinsamen Bittganges von 8 Pfarreien nach Baden: 137.

Pfarrer Karl Trüb. Dessen Manuscript: 139. Die alte Kirche: 141. Neuer Kirchenbau: 143. Wichtiger Vertrag mit Baden: 148.

III. Kirchlich-Bürgerliches. 1830—1860.

Pfarrer Jh. R. Rohner, dessen zweifache Aufgabe: 153. Was die Pastoration wichtig und merkwürdig macht: 157. Der Pfarrer in Fisl. wird bezüglich der Badener Konferenz-Artikel vom Kapitel Regensberg mit der Abfassung einer Zuschrift an die Regierung betraut: 160. Diese erläßt eine von den Pfarrern zu verlesende Proklamation: 161. (Einige verlesen nicht; so die Pfarrer von Fislisbach und Rohrdorf; diese wollen vorher den Bischof hören. Unterredung mit ihm und Resultat: 163. Die Regierung überweiset die Nichtverlesenden dem Gerichte: 165. Verhör und Straffentenz: 166. Die Beeidigungsgeschichte, bei der Pfarrer in Fisl. wieder in Anspruch genommen ist: 169. Sonderbarer Verehelichungshandel fin Fisl.: 171. Streiflichter: 178. Die Aussicht im Freienamt trübt sich. 181. P. Theodosius und Fislisbach: 182.

Vierziger Periode: Umgestaltung der alten eidgenössischen Verhältnisse: 185. Hr. Rohner in Fisl. wird als Pfarrer nach Sarmensdorf gewählt, ihm folgt nach: 189.

Ignaz Staffelbach. Personalien: 190. Fisl. nimmt Theil an den Bedrängnissen des hl. Vaters: 193. Wunderbare Rettung aus Feuersnoth: 194. Der Bischof und die Regierung vereinigen sich in Betreff Verkündung gemischter Ehen: 197. Es wird der Bau einer Orgel beschlossen: Ein sog. hl. Grab wird errichtet: 198. Aufhebung resp. Verlegung einiger Feiertage: 200. Der Pfarrer resignirt, da ihm ein Kanonikat in Münster zu Theil geworden; sein Nachfolger ist: Hr. L. Widmer, der letzte unter dem Patronat der Stadt Baden erwählte Pfarrer. Zum Schlusse das Gesammtverzeichniß der Pfarrer in Fislisbach.

www.ingramcontent.com/pod-product-compliance
Lightning Source LLC
Chambersburg PA
CBHW020832230426
43666CB00007B/1194